# DANS CE NUMÉRO



Ce numéro de *Nouvelle Internationale* s'ouvre avec « L'héritage anti-ouvrier des Clinton : les racines de la crise financière internationale de 2008 » de Jack Barnes. Cet article porte sur les conséquences pour la classe ouvrière du virage anti-ouvrier du Parti démocrate en matière de politique intérieure dans les dernières années du vingtième siècle et sur la convergence entre les démocrates et les républicains sur ces questions pendant la présidence de William Clinton.

Livrant une « guerre contre le terrorisme » bien avant le 11 septembre, l'administration Clinton a aussi jeté les bases des efforts de la bourgeoisie impérialiste pour « transformer », restructurer et renforcer ses positions militaires, à l'intérieur aussi bien qu'à l'extérieur du pays, après l'effondrement du régime stalinien en Union soviétique et celui du pacte de Varsovie. Les premières mesures de Washington ont compris l'adoption de nouvelles lois affaiblissant les droits constitutionnels des travailleurs aux États-Unis, allant de l'incarcération basée sur des « preuves secrètes » à l'expulsion du pays sans révision judiciaire ni appel.

Avant son élection à la présidence en 1992, des secteurs dominants de la classe dirigeante U.S. avaient façonné William Clinton pour qu'il ramène au « centre » les libéraux du Parti démocrate. Depuis le milieu des années 1970, contrairement au premier quart de siècle qui a suivi la deuxième guerre mondiale, la classe des employeurs a eu de moins en moins d'espace pour faire des concessions économiques et sociales substantielles au peuple travailleur. Clinton a eu pour tâche de distancer le parti des programmes d'assistance sociale de type New Deal que beaucoup de travailleurs associaient aux démocrates, le parti qui s'en attribuait le mérite depuis que la montée des batailles ouvrières des années 1930 avait arraché des concessions à l'administration du patricien Franklin D. Roosevelt pendant la grande dépression. Du New Deal à la « grande société » de Lyndon Johnson au milieu des années 1960, ces programmes ont été le ciment qui a maintenu ensemble la coalition diverse du Parti démocrate.

Tout en s'enveloppant de la couverture « progressiste » des démocrates, l'administration Clinton a entrepris de changer le caractère du parti à un tel degré que ce qui avait auparavant été son « centre » « modéré » allait devenir sa grande majorité et redéfinir ce qu'est un démocrate libéral. Son apprentissage pour ces tâches a compris le poste de gouverneur de l'Arkansas pendant douze ans, la présidence de l'Association nationale des gouverneurs en 1986-1987 et puis, en 1991, du Conseil de direction démocrate (DLC), fondé six ans plus tôt afin d'aider à pousser le parti dans cette direction.

En novembre 1994, deux ans après le début de la présidence de Clinton, une majorité républicaine a été élue à la Chambre des représentants sous la direction d'un représentant de Géorgie, Newt Gingrich. La convergence bipartite s'est accélérée au cours des années suivantes. En août 1996, l'Assistance aux familles avec enfants à charge (AFDC) — « l'assistance sociale telle qu'on la connaît » dans les mots tristement célèbres de Clinton — a été supprimée. L'AFDC avait été promulguée en 1935 dans le cadre de la Loi de la sécurité sociale fédérale afin de protéger les enfants sans parents salariés. En août 1996, Clinton a aussi signé et promulgué avec un soutien bipartite la « Loi contre le terrorisme et pour une peine de mort effective » ainsi que la « Loi sur la réforme de l'immigration et sur la responsabilité de l'immigré, » la plus grande attaque contre les droits des personnes nées à l'étranger depuis la fin de la deuxième guerre mondiale. Clinton et le Congrès dirigé par les républicains ont réalisé le premier excédent budgétaire depuis des décennies à coups de réductions générales dans les dépenses d'aide sociale — et grâce au « dividende de paix » de courte durée qui a suivi la fin de la guerre froide et à la manne fiscale provenant de la folie des actions « high-tech » de la fin du siècle. Partant de déficits qui avaient atteint jusqu'à 6 pour cent du produit intérieur brut pendant l'administration républicaine de Ronald Reagan, Clinton a fini son mandat de huit ans avec un excédent budgétaire de 2,4 pour cent.

WILLIAM CLINTON a résumé son cours en 1996 dans un discours devant le DLC peu après sa réélection à un deuxième mandat : « La question n'est pas de savoir ce qui est libéral ou conservateur, mais ce qui va nous [« nous », la nouvelle majorité bipartite] faire avancer ensemble. [...] Depuis des années, les politiciens ont traité nos [«nos», ceux des employeurs et de leur gouvernement] problèmes les plus épineux ici — le crime, l'assistance sociale et le déficit budgétaire — comme des questions à exploiter, pas comme des problèmes à résoudre. » C'est ainsi qu'on a sorti la hache, un outil approprié pour un « nouveau démocrate » combinant la fonction de cadre exécutif qui serre la ceinture à celle d'exécuteur. (À l'ouverture des primaires du Parti démocrate en 1992, les Clinton ont délaissé leur campagne dans l'épreuve vivement contestée du New Hampshire pour retourner en avion en Arkansas — non pas pour y commuer la peine de mort de Ricky Ray Rector, un prisonnier handicapé mental, mais pour y présider de manière démonstrative à sa macabre exécution.)

Le *National Review*, une publication conservatrice U.S. qui accorde rarement de bonnes notes aux présidents issus du Parti démocrate, a récemment reconnu à sa juste valeur les services rendus par Clinton aux dirigeants capitalistes en mettant en oeuvre ce cours pendant ses huit années à la Maison-Blanche. Dans une rubrique nécrologique sur William F. Buckley (le directeur fondateur de la revue et pendant longtemps un ténor de l'aile droite du Parti républicain, mort en février 2008), John O'Sullivan, le successeur de Buckley comme directeur en 1990, souligne qu'avec « la victoire de la guerre froide et *la consolidation de l'héritage de Reagan en matière de politique intérieure sous le président Clinton* — dont la présidence a assuré la réforme de l'assistance sociale, l'expansion de l'OTAN, l'ALÉNA, des surplus budgétaires et d'autres éléments modérés du programme du Parti républicain — Bill [Buckley] avait en fait réalisé ses ambitions politiques [...] plus complètement que toute autre personnalité de son temps » [C'est moi qui souligne, SC].

Étant donné la baisse des salaires réels, des perspectives d'embauche et de la sécurité au travail, ainsi que l'insécurité croissante inhérente à la totalité des conditions économiques et sociales auxquelles font face les travailleurs dans les premières années du nouveau millénaire, aucun des prétendants du Parti démocrate dans les primaires présidentielles de 2008 — qui battent leur plein au moment où se termine la préparation de ce numéro de *Nouvelle Internationale* — ne peut simplement reprendre le bilan de l'administration Clinton et espérer l'emporter au mois de novembre. Néanmoins, l'axe de la politique bourgeoise a été déplacé de manière suffisamment solide vers le « centre » pour qu'Hillary Clinton et Barack Obama, sans mentionner le républicain John McCain, félicitent toujours l'ancienne administration démocrate et le Congrès bipartite pour leur « réforme de l'assistance sociale » et leurs autres lois anti-ouvrières de ces années.

❖

Dans les pages qui suivent, Jack Barnes, secrétaire national du Parti socialiste des travailleurs et collaborateur à la rédaction de *Nouvelle Internationale*, explique aussi qu'on peut attribuer à l'administration Clinton la paternité des mesures décisives qui ont permis à la classe dominante U.S. d'ériger l'énorme édifice de dettes des ménages, des entreprises et du gouvernement, et son éventail complémentaire de produits dérivés, qui est à la base de la crise financière mondiale actuelle. Face à une concurrence interimpérialiste de plus en plus vive pour les marchés et des sources de main-d'oeuvre et de matières premières à bas coût — ainsi qu'au déclin de la rentabilité des investissements de capitaux visant à augmenter la capacité industrielle et à employer un nombre croissant de travailleurs qui produisent davantage — les familles possédantes aux États-Unis n'avaient d'autre choix que de s'engager dans ce cours propulsé par l'endettement.

Personne ne sait ni ne peut savoir comment la crise financière mondiale évoluera au cours des années à venir. La Banque de la réserve fédérale de New York a rétabli un certain degré de stabilité dans le système de crédit international en mars 2008 en avançant 30 milliards de dollars pour contenir les pertes potentielles des détenteurs d'obligations de la cinquième maison d'investissement la plus importante aux États-Unis, Bear Stearns, en train de sombrer. Le geste de la Banque fédérale a signalé au capital financier que le gouvernement U.S. prendrait des risques énormes pour prévenir un effondrement provoqué par une croissance incontrôlée de la dette. Mais c'est un simple fait, pas une prophétie, qu'au moment d'écrire ces mots en mai 2008, nous sommes toujours au début de fortes hausses dans les paiements d'intérêts sur les *subprimes* ou hypothèques à très haut risque à taux variables aux États-Unis — une vague grandissante qui déferlera au moins jusqu'en 2010 et entraînera dans son sillage encore plus de prêts non remboursés et de saisies, ainsi que de plus importantes dépréciations d'actifs dues à des pertes par les banques, les fonds spéculatifs, les compagnies d'assurance et beaucoup d'autres porteurs de prêts hypothécaires et de contrats de produits dérivés.

D'INNOMBRABLES POLITICIENS bourgeois et commentateurs financiers ont cherché à mettre la « crise hypothécaire » sur le dos de l'ancien président du conseil de la Réserve fédérale, Alan Greenspan. Dans des temps plus heureux, beaucoup d'entre eux avaient chanté ses louanges — certains l'avaient même couronné « le maestro » — pour les services qu'il a rendus à quatre présidents démocrates et républicains entre 1987 et 2006. Ses détracteurs d'aujourd'hui attirent l'attention sur des discours qu'il a donnés en 2004 et 2005, où il exalte l'« innovation [qui] a engendré une multitude de nouveaux produits comme les hypothèques à très haut risque, » qui ont permis à « des candidats autrefois plus marginaux » — un euphémisme bourgeois pour les familles ouvrières à faible revenu — d'acheter une maison.

Mais Alan Greenspan a crevé les prétentions de ces détracteurs en faisant ressortir leur myopie de classe. Dans ses mémoires intitulées *Le temps des turbulences* et publiées en 2007, il ne présente aucune excuse. Quelles que soient les erreurs qu'il ait pu commettre quant à un type particulier d'hypothèque, dit-il, cela en « valait le risque » pour stimuler la propriété des logements. La « protection des droits à la propriété, indispensable à une économie de marché » — c'est-à-dire aux seigneurs du capital — « nécessite une masse critique de propriétaires pour en assurer le soutien politique. »

À ceux qui lui font maintenant des reproches, Greenspan demande : Quel est *votre* plan pour rendre les travailleurs plus conservateurs ? Quel est *votre* plan pour essayer de convaincre les travailleurs qu'eux aussi sont des « détenteurs de propriété » qui ont intérêt à préserver le système capitaliste ? (Ce protégé d'Ayn Rand, qu'il a à moitié abandonnée, sait-il que ses paroles rappellent — de l'autre côté des barricades — celles de Friedrich Engels, qui avec Karl Marx a fondé le mouvement ouvrier communiste moderne ? Dans sa brochure de 1873 intitulée *La question du logement*, Engels met à nu les rouages du système capitaliste qui transforment pour les travailleurs la propriété d'un domicile en « entrave » qui les « enchaîne [...] à nouveau à la terre » et « brise [...] leur force de résistance. »)

Mais Alan Greenspan n'était et ne pouvait pas être à lui seul responsable de l'expansion presque folle des avoirs hypothécaires aux États-Unis, non plus que de son effondrement inévitable. Il n'a certainement pas provoqué la chute des prix de l'immobilier et la crise hypothécaire en cours au Royaume-Uni, en Irlande, en Espagne et ailleurs. Aucun président débridé de la Réserve fédérale — qui aurait agi à l'encontre du cours et des intérêts de la classe qu'il sert — n'est responsable des excès de la dette capitaliste.

Bien au contraire. Pendant au moins la dernière moitié du mandat de Greenspan, des banques d'investissement comme JPMorgan Chase, Goldman Sachs et d'autres se sont lancées dans des transactions de plus en plus complexes de produits dérivés, utilisant des effets de levier de l'ordre de trente pour un (c'est-à-dire 30 $ en reconnaissance de dette pour chaque 1 $ de leurs propres actifs). Et les fonds de couverture, sociétés d'investissement privées, courtiers en devises étrangères, spéculateurs en contrats à terme sur les produits alimentaires et autres négociants de ce que Karl Marx a appelé le « capital fictif » faisaient la même chose, avec un effet de levier de cinquante ou même cent pour un !

À LA FIN DE 2007, le marché mondial pour de tels produits dérivés a atteint le total inimaginable de 455 000 milliards de dollars. En 2007 seulement, la variété la plus « populaire » de ces paris à énorme effet de levier a en fait doublé — ce qu'on appelle CDS ou *credit default swaps*, censés être une forme d'« assurance » contre un défaut de paiement de ces transactions à très haut risque. Mais avec l'accélération du changement de direction des marchés financiers à la fin de 2007, l'antidote est devenu le poison.

Pendant que les dirigeants U.S. manoeuvraient au cours des deux dernières décennies pour éviter un profond plongeon économique et garder en même temps à un bas niveau les prix et les taux d'intérêts, leur dette croissante a été de plus en plus financée par des gouvernements et de riches particuliers autour du globe. Pour la première fois dans l'histoire, ces derniers détiennent plus de la moitié de tous les bons du Trésor, le principal instrument de crédit du gouvernement U.S.

Les aspirants capitalistes qui dominent le régime stalinien en Chine ont prêté de manière particulièrement enthousiaste à Washington et à Wall Street. En décembre 2007, ils avaient déjà acheté près de 500 milliards de dollars en bons du Trésor U.S. — plus de 20 pour cent de tous ces certificats en circulation dans le monde, en voie de surpasser le Japon comme détenteur numéro un. Le régime de Beijing a pour politique d'aider à maintenir un dollar U.S. fort et de conserver l'avantage compétitif des biens manufacturiers chinois sur les marchés mondiaux — abandonnant en échange l'amélioration des salaires, du bien-être collectif et des conditions de vie de centaines de millions de travailleurs et de paysans en Chine, afin d'accroître les recettes des exportations empochées par les bureaucrates privilégiés et les couches possédantes montantes dans le nouveau mandarinat capitaliste. Il l'a fait en même temps qu'il a intensifié l'exploitation des ressources naturelles et des travailleurs à travers l'Afrique, l'Asie et d'autres parties du monde dans le but d'accumuler des capitaux en Chine.

À la fin de 2008, l'impérialisme U.S. aura dépensé quelque 900 milliards de dollars dans ses guerres en Afghanistan et en Irak. Les dirigeants U.S. ont aussi agité le spectre sanglant du 11 septembre pour pratiquement doubler l'ensemble de leurs dépenses de guerre (qu'ils appellent budget de « défense ») — de 308 milliards de dollars en 2001 à presque 600 milliards de dollars en

2008. Comment paient-ils ces guerres ? Jusqu'à présent au moins, celles-ci ont été financées en grande partie par Beijing.

En fait, pour la première fois dans l'histoire américaine, la classe dirigeante U.S. mène une guerre majeure sur plusieurs fronts et pendant plusieurs années sans appels patriotiques au « sacrifice » — sans réduire les dépenses gouvernementales aux États-Unis, imposer de nouveaux impôts élevés ni faire campagne pour convaincre les travailleurs et les classes moyennes d'acheter des bons de la « victoire » (cette fois-ci, c'est Tokyo et Beijing qui achètent les bons de la « victoire »).

La crise financière du capitalisme mondial d'aujourd'hui va peser encore plus lourdement sur le niveau de vie déjà en déclin de la classe ouvrière et des autres producteurs qui travaillent. Des dettes hypothécaires écrasantes, des saisies, des coupures de services et — pour la majorité des travailleurs — des augmentations de loyers insoutenables s'ajoutent aux nombreux autres coups qui s'accumulent. Si l'on tient compte de l'inflation, le salaire moyen net des travailleurs aux États-Unis est en dessous du niveau du milieu des années 1970. Les prix des produits de première nécessité montent en flèche. Le paiement des intérêts de toutes sortes est un fardeau de plus en plus lourd.

Depuis 2000, le nombre d'enfants vivant sous le « seuil de pauvreté » du gouvernement U.S. augmente. Presque 30 pour cent des familles ayant une femme comme chef de ménage tombent sous ce seuil. Parmi les mères célibataires dans les tranches économiques inférieures, le pourcentage de celles qui *ne travaillent et ne reçoivent aucune assistance financière* est passé de 20 pour cent, avant la « réforme sociale » de Clinton en 1996, à plus de 30 pour cent aujourd'hui. Le nombre de personnes qui comptent sur les bons alimentaires pour se nourrir est à son niveau le plus élevé depuis le milieu des années 1990, avant que l'administration Clinton n'exclue de la liste d'éligibilité les immigrants légaux — oui, « légaux » — et d'autres.

Malgré le taux de chômage « officiel » trompeur de Washington (qui lui-même augmente depuis le milieu de 2006), le pourcentage des hommes entre 25 et 54 ans qui n'avaient pas d'emploi en avril 2008 dépassait 13 pour cent — plus du double de sa moyenne au début des années 1970, quand la courbe ascendante du développement capitaliste qui a suivi la deuxième guerre mondiale a pris fin. De plus, même parmi les chômeurs « officiels », quelque 17 pour cent étaient sans emploi depuis plus de 6 mois au début de 2008. Presque 5 millions de personnes travaillaient contre leur gré à temps partiel et 7,5 millions combinaient d'une manière ou d'une autre deux emplois, à temps plein ou à temps partiel.

❖

Les deux guerres en cours organisées par les États-Unis en Irak et en Afghanistan durent maintenant depuis plus longtemps que l'engagement de Washington dans la deuxième guerre mondiale. Et elles vont se poursuivre.

Pas un seul prétendant démocrate ou républicain à la présidence ne soutient le seul cours qui est dans l'intérêt des travailleurs et des agriculteurs aux États-Unis et à travers le monde : *le retrait immédiat et inconditionnel* de *toutes* les troupes U.S. de l'Irak *et* de l'Afghanistan, ainsi que de toutes les autres régions où les forces U.S. sont déployées.

Les trois candidats disent tous que le gouvernement U.S. devrait engager plus de troupes U.S. en Afghanistan et aurait dû le faire il y a longtemps. Réduisant l'avance d'Obama et de Clinton dans les sondages d'opinion, McCain mise une grande partie de sa campagne sur le fait de se présenter comme le candidat dont le soutien vigoureux à la « poussée » militaire en Iraq et à son extension en Afghanistan offre la meilleure possibilité de ramener le plus rapidement chez eux le plus grand nombre de soldats U.S.

❖

On a beaucoup parlé du discours sur la « race » présenté par Barack Obama à Philadelphie en mars 2008. Les libéraux du Parti démocrate (en dehors du camp Clinton) se sont extasiés devant cette allocution. Le Parti communiste USA l'a acclamé comme « un discours qui va passer à l'histoire. »

Les ténors conservateurs étaient divisés. Dans les pages du *Wall Street Journal* et du magazine *National Review,* certains ont loué l'exposé d'Obama en le qualifiant de « subtil, sérieux et patriotique » et de « discours d'un homme qui réfléchit. » De l'autre côté, Patrick Buchanan — qui sourit jovialement à la télévision tout en montrant les dents ailleurs à l'intention des partisans du camp de l'extrême droite — y a répondu dans une chronique intitulée « Un message aux blancs » et reproduite dans une série de journaux. Le discours d'Obama, a-t-il dit, « est la même vieille escroquerie, le même vieux racket qu'ont utilisé les arnaqueurs noirs. [...] L'Amérique a été le meilleur pays au monde pour les noirs. C'est ici que 600 000 noirs, amenées d'Afrique à bord des navires négriers, sont devenus une communauté de 40 millions de personnes, ont découvert le salut chrétien et atteint les plus hauts niveaux de liberté et de prospérité jamais connus par les noirs. [...] Nous entendons les doléances. Où est la gratitude ? »

Que Barack Obama puisse se présenter à la présidence en 2008 et faire un discours comme celui de Philadelphie : voilà qui en dit long sur les progrès que les luttes de masse et de rue pour les droits des Noirs ont réalisés depuis les jours où des attitudes réactionnaires comme celles de Buchanan faisaient partie de la politique gouvernementale dans une grande partie des États-Unis — une politique imposée non seulement par les flics et les tribunaux mais, dans bien des cas, aussi par des lyncheurs et des brutes de nuit racistes.

Mais le seul message de Barack Obama aux travailleurs de toutes teintes, c'est le vieil appel bourgeois à mettre de côté la lutte de classe au nom d'une unité de classe non existante et de l'américanisme. « Nous avons des espoirs communs, » dit-il — pas « nous », la grande majorité laborieuse dans le monde, mais « nous », dans les mots d'Obama, les « riches et pauvres. » « Nous sommes véritablement un, » psalmodie-t-il. Nous « luttons ensemble et perdons notre sang ensemble sous le même drapeau majestueux. » « Nous avons besoin d'unité [...] pour résoudre un ensemble de problèmes monumentaux [...] auxquels nous sommes tous confrontés. » « Nous n'avons aucun choix si nous voulons continuer dans la voie d'une union plus parfaite. »

Pourtant, rien de cela n'est vrai. Pas un seul mot. Les riches et les pauvres, les dirigeants capitalistes et la classe ouvrière, les oppresseurs et les opprimés *ne sont pas* un. *Nous n'avons pas* d'« espoirs communs. *Elles*, les familles possédantes et dominantes, « espèrent » maintenir à jamais la richesse et le pouvoir qu'elles tirent de l'exploitation de notre travail. *Leur* drapeau est devenu un symbole détesté de faim, de dégradation économique et sociale, et de refus sanglant de leur souveraineté nationale à des millions de travailleurs et agriculteurs comme nous à travers le monde.

C'est nous les travailleurs et les agriculteurs, pas eux les exploiteurs, qui sommes envoyés nous battre et mourir sous ce drapeau. Pour le peuple travailleur, il ne peut y avoir et il n'y aura pas d'« union plus parfaite » avec les familles possédantes au pouvoir de l'impérialisme U.S.

❖

L'article principal de *Nouvelle Internationale,* « Révolution, internationalisme et socialisme : la dernière année de Malcolm X » de Jack Barnes présente le point de vue de classe opposé de celui d'Obama. Il s'agit d'une section du livre *La libération des Noirs et la lutte pour le pouvoir ouvrier,* qui sera publié plus tard en 2008 et dont Jack Barnes décrit le contenu dans son article.

En abordant l'impact de la race dans la politique U.S. et mondiale, dit ce dernier, les travailleurs ayant un esprit révolutionnaire doivent commencer « avec le bilan historique de la place et du poids d'avant-garde des prolétaires qui sont noirs — une place et un poids disproportionnés par rapport à leur pourcentage parmi les masses travailleuses dans ce pays — dans les grandes luttes politiques et sociales dirigées par le prolétariat aux États-Unis. »

À partir de ce point de départ, Jack Barnes se concentre sur l'évolution politique de Malcolm X pendant la dernière année de sa vie. Malcolm X est l'un des dirigeants révolutionnaires les plus remarquables le siècle dernier de la lutte des Noirs et du peuple travailleur à travers le monde. Barnes conteste le point de vue de ceux qui insistent pour dire que Malcolm est demeuré un nationaliste noir jusqu'à son assassinat en février 1965, même s'il n'était plus un nationaliste noir « pur et simple » mais un nationaliste de plus en plus attiré aussi par le socialisme.

« Pourquoi ne pas tout simplement s'en tenir aux faits, répond Jack Barnes, au moins aux paroles mêmes de Malcolm ? »

> Malcolm avait depuis longtemps été un adversaire intransigeant de l'impérialisme. Pendant la dernière année de sa vie, il est devenu un énergique adversaire du capitalisme et il s'est intéressé de plus en plus au socialisme. Il était devenu un champion de la révolution socialiste à Cuba et de sa direction prolétarienne internationaliste. Il a acclamé le gouvernement révolutionnaire en Algérie mené par Ahmed Ben Bella et d'autres dirigeants, qui proclamaient ouvertement leur cours et convictions socialistes. Malcolm faisait la promotion du journal *The Militant* et approfondissait sa collaboration politique avec le Parti socialiste des travailleurs et l'Alliance des jeunes socialistes, deux organisations communistes. [...]
>
> Ce qui est si essentiel pour comprendre Malcolm X, c'est que nous pouvons voir le fait — non pas l'espoir, non pas la foi, mais le *fait* — qu'à l'époque impérialiste, une direction révolutionnaire du plus haut niveau de capacité, de courage et d'intégrité politiques converge *avec* le communisme, non pas simplement *vers* le mouvement communiste. Cette vérité prend un poids encore plus grand aujourd'hui alors que l'expansion violente du capitalisme mondial précipite des milliards de personnes à travers le monde — dans les villes et les campagnes, de la Chine au Brésil — dans la lutte de classe moderne. Voir dans la vraie vie comment ce processus se déroule nous inspire confiance dans les perspectives d'une révolution

mondiale et dans le développement d'une direction prolétarienne véritablement internationale.

Le bilan politique des luttes menées par les Afro-Américains couvre plus d'un siècle, dit Barnes. Combiné à leur poids social et à leur composition prolétarienne disproportionnée, il confirme la conscience qu'a le mouvement communiste que, dans les décennies à venir, les travailleurs qui sont noirs constitueront plus que jamais auparavant dans l'histoire des États-Unis une composante encore plus importante des bataillons d'avant-garde de la classe ouvrière en lutte sur la voie menant à un gouvernement des travailleurs et des agriculteurs. Au cours de luttes communes avec d'autres travailleurs, y compris un nombre croissant d'immigrés, ils feront face aux divisions politiques promues par la classe dirigeante en fonction de la race et de l'origine nationale et, avec une direction dotée d'une conscience de classe, ils les surmonteront.

Une révolution socialiste aux États-Unis, souligne Barnes, ouvrira la possibilité *d'utiliser* ce nouveau pouvoir d'État prolétarien, « qui est de loin l'instrument le plus puissant dont les travailleurs en lutte peuvent jamais se servir, pour faire avancer la bataille pour éradiquer le racisme, l'oppression nationale et le statut de deuxième classe des femmes » et « jeter les bases pour établir la solidarité humaine sur de nouvelles assises communistes. *Voilà* la promesse de la dictature du prolétariat : maintenant que vous l'avez *conquise, utilisez*-la pour *finir* le travail. »

❖

Est-il possible pour les travailleurs et les agriculteurs aux États-Unis de lutter pour un tel gouvernement révolutionnaire et de l'établir ?

La réponse est politique et concrète, comme l'explique une nouvelle brochure publiée par les éditions Pathfinder au moment de mettre la dernière main à ce numéro de *Nouvelle Internationale*. Intitulée *Une révolution socialiste aux États-Unis est-elle possible ?*, cette brochure contient la présentation faite par Mary-Alice Waters, directrice de *Nouvelle Internationale* et une dirigeante du Parti socialiste des travailleurs, à l'ouverture d'un forum de cinq jours pendant le Salon international du livre du Venezuela de 2007 à Caracas et dont le thème était : « Les États-Unis, une révolution possible. » La brochure est un complément approprié au livre *Cuba et la révolution américaine à venir* de Jack Barnes, publié par les éditions Pathfinder.

Les partisans du mouvement communiste se sont organisés pour produire ce nouveau titre, en anglais et en espagnol, à temps pour la diffuser le plus largement possible dans la semaine conduisant au 1er mai — la fête internationale des travailleurs qu'une avant-garde du peuple travailleur aux États-Unis a fait renaître comme une journée de lutte au cours des dernières années. En 2006 et 2007, des centaines de milliers de travailleurs se sont absentés du travail et ont envahi les rues des villes, grandes et petites, pour exiger la légalisation des immigrés sans papiers. Et malgré le fait qu'un grand nombre des organisateurs et partisans des actions précédentes se sont activement opposés à appeler à manifester en 2008 et ont plutôt investi leurs ressources dans l'inscription des électeurs, cette année des dizaines de milliers de travailleurs ont à nouveau manqué le travail et participé aux actions de protestation partout dans le pays. La lutte pour obtenir la légalisation est une question de vie ou de mort pour l'ensemble de la classe ouvrière aux États-Unis.

« Oui, une révolution *est* possible aux États-Unis, » répond Mary-Alice Waters à la question posée dans le titre de la brochure. De plus, « une *lutte* révolutionnaire des travailleurs [...] est *inévitable.* » Mais ce qui *n'est pas* prédéterminé, « c'est l'issue de ces luttes révolutionnaires à venir. C'est là que deviennent décisives la clarté politique, l'organisation, la discipline et le calibre de la direction prolétarienne. C'est pourquoi ce que nous faisons *aujourd'hui*, alors qu'il y a encore du temps pour se préparer — quel noyau de quel type d'organisation révolutionnaire nous construisons — pèse si lourdement dans la balance. »

Chacun des articles de ce numéro de *Nouvelle Internationale* porte sur des aspects particuliers de comment faire exactement cela : construire des partis prolétariens politiquement préparés et trempés dans la lutte qui mettront en oeuvre un tel cours révolutionnaire.

❖

Comme les lecteurs vont le découvrir dans « Révolution, internationalisme et socialisme : la dernière année de Malcolm X, » Malcolm s'était de plus en plus convaincu de la nécessité politique pour les jeunes — aux États-Unis, en Afrique, en Asie et ailleurs — de « travailler ensemble, partager des documents et apprendre les uns des autres. » Comme il l'a dit à un auditoire d'étudiants de l'université d'Oxford au Royaume-Uni quelques mois avant son assassinat, « la jeune génération de blancs, de Noirs, de bruns, de n'importe quelle couleur » vit « à une époque de révolution. » « Et moi, a dit Malcolm, je vais me joindre à n'importe qui, je me fiche de votre couleur, aussi longtemps que vous voulez changer cette condition misérable qui existe sur cette terre. »

Les efforts de jeunes communistes et d'autres jeunes à l'esprit révolutionnaire dans le monde pour s'organiser dans cette perspective au cours de la dernière décennie et demie — et leurs discussions et débats sur comment le faire de façon efficace — sont au coeur d'un autre article de ce numéro : « Rétablir la vérité sur le fascisme et la deuxième guerre mondiale : construire une Fédération mondiale de la jeunesse démocratique qui lutte contre l'impérialisme et la guerre. »

En avril 2005, les directions des Jeunes socialistes et du Parti socialiste des travailleurs aux États-Unis ont répondu à un appel des organisateurs du seizième Festival mondial de la jeunesse et des étudiants, tenu à Caracas au Venezuela en août de cette même année, qui sollicitait les commentaires et suggestions de toutes les organisations participantes sur le programme proposé pour le festival. Dans leur réponse, les Jeunes socialistes ont encouragé les organisateurs du festival à centrer les activités de la dernière journée sur la défense du Venezuela contre les menaces et les pressions impérialistes U.S. au lieu d'adopter une proposition initiée par de jeunes dirigeants des Partis communistes de Grèce, du Portugal et d'ailleurs pour changer le thème de la journée à « 60 ans depuis la victoire du peuple contre le fascisme dans la deuxième guerre mondiale. »

Les deux programmes opposés reflétaient des visions contradictoires du cours politique de la Fédération mondiale de la jeunesse démocratique. Les dirigeants des organisations de jeunesse staliniennes cherchaient à inverser la trajectoire politique anti-impérialiste qui a marqué les festivals de 1997 et de 2001 à La Havane et Alger et, s'est-il avéré, celui de 2005 à Caracas aussi. La lettre des directions des JS et du SWP a éduqué et ouvert les yeux à une nouvelle génération de jeunes qui ont participé au festival sur les conflits de classes multiples souvent obscurcis sous l'expression générique de « deuxième guerre mondiale. »

❖

La déclaration rédigée par Jack Barnes, Steve Clark et Mary-Alice Waters, « L'intendance de la nature incombe aussi à la classe ouvrière : en défense de la terre et du travail » a été adoptée par le congrès du Parti socialiste des travailleurs de juillet 2007. Elle présente une voie prolétarienne révolutionnaire pour surmonter les conséquences désastreuses pour l'humanité du rapport contradictoire — le *conflit* croissant aussi bien que la dépendance mutuelle — entre la terre et le travail à travers les millénaires depuis le développement de la propriété privée.

La transformation de la nature par le travail, expliquent les socialistes, crée toute richesse et toute culture. La productivité croissante du travail social obtenue par l'application pratique de la science et de la technologie a le potentiel de diminuer les difficultés et les dangers du travail, d'accroître le bien-être humain et de sauvegarder et améliorer l'environnement naturel. Mais sous le capitalisme, le dernier des systèmes de propriété exploiteurs du monde, ce potentiel libérateur a l'effet inverse. Le travail devient le plus grand danger non seulement pour la nature mais pour lui-même. Résultat de l'incessante compétition du capital pour maximiser les profits, ce danger est non seulement omniprésent, il s'accélère. De plus en plus les fruits des efforts du travail *aggravent* les risques pour la vie et la santé des travailleurs ; *polluent* le sol, l'eau et le ciel ; et *menacent* la survie même de l'humanité avec la probabilité croissante que les arsenaux massifs d'armes et de systèmes de lancement nucléaires seront tôt ou tard utilisés.

La déclaration du SWP publiée ici complète les numéros 7 et 8 de *Nouvelle Internationale,* dont les articles principaux sont « Le long hiver chaud du capitalisme a commencé » et « Notre politique commence avec le monde. » Comme un tout, ces textes expliquent pourquoi la ligne de marche des travailleurs vers la *transformation politique révolutionnaire* des rapports sociaux existants, et notre propre transformation en le faisant, doit être au centre d'une stratégie pour arrêter et renverser les conséquences ruineuses du fonctionnement du capitalisme. Et ils enracinent cette défense de la terre et du travail dans la continuité politique du mouvement ouvrier communiste moderne depuis ses origines au milieu du dix-neuvième siècle.

La déclaration explique pourquoi les campagnes hystériques et le catastrophisme bourgeois — qui vont des paniques autour des épidémies de grippe et de la maladie de la « vache folle » aux conséquences pour les humains et pour le reste de la nature du rejet des émissions de carbone dans l'atmosphère de la terre — visent à empêcher les travailleurs et les agriculteurs « de prendre conscience de la véritable source de ces menaces à la civilisation : le mode de production capitaliste, l'ordre impérialiste mondial et l'énorme richesse et pouvoir que les dirigeants extorquent des producteurs exploités. »

« Comme la politique de la « paix » et le « pacifisme », souligne la déclaration, la politique « vert et rouge » de courants petits-bourgeois dans le mouvement ouvrier aujourd'hui est une manifestation « de la politique *bourgeoise.* Ils conduisent à la collaboration de classe. Ils éloignent de la lutte pour l'action politique ouvrière indépendante et pour la conquête du pouvoir par les travailleurs et les agriculteurs — la seule voie qui mène à la paix et à la défense efficace du travail et du sol, de l'eau et de l'atmosphère de la terre. Les seuls gains concrets que les travailleurs peuvent remporter et remporteront le seront comme des sous-produits de cette voie de lutte révolutionnaire. »

En suivant *ce* cours prolétarien, la classe ouvrière et nos alliés, nous pouvons et allons trouver des réponses aux questions majeures de la politique U.S. et internationale auxquelles nous faisons face partout dans le monde — guerres impérialistes, crises financières mondiales, faim qui se propage, inflation et chômage, racisme, oppression des femmes, attaques gouvernementales contre les droits politiques des travailleurs de s'organiser et d'agir, destruction par le capital du travail et de la nature, et plus. Nous vous invitons à tourner cette page et à vous joindre à nous dans cette marche.

*Steve Clark*
*Mai 2008*

# Révolution aux États-Unis

&

## Une révolution socialiste est-elle possible aux États-Unis ?

MARY-ALICE WATERS

Non seulement une révolution socialiste est-elle possible aux États-Unis, dit l'auteure, mais il est inévitable que les travailleurs y mènent des luttes révolutionnaires. Ceux-ci n'en prendront pas l'initiative. Ce sont les classes possédantes qui le feront, poussées par la crise. Alors qu'une avant-garde combattante de la classe ouvrière émerge aux États-Unis, on peut déjà entrevoir les contours des combats qui viennent, dont l'issue *n'est pas* inévitable. Celle-ci dépend de nous. 5 $ US. Aussi en anglais et en espagnol.

## Cuba et la révolution américaine à venir

JACK BARNES

La révolution cubaine de 1959 a eu un impact politique à travers le monde, y compris sur les travailleurs et les jeunes au coeur de l'impérialisme. Alors que la lutte de masse à base prolétarienne pour les droits des Noirs gagnait déjà du terrain aux États-Unis, la transformation sociale pour laquelle s'étaient battus et qu'avaient gagnée les travailleurs et les paysans cubains a donné l'exemple qu'une révolution socialiste est non seulement nécessaire, mais qu'on peut la faire et la défendre. Cette deuxième édition, avec une nouvelle préface de Mary-Alice Waters, est à lire avec *Une révolution socialiste est-elle possible aux États-Unis ?* 10 $ US. Aussi en anglais et en espagnol.

## La continuité révolutionnaire

*La direction marxiste aux États-Unis*

FARRELL DOBBS

Comment des générations successives de combattants ont participé aux luttes du mouvement ouvrier aux États-Unis en cherchant à construire une direction capable de faire avancer les intérêts de classe des travailleurs et des petits agriculteurs et de se lier aux autres producteurs exploités à travers le monde. Deux tomes, en anglais : *Les premières années, 1848-1917*, 20 $ US ; *Naissance du mouvement communiste, 1918-1922*, 19 $ US.

**www.pathfinderpress.com**

# L'HÉRITAGE ANTI-OUVRIER DES CLINTON : LES RACINES DE LA CRISE FINANCIÈRE MONDIALE DE 2008

PHOTOS : AP / WIDE WORLD PHOTOS

**« L'administration Clinton a consolidé un virage anti-ouvrier dans la politique intérieure du Parti démocrate qui a renforcé la convergence politique des deux principaux partis de la classe des employeurs. »**

**HAUT.** Le 22 août 1996, William Clinton signe la loi « qui met fin à l'aide sociale telle que nous la connaissons, » le plus grand succès remporté par la classe dirigeante pour éroder le système fédéral de Sécurité sociale gagné dans la lutte par les travailleurs pendant les batailles syndicales des années 1930 et le mouvement pour la libération des Noirs qui a culminé dans les années 1960. **BAS.** Représentant de la Géorgie au Congrès, Newt Gingrich participe à Washington en septembre 1994 à un rassemblement pour les candidats républicains au Congrès. La nouvelle majorité républicaine élue cette année-là soutient les principaux projets de loi de Clinton.

# L'HÉRITAGE ANTI-OUVRIER DES CLINTON : LES RACINES DE LA CRISE FINANCIÈRE MONDIALE DE 2008

*Jack Barnes*

CELA FAIT SEPT ANS que William Clinton a quitté la Maison-Blanche. À en croire Hillary Clinton, Barack Obama, d'autres démocrates en vue et l'ancien président lui-même, George W. Bush et le Parti républicain seraient responsables de presque tous les maux actuels — de la guerre en Irak aux temps plus difficiles pour les travailleurs, à l'orgie de faillites dans la haute finance, et plus. Dans la campagne électorale des primaires démocrates de 2008, Bill Clinton s'est mis à modestement décrire les années 1993-2001 comme « les huit meilleures années que nous ayons connues dans l'histoire moderne. » (Oui, « nous ».)

Comme la plupart des autres radicaux de la classe moyenne et socialistes autoproclamés, des courants dans le mouvement ouvrier comme le Parti communiste USA colportent avec insistance cette même histoire de « Bush est le problème. » Ils voudraient tous nous faire croire que les républicains ont inventé à partir de rien la politique mise en oeuvre depuis 2001, ici et à l'étranger.

En essayant de prouver leurs accusations, les démocrates et leurs partisans comptent sur une mémoire courte. Mais les travailleurs qui ont une conscience de classe n'ont pas la brève mémoire historique sur laquelle comptent les démocrates. En réalité, l'administration Clinton a consolidé un virage anti-ouvrier dans la politique intérieure du Parti démocrate qui a renforcé la *convergence politique* des deux principaux partis de la classe des employeurs. Les éléments les plus importants de la politique intérieure et extérieure aujourd'hui largement attribués à l'administration Bush trouvent leur origine durant les années Clinton-Gingrich-Rubin.

La justesse de cette évaluation ressort clairement des deux articles qui suivent.

Le premier a été écrit au début de 2001, sans savoir ce qu'allait faire l'administration Bush. Il est extrait de l'édition de 2001 de *Cuba et la révolution américaine à venir*, qui se base sur des parties d'une présentation faite lors de réunions publiques à Seattle et New York en mars 2001. Ces réunions célébraient le quarantième anniversaire de la victoire remportée par le peuple de Cuba contre l'invasion de mercenaires organisée par les États-Unis à la baie des Cochons, la première défaite militaire de l'impérialisme U.S. dans les Amériques.

J'ai rédigé le deuxième article en vue de sa publication dans ce numéro de *Nouvelle Internationale* à partir de présentations et rapports donnés à la fin de 2007 et au début de 2008.

## ÉVALUATION DE 2001

William Jefferson Clinton — le politicien que les libéraux décrivent parfois, sans sourire, comme « le premier président noir » — a finalement quitté ses fonctions.

---

Dès le début il y a huit ans, les travailleurs communistes n'ont cessé de dire que Clinton n'était pas un ami de la classe ouvrière, qu'il serait un président de guerre, un président de prison, un président de peine de mort — bref, un président comme ceux qui l'ont précédé et dont le cours dans le pays et à l'étranger visait à servir les intérêts de classe des familles dirigeantes U.S. Nous pouvons affirmer avec confiance que la même chose est vraie du récent successeur de Clinton, George W. Bush, et du Congrès, avant et aujourd'hui.

À peine quelques heures avant l'assermentation de Bush le 20 janvier, Clinton a ordonné que des avions de guerre U.S. bombardent des cibles civiles dans le sud de l'Irak. Puis, moins d'un mois plus tard, Bush a envoyé des avions U.S. frapper des quartiers à la périphérie de Bagdad, où ils ont largué 28 bombes à fragmentation. Ces armes, qui dispersent des milliers de petits engins explosifs, sont conçues et utilisées avec un seul et unique but en tête : tuer et blesser, déchirer les chairs du nombre maximum d'hommes, de femmes et d'enfants. (Le *Militant* a été le seul journal où vous auriez pu trouver cette information à propos des bombes à fragmentation, à moins que vous n'ayez consulté par hasard l'édition en ligne du *Washington Post* du 26 février. Les directeurs du *Post* ont veillé à ce que l'article ne paraisse pas dans l'édition papier.)

Les attaques contre l'Irak effectuées par Clinton et Bush étaient une quasi-répétition de la passation des pouvoirs de Bush père à Clinton en janvier 1993. Dans les jours qui ont précédé l'investiture de Clinton, l'administration républicaine sortante a fait pleuvoir des bombes sur l'Irak et la nouvelle administration démocrate a fait de même la semaine suivante. Depuis, les forces armées U.S. et britanniques ont continué à bombarder l'Irak pratiquement sans interruption. Un état de guerre contre l'Irak n'a en fait jamais cessé. Chaque semaine des civils irakiens ont été tués dans ces raids. Davantage ont été blessés, beaucoup d'entre eux mutilés à vie.

L'utilisation par Washington des atroces bombes à fragmentation contre le peuple irakien devrait nous rappeler quelque chose d'autre dans le témoignage de José Ramón Fernández[1]. Le général cubain y rapporte que le gouvernement U.S. avait fourni du napalm aux mercenaires de la baie des Cochons, que ces derniers ont utilisé contre les Cubains qui défendaient leur souveraineté et leur intégrité territoriale. Citant le récit publié par un des pilotes mercenaires, José Ramón Fernández déclare que les avions des envahisseurs ont transporté trois tonnes de ces armes, qui répandent une gelée incendiaire qui colle à la peau des êtres humains, les brûlant et les asphyxiant

1. Précédemment dans *Cuba et la révolution américaine à venir*, Jack Barnes fait référence au témoignage présenté par le général de brigade José Ramón Fernández devant le Tribunal provincial populaire de la Cité de La Havane en juillet 1999. Le tribunal était consacré à l'audition d'un procès intentée par huit organisations cubaines dans le but d'exiger que le gouvernement U.S. soit contraint de payer des dommages pour les milliers de morts et les milliards de dollars en destructions physiques occasionnés par les efforts déployés pendant des décennies par Washington pour renverser la révolution cubaine. José Ramón Fernández a commandé la principale colonne des forces révolutionnaires cubaines qui ont mis en échec l'invasion de mercenaires organisée par les États-Unis à la baie des Cochons en avril 1961. Retiré du service actif dans les Forces armées révolutionnaires de Cuba, il est aujourd'hui vice-président du comité exécutif du Conseil des ministres du gouvernement cubain.

On trouvera le témoignage de José Ramón Fernández dans les versions anglaise et espagnole de *Playa Girón/Baie des Cochons : la première défaite militaire de Washington dans les Amériques*, Pathfinder, 2001.

jusqu'à la mort. Les conventions de guerre internationales signées par les gouvernements à travers le monde, a rappelé Fernández au tribunal de La Havane, interdisent l'utilisation « d'armes et projectiles ou matériaux destinés à causer ce genre de maux, ce genre de blessures contraires aux lois normales de l'humanité. Et nous constatons que, contrairement à ce qui précède, ces bombes sont utilisées par les forces armées des États-Unis. »

Dans la mesure où beaucoup d'entre nous sommes conscients de l'utilisation du napalm par les dirigeants U.S., nous l'associons souvent de manière exclusive à la souffrance monstrueuse infligée par Washington et ses alliés à des dizaines de milliers de paysans et travailleurs durant la guerre du Viêt-nam. Mais il a aussi été utilisé par l'impérialisme U.S. contre les Japonais dans le Pacifique, lorsque Washington a rasé de manière barbare le nord de la Corée quelques années plus tard et contre le peuple cubain à la baie des Cochons. (L'impérialisme français l'a aussi utilisé au cours des guerres qu'il a perdues à essayer d'écraser les luttes d'indépendance algérienne et vietnamienne.)

NOUS POUVONS mentionner beaucoup d'autres exemples de cette politique de guerre bipartite.

Même si Big Oil Bush pourrait ne pas égaler le bilan de son prédécesseur, le président le plus pro-israélien depuis Harry Truman, son administration poursuivra néanmoins le cours de la Maison-Blanche de Clinton en soutenant les attaques meurtrières de Tel Aviv contre les Palestiniens qui luttent pour le retour de leur patrie.

Les deux partis accéléreront leurs efforts dans les Balkans — de la Bosnie et la Serbie au Kosova et maintenant en Macédoine — pour renverser les conquêtes de la révolution yougoslave, y restaurer des relations sociales capitalistes, en intégrer les composantes dans l'Union européenne et l'Organisation du traité de l'Atlantique Nord, et renforcer le poids de l'impérialisme U.S. comme la puissance militaire « européenne » dominante. Les divergences seront tactiques, autrement dit porteront sur comment le faire de la manière la plus efficace.

Sous Clinton, l'expansion de l'OTAN a accru la portée de la puissance armée de Washington jusqu'aux frontières mêmes de l'ancienne Union soviétique. Pendant la campagne présidentielle, Albert Gore et George W. Bush ont tous les deux prôné une nouvelle expansion. Les prochains pays dans la file d'attente — la Lituanie, la Lettonie et l'Estonie — amèneront la pression militaire impérialiste encore plus près des principaux centres urbains en Russie [2].

Avec un soutien bipartite au Congrès, les administrations Clinton et Bush ont persévéré dans leurs plans de système de missiles antibalistiques. Washington vise à établir une capacité de première frappe nucléaire U.S.

---

2. En 1999, alors que William Clinton était toujours en fonction, trois anciens membres du pacte de Varsovie dominé par Moscou et dissous en 1991 ont été admis au sein de l'OTAN : la République tchèque, la Hongrie et la Pologne. Des pourparlers étaient déjà en cours sur l'admission de plusieurs autres anciens membres du pacte de Varsovie ou de gouvernements issus de l'éclatement de l'Union soviétique et de la Yougoslavie. En 2004, l'OTAN a voté l'admission des anciennes républiques soviétiques d'Estonie, de Lettonie et de Lituanie ; de l'ancienne république yougoslave de Slovénie ; et de la Bulgarie, de la Roumanie et de la Slovaquie. Des discussions d'adhésion se trouvent à différentes étapes avec les anciennes républiques soviétiques de Géorgie et d'Ukraine ; avec les anciennes républiques yougoslaves de Croatie, de Macédoine, de Bosnie-Herzégovine et du Monténégro ; et avec l'Albanie, qui avait quitté le pacte de Varsovie en 1962 après la rupture sino-soviétique.

M. DESPOTOVIC

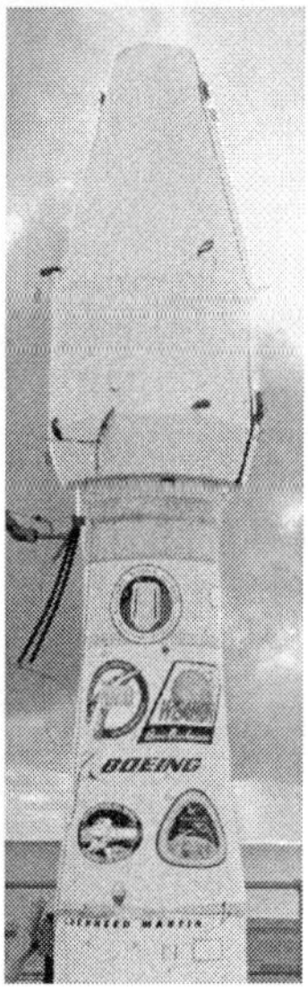


AP / WIDE WORLD PHOTOS

**« Livrant une « guerre contre le terrorisme » bien avant le 11 septembre, l'administration Clinton a jeté les bases des efforts de la bourgeoisie impérialiste pour « transformer », restructurer et renforcer ses positions militaires, aussi bien à l'intérieur qu'à l'extérieur du pays. »**

**HAUT.** Cherchant à renverser les conquêtes de la révolution yougoslave, les États-Unis et d'autres puissances de l'OTAN effectuent 200 000 sorties aériennes au dessus de la Yougoslavie entre 1992 et 1999, y compris une campagne dévastatrice de bombardements de 80 jours en 1999. La photo montre la procession funéraire pour un travailleur d'une usine de machines-outils tué dans le bombardement de Nis en Serbie, en avril 1999. **BAS.** Missile anti-balistique (ABM) U.S. sur les îles Marshall, dans l'océan Pacifique, en 1999. Washington réussit son premier essai d'interception ABM en juin de la même année.

contre toutes les autres puissances mondiales disposant d'arsenaux nucléaires, de Moscou à Paris et Londres. Comme ils l'ont fait avec la fondation de l'OTAN en 1949, les dirigeants U.S. ont *surtout* l'intention d'utiliser leur puissance militaire comme levier pour accroître leur domination politique par rapport à l'« Europe ».

De façon plus immédiate, un système de missiles antibalistiques U.S. visera la Chine et la Corée du Nord, deux pays en Asie qui se sont débarrassés du joug impérialiste et qui ont renversé les relations sociales capitalistes il y a un demi-siècle. Washington a déjà des centaines de missiles à tête nucléaire pointés sur ces deux pays. De surcroît, les dirigeants U.S. cherchent à terroriser tout gouvernement d'un pays semi-colonial — Irak, Iran, Inde, Pakistan — ayant construit un système de défense basé sur des missiles qui pourrait être utilisés contre une future agression impérialiste. Les plans déjà amorcés sous Clinton pour déployer en Alaska un système de défense antimissile de théâtre serviront de point de départ pour des propositions de guerre des étoiles plus élaborées par l'administration Bush, dont le but ultime sera une plateforme d'attaque sous-marine et spatiale capable de détruire des missiles en phase de propulsion.

ENFIN, EN CE QUI CONCERNE plus particulièrement la célébration aujourd'hui de la victoire des défenseurs cubains à Playa Girón, nous devons attirer l'attention sur l'écrasant appui bipartite à l'agression économique, politique et militaire, continue et vieille de plus de 40 ans, de Washington contre la révolution cubaine. Au cours de ses derniers mois en fonction, William Clinton a signé un projet de loi sur des crédits agricoles qui — en plus de remplir les poches de l'industrie agro-alimentaire et des agriculteurs capitalistes aux dépens des petits agriculteurs — comporte une clause annexe transformant en loi fédérale des restrictions administratives de longue date sur les voyages à Cuba. Désormais les citoyens U.S. qui visitent Cuba risquent non seulement des peines civiles, mais aussi criminelles.

Parmi les autres actes hostiles à l'endroit de la révolution cubaine pendant ses huit ans au pouvoir — actes trop nombreux pour les passer en revue — en 1996 Clinton a signé la « Loi de la liberté et de la solidarité démocratique de Cuba (Libertad), » aussi connue sous le nom de loi Helms-Burton, qui a resserré l'embargo économique U.S. contre Cuba. Quatre ans plus tôt, en tant que candidat démocrate à la présidence en 1992, il avait sonné la charge en se faisant le champion d'un autre renforcement de la guerre économique de Washington contre Cuba, la mal nommée Loi de la démocratie cubaine ou loi Torricelli, que le président républicain toujours en poste a ensuite signée. À la fois en paroles et en actions, la nouvelle administration Bush est maintenant en train de mettre en oeuvre son propre engagement de campagne de poursuivre ce cours [3].

---

3. Dans un des actes d'agression les plus démonstratifs des 50 dernières années contre le peuple cubain, l'administration Clinton est aussi responsable d'avoir expédié en prison cinq révolutionnaires cubains vivant dans le Sud de la Floride — Gerardo Hernández, Ramón Labañino, Antonio Guerrero, Fernando González et René González. Les cinq ont été arrêtés dans le cadre d'un coup monté en septembre 1998, quand le FBI a annoncé avec beaucoup de fanfare qu'il avait découvert un « réseau d'espionnage cubain » en Floride. Après 17 mois de détention dans des prisons fédérales, la plupart en isolement cellulaire, les cinq ont été jugés. En juin 2001, peu après la passation des pouvoirs de Clinton à Bush, chacun d'entre eux a été reconnu

La guerre des employeurs et de leurs deux partis contre le peuple travailleur aux États-Unis s'est aussi approfondie sur plusieurs fronts.

Autant pour l'administration Clinton que pour le Congrès contrôlé par les républicains, l'événement marquant de cet assaut a été la Loi réconciliant la responsabilité personnelle et les opportunités de travail de 1996. Cette loi a éliminé l'Aide aux familles avec enfants à charge et limité à un maximum à vie de cinq ans les allocations d'aide sociale qu'une famille particulière peut percevoir. La « réforme » de Clinton était plus que l'incarnation de sa promesse électorale réactionnaire et brutale faite quatre ans auparavant « de mettre un terme à l'aide sociale telle que nous la connaissons. » Elle représente le plus grand succès remporté à ce jour par la classe dirigeante pour commencer à éroder le système fédéral de sécurité sociale — une conquête réalisée par les travailleurs à travers les luttes qui ont bâti les syndicats industriels dans les années 1930 et qui a été substantiellement élargie sous la pression des campagnes de masse

---

coupable d'« avoir conspiré pour agir comme agent étranger non déclaré. » Hernández, Guerrero et Labañino ont aussi été reconnus coupable d'« avoir conspiré pour espionner » et Hernández d'« avoir conspiré pour commettre un meurtre. » Les cinq ont été condamnés à des peines de prison allant de 15 ans à la double perpétuité plus 15 ans.

Contrairement aux affirmations de l'administration Clinton selon lesquels les cinq révolutionnaires « espionnaient », ils avaient en fait accepté la mission de tenir le gouvernement cubain informé des projets d'attentats terroristes planifiés par des groupes contre-révolutionnaires aux États-Unis. La défense des cinq a donné lieu à une large campagne internationale qui dénonce les peines draconiennes et les conditions brutales de leur emprisonnement et qui exige leur libération.

du mouvement pour les droits civils et des protestations de masse des Noirs dans les années 1960.

Peu avant de quitter ses fonctions, William Clinton s'est vanté que huit millions de personnes dans le pays avaient été rayées des listes de l'aide sociale des États — une chute de 60 pour cent. Mais ce que les partisans bourgeois de cette loi ne claironnent pas aussi bruyamment, c'est que la vaste majorité de ces individus, s'ils ont même pu trouver du travail, ont été contraints d'accepter des emplois au salaire minimum ou à peine supérieur, avec peu ou pas de prestations de santé ou de retraite. Et ceci au sommet de la reprise du cycle économique capitaliste. Quand dans les mois qui viennent les premières cibles visées par la limite de cinq ans établie par la loi seront éliminées de manière permanente des allocations d'aide sociale, elles se retrouveront au milieu des licenciements et du chômage croissant que nous avons déjà décrits.

Il est utile de se rappeler que la loi de Clinton sur l'aide sociale — non seulement ses dispositions fondamentales, mais même son *nom* — a été reprise en bloc d'un article du Contrat pour l'Amérique promis par la majorité républicaine qui a pris le contrôle du Congrès en 1994 sous la direction de Newt Gingrich.

Avec la loi de 1996, pour la première fois en près de 65 ans, une catégorie entière du peuple travailleur — les mères célibataires et leurs enfants — a été éliminée du genre de protection garantie par la sécurité sociale aux retraités, aux enfants, aux travailleurs blessés ou chassés d'un emploi, et à d'autres personnes vulnérables à l'instabilité et aux dévastations propres au capitalisme, aussi bien quand ça va bien que quand ça va mal. De plus, il s'agit d'une section de la classe ouvrière qui s'accroît aux

États-Unis : près d'un tiers de tous les enfants aujourd'hui sont nés de femmes qui commencent à les élever dans des familles dites monoparentales, qui elles-mêmes constituent actuellement environ la moitié de toutes les unités familiales.

Comme le changement dans la composition de la classe ouvrière associé au poids croissant des travailleurs immigrés, ce changement dans la structure de la famille est irréversible — le résultat de l'indépendance économique plus grande que les femmes ont acquise à la suite de leur intégration accrue dans la population active et des gains sociaux issus des luttes pour la libération des femmes. La pauvreté et la crise sociale que ceci entraîne aussi pour des millions de femmes et d'enfants de la classe ouvrière est un reflet des conséquences inévitables des relations de classe sous le capitalisme et du fait qu'il faudra une révolution socialiste pour ouvrir la porte à la transformation de ces relations sociales oppressives.

Malgré la rhétorique de sa campagne électorale, la nouvelle administration Bush n'est pas plus susceptible que celles qui l'ont précédée de lancer une attaque frontale contre la décision *Roe v. Wade* de la Cour suprême en 1973, qui a décriminalisé l'avortement. En même temps, le fonctionnement même du système capitaliste se combinera aux conséquences des attaques de la classe dirigeante contre les conditions de vie des travailleurs pour continuer à réduire l'accès aux services d'avortement. Étant donné qu'aucun établissement médical n'offre aujourd'hui des services d'avortement dans un tiers de toutes les villes ni dans près de 90 pour cent — 90 pour cent ! — de tous les comtés des États-Unis, les coûts supplémentaires associés au seul transport signifient que les femmes de la classe ouvrière sont désavantagées. Sans parler des nombreux autres obstacles promulgués par différents gouvernements d'État qui imposent des restrictions d'âge, le « consentement » des parents, des périodes d'attente plus longues et des services de « conseil » obligatoires sur les « alternatives ».

Avec le soutien des deux partis au Congrès, Clinton a signé et promulgué comme loi un projet qui a accru le nombre et la durée des peines minimums d'incarcération fédérale, réduit la protection contre les perquisitions et les arrestations arbitraires par la police et les tribunaux, accru la saisie des biens *avant* procès et financé une augmentation record du nombre de policiers équipés d'armes plus meurtrières dans les rues.

CLINTON ET BUSH peuvent tous les deux réclamer à juste titre le titre honteux de « président de la peine de mort. » William Clinton s'est fait le champion et a signé des lois qui augmentent de manière significative le nombre de crimes fédéraux passibles de la peine de mort, ainsi que la Loi générale sur la protection contre le terrorisme, qui prive les prisonniers condamnés à la peine de mort du droit de soumettre à la cour fédérale plus d'une requête en habeas corpus pour une révision de leur procès. Quant à George W. Bush, pendant sa campagne pour la présidence en 2000, l'État du Texas dont il était à l'époque le gouverneur a procédé au meurtre légal du plus grand nombre de prisonniers dans un seul État au cours d'une seule année dans l'histoire américaine. Ces 40 assassinats ne constituent que le quart des exécutions effectuées pendant les six années de Bush à la résidence du gouverneur de l'État.

Au cours des huit années de présidence de Clinton, de 1993 à 2001, le nombre de personnes enfermées dans les prisons U.S. a bondi de 42 pour cent. Les États-Unis représentent 5 pour cent de la population mondiale, mais détiennent aujourd'hui 25 pour cent des prisonniers du monde[4]. Comme avant dans l'histoire, l'écrasante majorité de ceux qui sont incarcérés sont des travailleurs et agriculteurs, surtout des Noirs, des Latinos et des Autochtones. Aujourd'hui, un jeune Noir sur trois est en prison, en libération conditionnelle ou en liberté surveillée. Le maintien en cellule 24 heures par jour et l'isolement cellulaire — avec tous leurs effets déshumanisants sur l'esprit humain, conçus pour vous vacciner contre l'idée que vous auriez la moindre valeur — sont de plus en plus devenus la norme.

Le nombre de « services » privatisés, même de prisons appartenant à des intérêts privés, continue d'augmenter. Et nous assistons maintenant à la croissance des travailleurs de prison à louer. Il y a quelques jours, le *Wall Street Journal* a mis en vedette un article sur l'expansion des programmes de location de prisonniers dans les prisons gérées par l'État. Attirant l'attention sur l'émergence de ce qu'il appelle « la version bagnard de Kelly Services, » l'article titrait : « La prison comme centre de profit : le travail et le coût des prisonniers améliorent le résultat financier. Agence d'intérim derrière les barreaux. »

4. Une étude rendue publique en février 2008 rapporte que plus d'un adulte sur 100 aux États-Unis est emprisonné — et 750 pour 100 000 habitants dans la population générale. Les États-Unis ont une population de 300 millions d'habitants et la Chine de plus de 1,3 milliard. Pourtant, il y a plus de prisonniers aux États-Unis — même en nombre absolu (2,3 millions aux États-Unis). La Russie arrive au deuxième rang derrière les USA quant au nombre de prisonniers par habitants, avec 628 pour 100 000 habitants. Dans le cas des autres puissances impérialistes, le Royaume-Uni compte 143 prisonniers pour 100 000 habitants ; la Nouvelle-Zélande, 197 ; l'Australie, 130 ; le Canada, 108 ; l'Allemagne, 88 ; la France 91 ; et le Japon 63.

Dans les prisons de l'Oregon, explique l'article, « les employeurs n'offrent aucun avantage en matière de retraite, de vacances ou de santé. Ils ne paient pas non plus pour la sécurité sociale, la caisse des accidents de travail ni Medicare. [... E]mbaucher des prisonniers peut réduire de 35 pour cent les coûts salariaux de l'employeur. » Il s'ensuit que « les hommes d'affaires supplient pratiquement pour avoir des travailleurs de prison. » Exactement comme dans le bon vieux temps : les chaînes de forçats de la nouvelle économie.

Les prisons reconnues par le programme fédéral d'Amélioration de l'industrie pénitentiaire, poursuit l'article, reçoivent une prime : elles sont autorisées à vendre le produit du travail effectué en prison dans le cadre du commerce entre États. Les prisonniers couverts par ce programme « incitatif » du gouvernement U.S. doivent « être autorisés à garder au moins » — autrement dit, *au plus* — « 20 pour cent de ce qu'ils gagnent. Le reste de leur salaire peut être retenu pour payer les impôts sur le revenu, des pensions alimentaires, les frais de logement et de pension et les paiements requis aux fonds d'aide aux victimes. »

EN 1996, WILLIAM CLINTON a signé et promulgué la Loi sur la réforme de l'immigration illégale et sur la responsabilité de l'immigré adoptée par le Congrès républicain. Cette loi étend les pouvoirs du Service de l'immigration et de la naturalisation (INS) en l'autorisant à effectuer des rafles et à expulser du pays sans droit de revue ou d'appel judiciaires ceux qui sont accusés d'être des immigrés « illégaux ». Simultanément, la Maison-Blanche et le Congrès ont financé l'expansion de la détestée *migra*. Devenue la plus grande agence policière fédérale, cette dernière a multiplié à des niveaux record les descentes dans les usines et les expulsions du pays au cours des dernières années.

Loin de viser à arrêter l'afflux de travailleurs en provenance des Amériques et d'ailleurs, la classe dirigeante cherche à utiliser ses mesures répressives pour augmenter l'insécurité et la peur parmi les immigrés, dans l'espoir de les maintenir comme un réservoir de travail surexploitable et de les décourager de s'impliquer dans les efforts de syndicalisation, les luttes contre l'injustice sociale et les autres combats politiques.

En vertu des articles de Chambre étoilée de la Loi contre le terrorisme et pour une peine de mort efficace adoptée en 1996, le gouvernement U.S. a gardé en « détention préventive » et sur la base de « preuves secrètes » plus d'une vingtaine de personnes sans droit de libération sous caution. La plupart sont des immigrés originaires de pays arabes ou d'autres pays à majorité musulmane accusés d'avoir des liens avec des « organisations terroristes » — le mot de code que les dirigeants U.S. utilisent de plus en plus pour justifier aussi bien leurs attaques contre les droits démocratiques ici que leurs frappes militaires à l'étranger. Un total de quelque 20 000 personnes sont détenues dans des prisons aux États-Unis dans l'attente d'une issue à une procédure d'expulsion — une augmentation de 245 pour cent en l'espace de seulement cinq ans depuis l'adoption de la loi contre les immigrés.

L'an dernier, encore une fois avec un soutien bipartite, l'administration Clinton a exploité de manière cynique son refus pendant six mois de retourner dans son pays Elián González, un jeune Cubain de 6 ans, afin de polir l'image de l'INS et d'établir des précédents légaux qui renforcent les pouvoirs exempts de revue judiciaire de l'agence. Le raid effectué en avril 2000 par

## La population carcérale bondit de plus de 42 pour cent aux États-Unis sous la présidence de Clinton

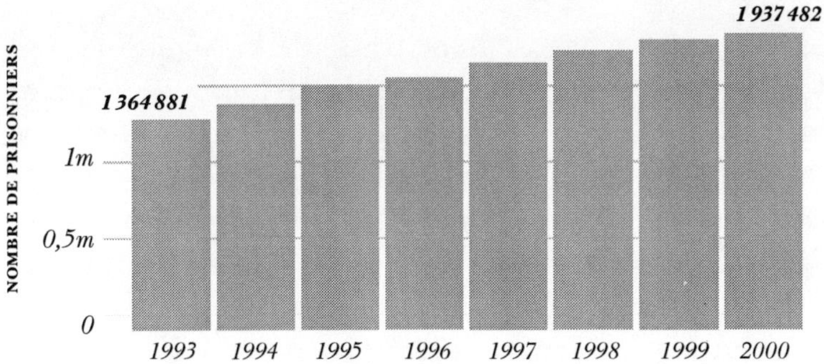


Ces chiffres englobent les prisons fédérales, des États, des municipalités et des comtés.

AP / WIDE WORLD PHOTOS

**« Dès le début, les travailleurs communistes n'ont cessé de dire que Clinton serait un président de guerre, un président de prison, un président de peine de mort — un président dont le cours dans le pays et à l'étranger viserait à servir les intérêts de classe des familles dirigeantes U.S. »**

**HAUT.** Clinton a signé une loi qui accroît le nombre et la durée des peines minimales d'incarcération fédérale. Plusieurs États ont adopté des lois semblables. En 2000, les travailleurs qui sont noirs constituent 46 pour cent des prisonniers. La Loi contre le terrorisme et pour une peine de mort effective signée par Clinton en 1996 autorise la « détention préventive » sur la base de « preuves secrètes. » **BAS.** Omaha, 1997. Quelques-uns des 100 travailleurs de l'industrie des viandes arrêtés lors d'une descente de l'immigration dans deux usines de la Greater Omaha Packing Co. Clinton a accru les pouvoirs fédéraux pour expulser des individus du pays sans droit d'appel judiciaire.

des commandos lourdement armés de la *migra* pour extraire l'enfant d'une maison de Miami a non seulement renforcé les pouvoirs de la Patrouille des frontières. Il a porté un coup au droit reconnu à tous les résidents U.S. par le quatrième amendement de la constitution d'être à l'abri dans leurs maisons de toute perquisition et arrestation arbitraire.

Durant les derniers jours de son mandat, William Clinton a émis une directive présidentielle créant la fonction de « tsar du contre-espionnage » et Bush vient cette semaine d'affecter quelqu'un au nouveau poste d'espion en chef. D'après les informations de la presse, cette fonction est « conçue pour faciliter un niveau de coopération jamais vu auparavant entre le FBI, la CIA et le Pentagone. Elle impliquera aussi, pour la première fois, le reste du gouvernement et le secteur privé. » *Et le secteur privé ?* Quelles agences de police du « secteur privé » sont comprises ? Quelles agences de location de flics briseurs de grève auront maintenant plus de couverture et d'encouragement de la part du gouvernement fédéral[5] ?

Le « tsar » sera redevable devant une commission formée de responsables de haut niveau de la CIA, du FBI, du Pentagone et du département de la Justice et présidera à tour de rôle une Commission directrice nationale du

5. Dans le sillage des attaques du 11 septembre contre le World Trade Center et le Pentagone, l'administration Bush et le Congrès ont élargi les empiètements de la Maison-Blanche de Clinton sur les droits politiques. Le gouvernement a augmenté les écoutes téléphoniques et l'interception des courriels et des communications par internet ; le suivi des transactions financières nationales et internationales ; la surveillance des listes de passagers des compagnies aériennes ; et l'espionnage des groupes politiques et des individus qui organisent l'opposition à la politique de Washington aux États-Unis et à l'étranger.

contre-espionnage impliquant aussi des responsables du département d'État, du département de l'Énergie et du Conseil de la sécurité nationale de la Maison-Blanche. L'ancien haut responsable de la CIA qui a développé le soi-disant plan de Contre-espionnage pour le vingt et unième siècle (CI-21) a expliqué dans une revue que le « CI-21 » va accorder la priorité « aux « joyaux de la couronne » que sont la prospérité et la sécurité nationale américaine. » Il a dit au *Washington Post* que le projet vise à défendre « non seulement des actifs gouvernementaux cruciaux, mais aussi l'infrastructure informatique utilisée aussi bien par le gouvernement que l'industrie privée. »

UN REPORTER DE LA PRESSE du grand capital couvrant la nouvelle fonction a écrit que celle-ci contraindra « le public américain à repenser des notions acceptées depuis longtemps sur ce que constituent la sécurité nationale et les frontières autrefois clairement établies entre l'application des lois nationales, la collecte de données à l'étranger et la capacité de réaction pour défendre le pays. »

En bref, le tsar du contre-espionnage va lier entre elles les opérations « antiterroristes » de Washington contre l'Irak, la Corée et Cuba à celles visant la famille immigrée vivant au coin de la rue. Il va lier la « guerre contre la drogue » menée par les dirigeants U.S. à partir des nouvelles bases militaires U.S. de Colombie et d'Équateur à celle menée dans les quartiers ouvriers et les vestiaires d'usine à travers l'Amérique du Nord. Il va centraliser les informateurs, les écoutes téléphoniques, l'espionnage du courrier postal et électronique et les autres opérations de police secrète du gouvernement U.S. aussi bien contre les « ennemis » à l'étranger que contre le mouvement ouvrier et les organisations de protestation sociale ici.

Qu'il s'agisse de « mettre en danger la sécurité nationale » ou de « trahir des secrets commerciaux, » les dirigeants U.S. s'arrangeront pour trouver une accusation trafiquée qui tienne.

Je pose la question du nouveau tsar du contre-espionnage des administrations Clinton et Bush non pas parce qu'il y a une raison d'anticiper une grande vague de répression dans l'avenir immédiat. Mais les dirigeants U.S. sont déjà en train de changer de vitesse par rapport à la dernière décennie. Ils savent qu'ils feront face à des batailles plus nombreuses et plus importantes à mesure que la concurrence capitaliste internationale les poussera à réduire les salaires, à rallonger la journée de travail, à intensifier les cadences, à réduire les protections assurées par la sécurité sociale et à écraser les syndicats — partout dans le monde. Et ils se préparent à défendre leurs intérêts de classe.

## POSTFACE DE 2008

AU COURS DES DEUX DÉCENNIES qui ont précédé l'investiture de William Clinton en janvier 1993, le capitalisme a connu deux profondes récessions : en 1974-1975 (la première crise synchronisée dans les pays impérialistes depuis la grande dépression) et à nouveau en 1981-1982, avec une flambée explosive de l'inflation entre les deux.

---

*Cette postface s'appuie sur une présentation de Jack Barnes faite le 1er décembre 2007 — « Notre transformation et la leur : de* subprime *à subhumain, la vraie perspective sous l'impérialisme américain » — lors d'une réunion de près de 400 personnes à New York, ainsi que sur des rapports qu'il a donnés au Comité national du Parti socialiste des travailleurs la même fin de semaine et au début de février 2008.*

Les travailleurs et agriculteurs ont fait face à des prix qui montaient en flèche, à des « pénuries » de viande et d'essence et à l'augmentation du chômage. Même en utilisant les statistiques trompeuses de Washington (je reviens là-dessus), le taux d'inflation a dépassé 13 pour cent en 1979, les taux d'intérêt à court terme ont atteint 16 pour cent en mai 1981 et le taux de chômage officiel a presque atteint 10 pour cent en 1982-1983.

Au cours des années Clinton, comme je l'ai décrit dans *Cuba et la révolution américaine à venir,* le patronat aux États-Unis est intervenu agressivement pour contrecarrer les pressions à la baisse sur sa marge bénéficiaire « en coupant les salaires réels et les allocations, en accélérant la production, en prolongeant la semaine de travail, en accroissant le nombre de travailleurs à temps partiel ou en intérim et en réduisant les programmes de sécurité sociale financés par le gouvernement. »

Au service du capital financier U.S. et de ses porteurs d'obligations, Clinton a aussi cherché avec obstination à générer un « surplus budgétaire » fédéral. L'administration démocrate a récolté les soi-disant dividendes de paix de l'« après-guerre froide » — les réductions temporaires des dépenses militaires rendues possibles par la fin de l'Union soviétique et l'effondrement du pacte de Varsovie, alors que l'impérialisme U.S. préparait la transformation de son « empreinte » militaire mondiale. Clinton a réduit de près de 25 pour cent le nombre des soldats U.S. en service actif au cours de ses huit ans en fonction et de 37 pour cent la taille du budget de guerre de Washington relativement au produit intérieur brut (PIB) U.S.

Mais la Maison-Blanche démocrate n'a pas utilisé ces économies pour « le peuple. » Dans ce que nous pourrions appeler un « dividende de la guerre de classe » national, il a réduit les dépenses fédérales pour la sécurité sociale et d'autres allocations sociales, l'éducation, les prestations pour les vétérans de guerre, le transport public et la recherche scientifique — soit chacune des principales catégories de dépense gouvernementale à l'exception de la santé et de Medicare (organisés comme une aubaine pour les compagnies d'assurance, les organismes de santé privés et les entreprises médicales), l'agriculture (davantage de grasses subventions aux agriculteurs capitalistes et à l'agroalimentaire) et la « justice » (des milliards pour un nombre accru de flics plus lourdement armés et pour les tribunaux, les prisons, la modernisation des systèmes de surveillance et les salles d'exécution).

La reprise du cycle économique qui a eu lieu au cours de cette période a été longue comparée à celles du passé : elle a duré dix ans. Mais elle n'était pas « le produit d'une accélération historique des investissements de capitaux visant à accroître les capacités productives, » ainsi que nous l'avons indiqué dans *Cuba et la révolution américaine à venir*. Au contraire, « la longue reprise aux États-Unis a été le produit d'une énorme montagne de dettes et d'une gigantesque bulle spéculative de dérivés des « instruments de la dette » — une bulle qui, nous le savons maintenant, a continué à gonfler au cours des sept années écoulées depuis que Clinton a passé le relais à Bush.

« En dépit du triomphalisme bourgeois de la plus grande partie des années 1990, » avons-nous dit, cette explosion de l'endettement a accru de manière inexorable « la vulnérabilité du capitalisme mondial à des chocs soudains et déstabilisateurs. » Et ceci, s'avère-t-il, était un euphémisme !

Afin de nous aider à mieux comprendre les racines de la présente crise financière mondiale et ses conséquences pour les travailleurs à travers le monde, il est utile de regarder de plus près plusieurs questions abordées brièvement ou indirectement dans *Cuba et la révolution américaine à venir* qui se posent de plus en plus nettement à la classe ouvrière aujourd'hui.

❖

(1) Bien avant que le château de cartes financier du capitalisme U.S. ne commence à s'effondrer à la fin de 2007, l'administration Clinton avait jeté les bases législatives de la crise en éliminant avec obligeance des règlementations considérées comme « gênantes » par les banquiers et autres intérêts possédants. En 1999, le secrétaire au Trésor Robert Rubin, ancien coprésident de Goldman Sachs, et le secrétaire adjoint Lawrence Summers ont présidé à l'abrogation de la loi Glass-Steagall, que les dirigeants U.S. ont été contraints d'imposer en 1933 en réponse à la vague de faillites bancaires qui a déferlé au début de la grande dépression. La classe dirigeante a utilisé la loi Glass-Steagall, entre autres mesures, pour stabiliser le système capitaliste en établissant une séparation légale entre d'un côté les banques commerciales et de l'autre, les compagnies d'assurance, les maisons de courtage et les banques d'affaires. Les premières font leurs profits en recevant les dépôts de particuliers ou de commerces dans des comptes chèque ou d'épargne, qu'elles prêtent ensuite à des taux d'intérêt plus élevés à des commerçants, des acheteurs de logements ou d'autres. Les banques d'affaires font leurs profits à partir de frais qu'elles empochent à la pelle en échange de « services » qu'elles offrent aux entreprises et aux gouvernements en levant des capitaux par l'émission d'obligations, d'actions et, de plus en plus, d'autres « produits financiers » à fort ratio d'endettement.

Signée par Clinton et promulguée en novembre 1999, la Loi sur la modernisation des services financiers a facilité les brèches dans ce mur, ce qui a accéléré et amplifié les résultats du fonctionnement des lois du capital. On a vu proliférer les fusions de banques de dépôt, de banques d'affaires, de maisons de courtage et de compagnies d'assurance. Avant tout, l'ouverture des vannes a donné lieu à une expansion massive de ce qu'on appelle les produits dérivés, dettes « titrisées » et opérations bancaires « hors bilan » — bref, des paris complexes sur la poursuite sans fin du boom financier capitaliste et de l'acquisition colossale de la dette du Trésor U.S. par les gouvernements de la Chine, du Japon et d'autres pays. Un montant de plus en plus réduit de collatéraux — parfois peu de collatéraux, voire aucun collatéral — garantissaient des prêts à effet de levier de plus en plus prononcé, avec de moins en moins de dispositions d'aucune sorte pour couvrir les risques grimpant en flèche.

Un bon exemple, c'est Citigroup, la plus grande banque U.S. La Loi sur la modernisation des services financiers de l'administration Clinton a été entérinée peu après la formation de Citigroup en 1998, suite à la fusion de Citicorp (qui était alors la plus grande banque commerciale U.S.), de la compagnie d'assurance géante Travelers et de la société d'investissement Salomon Smith Barney. C'était un mariage merveilleux, mais sans l'abrogation de la loi Glass-Steagall, il aurait légalement fallu l'annuler moins de deux ans plus tard. En juillet 1999, Rubin a remis à Summers les rênes du Trésor de Clinton. Et en octobre, sans aucun remords, il a accepté un emploi initialement payé 40 millions par année en tant que président du comité exécutif de Citigroup ! Ce n'est pas pour rien que beaucoup ont baptisé la nouvelle loi « Loi d'autorisation de Citigroup. »

**« L'administration Clinton a jeté les bases législatives de la crise financière de 2008 en éliminant des règlementations en place depuis la grande dépression et considérées comme « gênantes » par les banquiers et autres milieux aisés. »**

**CI-DESSUS.** En février 1999, la revue *Times* félicite le secrétaire au Trésor Robert Rubin (à gauche), Lawrence Summers (à droite), qui doit bientôt lui succéder, et Alan Greenspan, le président du conseil d'administration de la Réserve fédérale, pour avoir réussi à éviter « un effondrement économique mondial. » En même temps, la montagne grandissante de dettes et de produits dérivés que leur politique facilite — saluée par Summers comme « la création d'un système financier du vingt et unième siècle » — jette les bases de la crise financière mondiale de 2008, la pire depuis la dépression internationale des années 1930.

Soit dit en passant, Robert Rubin occupe toujours cette fonction en mai 2008, après que Citigroup ait réévalué à la baisse ses actifs et subi des pertes de plus de 40 milliards de dollars — oui, milliards — au cours des 15 derniers mois — le résultat de produits dérivés et d'autres « instruments de la dette » qui ont mal tourné. Voilà ce que vaut la « magie » d'un courtier en obligations de Goldman Sachs devant la loi de la valeur !

❖

(2) L'administration Clinton a activement oeuvré à garder bas les prix mondiaux de l'or, contribuant ainsi à maintenir un « dollar fort, » des taux d'intérêt relativement bas et au moins l'apparence de contenir l'inflation.

L'« équipe financière » de Clinton a activement encouragé ce qu'on appelle le *gold carry trade* ou stratégie de portage de l'or. Les gouvernements impérialistes et les institutions financières ont prêté à faibles taux de l'or de leurs chambres fortes aux grandes « banques or » (comme JPMorgan Chase, Citigroup, Goldman Sachs et Deutsche Bank). Ces banques ont alors vendu l'or emprunté, réinvesti la recette à des taux plus élevés et parié que le prix de l'or aurait baissé lorsqu'il leur faudrait racheter le métal précieux pour rembourser leurs emprunts. Aussi longtemps que le portage a marché (c'est-à-dire aussi longtemps que les prix de l'or n'ont pas augmenté à un rythme accéléré), le gouvernement U.S. a atteint ses objectifs et les banques or, ainsi que les plus grands trusts d'extraction d'or, se sont tirés d'affaire comme des bandits.

La Maison-Blanche de Clinton a aussi maintenu les prix de l'or à un niveau bas en encourageant les gouvernements impérialistes rivaux et le Fonds monétaire international à liquider leurs propres réserves d'or. Elle l'a fait de manière cynique, en prêchant que les revenus pourraient servir à « effacer la dette » et ainsi « aider les pays du tiers monde » accablés par des paiements d'intérêts onéreux. Témoignant devant le Congrès en avril 1999, Lawrence Summers, alors secrétaire adjoint au Trésor, a dit que le revenu de ces ventes d'or pourrait apporter une aide financière aux « pays les plus pauvres du monde, en particulier ceux accablés par une dette insoutenable. » Il a pris l'engagement que de telles ventes d'or pourraient « être effectuées d'une manière qui réduise tout impact négatif sur les détenteurs et producteurs d'or, ainsi que sur le marché de l'or. »

Il n'a pas fallu longtemps pour voir le résultat de cette arnaque de l'administration Clinton. En mai 1999, alors que les prix de l'or étaient déjà les plus bas depuis le milieu des années 1970, Gordon Brown, à ce moment le ministre du Trésor du Royaume-Uni et aujourd'hui son premier ministre, a annoncé que Londres commencerait bientôt à vendre une bonne moitié de ses réserves d'or. Contrairement à la promesse faite par Summers que de telles ventes pourraient « être effectuées d'une manière qui réduise tout impact négatif, » l'annonce de Brown a déclenché une telle panique sur les marchés mondiaux que les prix de l'or ont chuté d'encore 10 pour cent au cours des semaines suivantes, atteignant leur niveau le plus bas en 20 ans, 253 $ l'once — auquel prix Brown s'est empressé d'en vendre encore plus ! Quant à l'aide aux « pays les plus pauvres du monde, » il suffit de rappeler que parmi les principaux exportateurs d'or dans le monde figurent des pays semi-coloniaux comme le Pérou, l'Indonésie, l'Ouzbékistan, la Papouasie-Nouvelle-Guinée, le Chili, le Ghana, le Mali et la Tanzanie, ainsi que l'Afrique du Sud — dont les revenus provenant de l'extraction et de l'exportation de l'or et d'autres métaux précieux ont été dévastés !

Au cours des années suivantes, les banques centrales du Royaume-Uni, de la Suisse et du Canada *ont vendu* plus de la moitié de leurs réserves d'or — à des prix historiquement bas — et d'autres banques centrales ont aussi vendu d'importantes réserves. Pendant ce temps, le Trésor U.S. n'a pratiquement vendu aucune de ses réserves d'or — avec près de 9 000 tonnes, celles-ci sont de loin les plus grandes au monde (plus du quart des réserves d'or officielles du globe). En 2002, le prix de l'or a entrepris une lente remontée, qui s'est accélérée après quelques années. En mai 2008, la valeur des réserves de Washington avait plus que triplé, passant de 67 milliards à 225 milliards de dollars.

Voilà tout un plan pour venir en aide aux « pays les plus pauvres du monde » ! Et pour l'emporter par-dessus le marché sur vos « amis » impérialistes !

❖

(3) Afin de masquer un peu plus les dégâts sociaux croissants du système de profit, la Maison-Blanche de Clinton a simplement effacé des millions de travailleurs sans emploi des statistiques mensuelles du gouvernement sur le chômage.

William Clinton a appris ce tour de prestidigitation d'une administration démocrate précédente. Au cours de sa première année en fonction, John F. Kennedy s'est inquiété de la réaction politique à une brusque augmentation du chômage cette année-là. Il a donc nommé un comité pour chercher une solution — pas une solution pour remettre les gens au travail, mais pour améliorer les

## Comment on fait « disparaître » les chômeurs

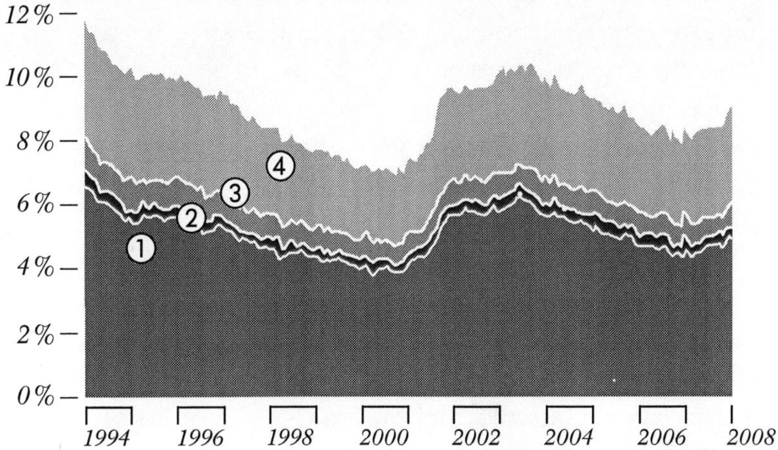


① Taux de chômage « officiel » du gouvernement U.S. Il s'agit du pourcentage de travailleurs que Washington compte dans la population active civile et qu'il considère comme sans emploi.

② « Travailleurs découragés. » Le terme utilisé par Washington pour décrire les travailleurs sans emploi qui ont cherché un travail pendant la dernière année mais qui, incapables d'en trouver depuis si longtemps, ne se sont pas donné la peine de chercher au cours du mois précédent. Par un tour de passe-passe statistique de l'administration Clinton, Washington a écarté de ce qu'il définit comme la population active les travailleurs qui n'ont pas cherché de travail pendant la dernière année. Il a ainsi fait disparaître environ la moitié de tous les « travailleurs découragés » des statistiques gouvernementales.

③ « Travailleurs marginalement liés » (workers marginally attached). Le terme de Washington pour décrire les travailleurs sans emploi qui ont cherché du travail pendant la dernière année mais qui, peu importe la raison, n'en ont pas cherché pendant le mois précédent. Les « travailleurs découragés » constituent une relativement petite sous-catégorie des « travailleurs marginalement liés. »

④ Travailleurs à temps partiel qui veulent un travail à temps plein.

apparences. Quelques années plus tard, le gouvernement fédéral a accroché au collet des travailleurs qui n'avaient pas réussi pendant un certain temps à trouver du travail une étiquette disant qu'ils avaient cessé de chercher. Ils les a appelés « travailleurs découragés » et a cessé de les compter parmi les chômeurs. Voilà ! Le « taux de chômage » a chuté du jour au lendemain !

Lui aussi confronté à un fort taux de chômage au début de son premier mandat, William Clinton a poussé les choses encore plus loin. Même si depuis les années 1960 le gouvernement avait cessé d'inclure les « travailleurs découragés » parmi les chômeurs, il les comptait néanmoins dans la population active générale. Apparemment ceci en disait toujours trop sur la véritable situation à laquelle faisaient face les travailleurs. En 1994, l'administration Clinton a donc décidé de ne compter dans la population active que les travailleurs qui cherchaient du travail depuis moins d'un an !

C'est ainsi que, d'un coup de baguette statistique, Clinton a fait disparaître des millions d'autres travailleurs au chômage. Et on ne les a toujours pas fait réapparaître à ce jour.

❖

(4) Finalement, l'administration Clinton a accordé à la classe des employeurs une manne de profits permanente en manipulant la base à partir de laquelle sont calculés les réajustements annuels au coût de la vie des salaires, des allocations de sécurité sociale et d'autres avantages sociaux versés à des dizaines de millions de travailleurs et de familles ouvrières aux États-Unis. Il s'agit là d'une question décisive pour les travailleurs, ce que démontre le fait que les salaires réels dans ce pays

sont aujourd'hui — même d'après les statistiques du gouvernement — environ 10 pour cent inférieurs à ce qu'ils étaient il y a 35 ans, en 1973.

En 1997, donnant suite aux propositions d'une commission bipartite qu'elle avait établie, l'administration Clinton a ordonné que la principale mesure gouvernementale de l'inflation — l'indice des prix à la consommation (IPC) — soit désormais calculée de façon à réduire substantiellement les chiffres officiels des prix. Deux astuces en particulier ont permis ce tour de magie.

Premièrement, la commission de Clinton a affirmé avoir découvert une incroyable omission dans la façon dont les statistiques sur l'inflation avaient été compilées depuis qu'on a commencé à le faire des décennies plus tôt. Dans le passé, si par exemple le prix du bifteck augmentait, cette augmentation se trouvait reflétée dans l'IPC. Mais il est soudainement venu à l'esprit des membres de la commission que lorsque le bifteck devient trop cher, les « gens » commencent plutôt à acheter de la viande hachée. Le prix de la viande hachée devrait donc remplacer celui du bifteck dans l'IPC. Abracadabra ! Pas d'inflation dans le prix de la viande ! Comme l'a noté un commentateur cynique : « Le nouveau système vous promet de la viande hachée et puis, peut-être de la nourriture pour chien après ça ? »

L'administration Clinton a aussi introduit ce qu'elle a appelé les « hédoniques » — de la même racine que le mot « hédonisme » — pour calculer l'inflation. Voyez toutes ces décennies, ont découvert les membres de la commission, pendant lesquelles les statisticiens ont négligé le fait que le « plaisir » que les travailleurs et autres consommateurs tirent des biens que nous achetons augmente à mesure que de nouveaux modèles sont introduits. Les voitures peuvent devenir plus chères, mais nous pouvons maintenant les verrouiller et déverrouiller en traversant le parking. Et au moment d'effectuer le prochain paiement pour le nouvel ordinateur, nous devrions garder à l'esprit que sa vitesse et sa mémoire se sont accrues — il devient donc en fait de plus en plus amusant à utiliser et de moins en moins cher par éclat de rire !

Le fin mot de l'histoire ? À la fin de 2007, le gouvernement U.S. a établi à 3,2 pour cent le taux d'inflation annuel. S'il l'avait calculé avec les mêmes méthodes que toutes les administrations qui ont précédé les changements imposés par Clinton et le Congrès dominé par les républicains, le taux d'inflation aurait été de 7 pour cent — *plus du double.* Ceci se traduit par des centaines de milliards de dollars en profits supplémentaires pour la classe des employeurs : ceux-ci paient maintenant aux travailleurs des réajustements au coût de la vie considérablement réduits dans le cadre des accords salariaux et pour les allocations versées au titre de la sécurité sociale, des soins médicaux, des accidents de travail et des autres avantages sociaux.

Qu'est ce que cela signifie dans la vie de tous les jours de la majorité laborieuse aux États-Unis ? Au début de 2008, moins de six mois après le taux d'inflation officiel qui vient d'être mentionné, le gouvernement U.S. a annoncé que son soi-disant indice des prix à la consommation avait maintenant augmenté un peu, pour atteindre un taux annuel de 4 pour cent. Mais en examinant de plus près les mêmes données (même avec les propres méthodes malhonnêtes du gouvernement), on se rend compte que le prix des produits de première nécessité comme ceux de la nourriture, de l'essence et des soins de santé ont augmenté en moyenne de plus de 9 pour cent au cours de l'année écoulée. Ceci comprend une hausse

## Effets de la « réforme » de l'indice de l'inflation par Clinton

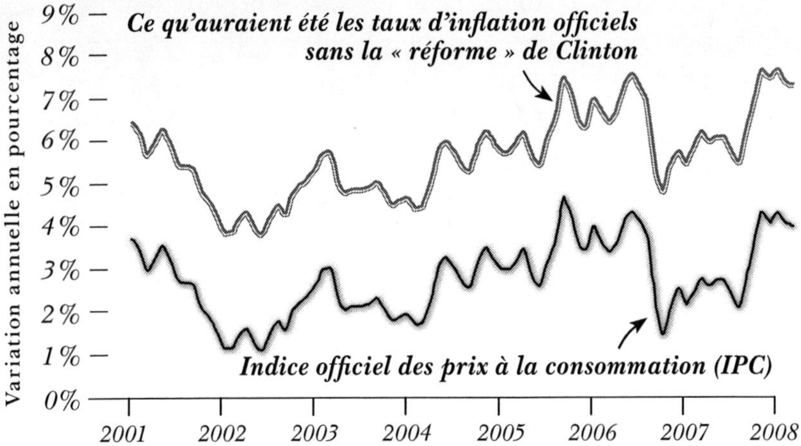


SOURCE : SHADOW GOVERNMENT STATISTICS

## Flambée des prix de gros

Hausses trimestrielles des prix, avril 2007 – avril 2008

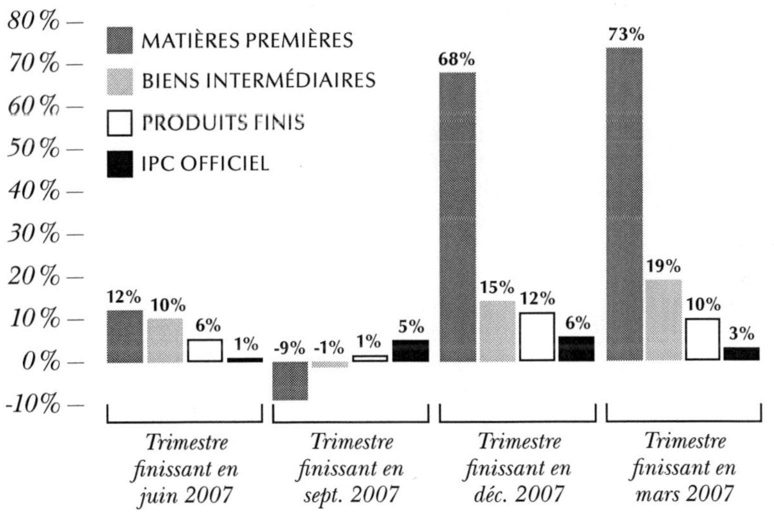


SOURCE : BUREAU DES STATISTIQUES DU TRAVAIL, COMMUNIQUÉ DE MARS 2008

**HAUT.** La classe des employeurs empoche des milliards grâce à la « réforme » de l'indice de l'inflation de Clinton, qui réduit les rajustements au coût de la vie des salaires et des allocations de la sécurité sociale. **BAS.** Le caractère grossièrement minimisé des statistiques « officielles » sur les prix se révèle aussi dans les propres données de Washington sur la forte hausse des prix des matières premières et autres prix de gros, entre avril 2007 et avril 2008.

de 13 pour cent pour le lait et les autres produits laitiers, de 7 pour cent pour le pain et les céréales, de 8 pour cent pour les soins hospitaliers (qui croit que c'est seulement ça ?) et d'un énorme 33 pour cent pour l'essence et le combustible de chauffage.

Pourtant, les services de la sécurité sociale ont annoncé que les quelque 50 millions de personnes recevant des allocations de retraite recevront en 2008 une augmentation liée au « coût de la vie » de 2,3 pour cent sur leurs chèques mensuels — 24 misérables dollars par mois pour le bénéficiaire moyen. Et des dizaines de millions d'autres travailleurs auront de la chance s'ils reçoivent le moindre réajustement pour l'inflation dans leur salaire net.

Ces changements introduits par l'administration Clinton s'ajoutent à l'escroquerie statistique inaugurée une vingtaine d'années plus tôt quand les prix de l'essence et de la nourriture en particulier ont monté en flèche au milieu et à la fin des années 1970. Dans sa sagesse bipartite, Washington a commodément décidé à cette époque qu'il serait préférable pour la politique monétaire fédérale d'utiliser un chiffre qui « aplanisse » les fluctuations de prix qui soi-disant sortent de l'ordinaire. C'est ainsi qu'en plus des taux d'inflation qu'il avait calculés et rendus publics depuis des décennies, le gouvernement a commencé à publier des statistiques sur ce qu'il a appelé le taux d'« inflation de base » — qui n'incorporent pas les prix de l'énergie et de l'alimentation !

Comme on pouvait s'y attendre, chaque fois qu'il y a une poussée des prix au supermarché ou à la pompe à essence, les politiciens capitalistes et les porte-parole du gouvernement commencent à parler d'« inflation de base. » Un récent dessin humoristique représente le propriétaire d'une station service essayant de calmer un conducteur enragé à la pompe : « Oui, c'est un scandale. Mais ce n'est pas un scandale *de base* ! »

❖

Quand la Loi sur la modernisation des services financiers a été adoptée en 1999, le nouveau secrétaire au Trésor de Clinton, Lawrence Summers, l'a saluée comme « la création d'un système financier du vingt et unième siècle. » C'est effectivement ce qu'elle a été !

# *Construire* UN PARTI PROLÉTARIEN

## Le visage changeant de la politique aux États-Unis

***La politique ouvrière et les syndicats***

JACK BARNES

Comment construire le type de parti dont les travailleurs ont besoin pour se préparer aux batailles de classe qui viennent, au cours desquelles ils vont se révolutionner, révolutionner leurs syndicats et révolutionner toute la société. Un guide pour ceux qui cherchent la voie de l'action efficace pour renverser le système d'exploitation capitaliste et se joindre à la reconstruction du monde sur de nouvelles assises socialistes. Aussi en anglais, espagnol et suédois. 23 $ US

## Leur Trotsky et le nôtre

JACK BARNES

Pour diriger les travailleurs à la victoire dans une révolution, il faut un parti révolutionnaire de masse dont les cadres, longtemps d'avance, ont intériorisé un programme communiste international, ont une vie et un travail prolétariens, prennent plaisir à faire de la politique et ont forgé une direction dotée d'un sens aigu de ce qu'il faut faire. Ce livre discute comment construire un tel parti. Aussi en anglais et en espagnol. 15 $ US

## L'histoire du trotskysme américain, 1928-1938

***Le rapport d'un participant***

JAMES P. CANNON

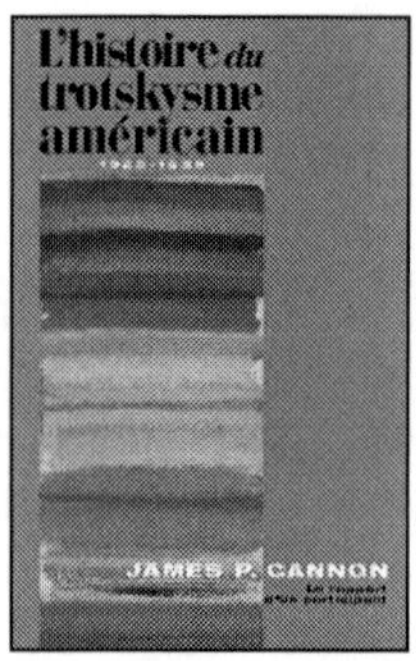


« Le trotskysme, dit Cannon, n'est pas un nouveau mouvement, une nouvelle doctrine, mais la restauration, la renaissance du marxisme véritable tel qu'il a été exposé et appliqué au cours de la révolution russe et des premiers jours de l'Internationale communiste. » Dans cette série de 12 présentations faites en 1942, James P. Cannon raconte un épisode décisif des efforts déployés pour construire un parti prolétarien aux États-Unis. Aussi en anglais et en espagnol. 22 $ US

## Que faire ?

V. I. LÉNINE

Les enjeux de la création d'une organisation disciplinée de révolutionnaires ouvriers capables d'agir comme « un tribun populaire sachant réagir contre toute manifestation d'arbitraire et d'oppression, où qu'elle se produise, pour expliquer à tous et à chacun la portée historique de la lutte émancipatrice du prolétariat. » Écrit en 1902. 4,95 $ US. Aussi en anglais et en espagnol.

## Défense du marxisme

***Les contradictions sociales et politiques de l'Union soviétique à la veille de la deuxième guerre mondiale***

LÉON TROTSKY

Dans ces textes écrits en 1939-1940, Léon Trotsky répond à ceux qui battaient en retraite dans le mouvement ouvrier révolutionnaire devant la nécessité de défendre l'Union soviétique face à l'assaut impérialiste imminent. Il y explique pourquoi seul un parti qui lutte pour intégrer un nombre croissant de travailleurs dans ses rangs et dans sa direction peut maintenir un cours révolutionnaire constant. En anglais et en espagnol. 25 $ US

## La lutte pour un parti prolétarien

JAMES P. CANNON

« Les travailleurs de l'Amérique, écrit James P. Cannon, sont assez puissants pour renverser la structure du capitalisme ici et pour soulever le monde entier en se dressant. » À la veille de la deuxième guerre mondiale, un fondateur du mouvement communiste aux États-Unis et un dirigeant de l'Internationale communiste du temps de Lénine défend le programme du bolchevisme et ses normes de construction du parti. En français (extraits), anglais et espagnol. 22 $ US

## La fondation du Parti socialiste des travailleurs

JAMES P. CANNON ET AL.

Aux réunions de fondation du Parti socialiste des travailleurs (SWP) en 1938-1939, les révolutionnaires aux États-Unis codifient deux décennies d'expérience à construire un parti communiste. Ils projettent un cours prolétarien pour résister à la guerre impérialiste qui vient, lutter contre le fascisme et la haine des Juifs, combattre pour les droits des Noirs, forger une alliance avec les agriculteurs exploités et se battre pour transformer les syndicats en outils de lutte révolutionnaires par le peuple travailleur. En anglais. 24,95 $ US

# RÉVOLUTION, INTERNATIONALISME ET SOCIALISME : LA DERNIÈRE ANNÉE DE MALCOLM X

BETTMAN / CORBIS

HARRY RING / THE MILITANT

**« Malcolm a suivi la logique de ses convictions et n'a pas flanché quand ceci a impliqué d'abandonner des notions qu'il avait longtemps eues. Il a travaillé avec tous ceux qui avaient démontré être de « véritables révolutionnaires. »**

Malcolm a vanté les mérites des dirigeants du gouvernement révolutionnaire d'Algérie qu'il a rencontrés en Afrique. **HAUT.** Oran, Algérie, 16 janvier 1964. « L'âme de la révolution, c'est le socialisme, » dit une banderole au fond. Le portrait représente Ahmed Ben Bella, le président du gouvernement ouvrier et paysan. **BAS.** New York, mai 1964. Malcolm se dirige vers le podium avant de prendre la parole au Forum ouvrier du Militant à Greenwich Village. Les partisans de l'hebdomadaire socialiste *The Militant*, qui publiera son discours, organisent la réunion.

# RÉVOLUTION, INTERNATIONALISME ET SOCIALISME : LA DERNIÈRE ANNÉE DE MALCOLM X

*Jack Barnes*

« *En raison du poids social, de la composition relativement plus prolétarienne et de l'expérience politique d'avant-garde de la nationalité noire opprimée aux États-Unis, les travailleurs qui sont afro-américains formeront une composante plus grande de la direction combattante du mouvement ouvrier que pendant la radicalisation ouvrière des années 30 dans les batailles de classe à venir, y compris dans la lutte contre la guerre impérialiste.*

*Leurs luttes passées et présentes donnent aussi un puissant exemple au nombre grandissant de travailleurs immigrés qui font face à la discrimination chauvine ou raciste et qui perdent souvent leurs propres préjugés arriérés contre les Noirs au cours de luttes communes.* »

**« Leur transformation et la nôtre »**
***Nouvelle Internationale*, n° 7**

LORSQU'UNE PARTISANE cubano-américaine de la révolution cubaine qui habite le sud de la Floride a vu le livre *Notre histoire s'écrit toujours* pour la première fois la semaine dernière, elle a demandé pourquoi les éditions Pathfinder avait choisi d'interviewer trois généraux

---

*Les rapports qui suivent ont été présentés par Jack Barnes à des réunions du Comité national du Parti socialiste des travailleurs (SWP) en janvier et mars 2006. Ils ont été augmentés et rédigés en vue de leur publication. Jack Barnes est le secrétaire national du SWP.*

cubains d'origine chinoise. « Et pourquoi les appeler des Sino-Cubains ? » Les Cubains d'origine chinoise, a-t-elle ajouté, se considèrent comme des Cubains, pas comme des Sino-Cubains. C'est la même chose pour les Noirs. « Ils se voient comme des Cubains, pas comme des Afro-Cubains[1]. »

Mais lorsqu'elle a commencé à lire le livre, elle l'a beaucoup aimé et s'est convaincue de son utilité aussi bien aux États-Unis qu'à Cuba. Cette réponse semblait contredire sa réaction initiale au titre ainsi que les préjugés politiques qui la sous-tendent. Excellent !

Cette lectrice exprimait un point de vue largement répandu à Cuba, un point de vue qui reflète une étroitesse politique parmi la large couche de cadres révolutionnaires là-bas, une lenteur à reconnaître que les conséquences historiques *à l'échelle mondiale* du commerce des esclaves africains, de l'esclavage, des révoltes d'esclaves et du racisme à l'égard des Noirs ont laissé un héritage social et politique parmi les Noirs à travers le monde et ont affecté la société capitaliste dans son ensemble. Aussi radicales et uniques soient-elles, les conquêtes politiques de la dictature du prolétariat à Cuba ne peuvent pas à elles seules effacer cet héritage.

Des origines de la lutte révolutionnaire au début des années 1950 jusqu'à aujourd'hui, le mouvement dirigé par Fidel Castro a agi avec détermination contre les actions et les préjugés racistes, en parole et en pratique. À Cuba, les communistes ont conscience d'un fait social et

---

1. Au moment où ce rapport a été présenté en janvier 2006, les éditions Pathfinder venaient de publier en anglais et en espagnol *Notre histoire s'écrit toujours : l'histoire de trois généraux cubains d'origine chinoise dans la révolution cubaine* d'Armando Choy, Gustavo Chui et Moisés Sío Wong.

politique important qui a déterminé la façon dont s'est forgée la nation cubaine. Contrairement à la révolution américaine et à la guerre civile contre les États esclavagistes sécessionnistes aux États-Unis, les guerres d'indépendance contre l'Espagne au dix-neuvième siècle à Cuba se sont entièrement combinées dès le départ à la lutte pour l'abolition de l'esclavage et de toutes les formes d'asservissement par contrat. Des combattants qui étaient noirs ainsi que des milliers de travailleurs chinois ont participé à l'armée d'indépendance de Cuba et s'y sont comportés avec honneur à tous ses niveaux, des combattants du rang au général Antonio Maceo.

Cependant, rien de cela n'efface le fait qu'il y *a* des millions d'Afro-Cubains qui ont la peau très foncée et qu'ils font face à un héritage social et politique qui n'est pas identique à celui des autres Cubains. Près d'un demi-siècle après la victoire de la révolution cubaine, on trouve toujours cet héritage dans la structure du logement et de l'emploi, dans la composition de la population carcérale et dans d'autres indicateurs sociaux.

BIEN QUE L'HISTOIRE CONCRÈTE des Sino-Cubains soit différente de celle des Cubains noirs, quelques-unes des mêmes considérations politiques s'appliquent. Parmi les Cubains qui ont des aïeux chinois, il existe toujours une conscience sociale de leurs racines qui reste très vivante. Et il existe toujours une grande fierté dans ces racines et leur riche héritage culturel. En fait, la proposition d'écrire ce livre et de le faire sous forme d'une entrevue avec trois généraux ayant des ancêtres chinois ne vient pas de Pathfinder mais de Gustavo Chui.

Il ne serait pas étonnant que les suppositions de bien des Cubano-Américains aient un temps de retard sur ce qu'ils sont en train de lire et sur ce qui les attire politiquement dans les pages de *Notre histoire s'écrit toujours*. La description donnée par Chui de son enfance — y compris des complexités de la « conscience chinoise » qui l'entourait lorsqu'il a grandi et du racisme envers les Noirs qui existait chez de nombreuses personnes d'origine chinoise à Cuba — enrichit notre compréhension des origines de la révolution cubaine et où elle se dirige. Le récit que fait Chui de la manière dont il a été gagné à la lutte révolutionnaire dans les années 1950 enrichit notre compréhension de la révolution. C'est également le cas des récits d'Armando Choy et de Moisés Sío Wong. Chacun d'eux provient d'une famille de petits commerçants sino-cubains, mais en même temps de couches sociales légèrement différentes. À travers le livre, les travailleurs peuvent voir comment chacun de ces jeunes Cubains a découvert sa propre valeur et ce dont lui et d'autres comme lui sont capables. Ils peuvent voir les conclusions communistes auxquelles sont arrivés Chui, Choy et Sío Wong à travers leurs expériences dans la lutte clandestine, dans la guerre révolutionnaire ainsi que dans la construction d'un nouveau Cuba.

Qu'a rendu possible la victoire de la révolution cubaine pour tous ceux qui sont victimes d'une discrimination historique institutionnalisée sous le capitalisme ? Pour les nations et les nationalités opprimées ? Pour les femmes, le sexe opprimé et majoritaire ? Que rend possible n'importe quelle révolution socialiste ? Avant tout, elle rend possible d'*utiliser* le pouvoir d'État de la dictature du prolétariat, qui est de loin l'instrument le plus puissant dont les travailleurs en lutte peuvent jamais se servir, pour faire avancer la bataille pour éradiquer le racisme, l'oppression nationale et le statut de deuxième classe des femmes.

Ces formes d'oppression produites et perpétuées en tant que composante de la reproduction des relations sociales capitalistes à l'échelle mondiale sont importées et remodelées des modes de production qui ont dominé les périodes antérieures de l'histoire de la société de classe. Bien qu'elles déforment et entrent en conflit avec le fonctionnement « plus efficace » des lois du capitalisme, la bourgeoisie trouve des façons de les incorporer politiquement et socialement afin d'approfondir les divisions entre les travailleurs et d'empocher les profits de la surexploitation. Loin d'être rapidement éradiquées par la prise révolutionnaire du pouvoir d'État par la classe ouvrière, les conséquences de toutes ces relations sociales dégradantes héritées de la société divisée en classes sont plus persistantes et durables que ne l'avaient généralement anticipé les générations précédentes de militants socialistes et révolutionnaires. Ce que fait la conquête du pouvoir des travailleurs, c'est de mettre à la disposition d'une avant-garde de masse du prolétariat l'arme politique la plus efficace de l'histoire — une arme dont ils pourront se servir pour combattre toutes les formes d'oppression et jeter les bases pour établir la solidarité humaine sur de nouvelles assises communistes. *Voilà* la promesse de la dictature du prolétariat : maintenant que vous l'avez *conquise*, *utilisez*-la pour *finir* le travail.

Si les dirigeants fondateurs du mouvement communiste moderne ont reconnu qu'on ne pouvait abolir les classes, la famille et la religion, mais qu'elles allaient plutôt *dépérir* avec le développement du socialisme, comment pourrait-il en être autrement pour toutes les formes historiques d'oppression héritées de la société de classe ? Bien plus, le dépérissement n'est pas un simple processus passif. Il n'a rien d'automatique. Comme toute autre chose dans l'histoire de l'humanité, il est le produit d'une activité sociale pratique, de la mobilisation, de la direction et de la lutte de masse révolutionnaires. Et le rythme et la portée de cette lutte peuvent déterminer non seulement les progrès de la dictature du prolétariat, mais si celle-ci deviendra à la longue tellement corrodée, affaiblie et vulnérable qu'elle finira par se corrompre de l'intérieur et sera vaincue et détruite.

Il n'y a aucune garantie à l'avance. Mais avec le renversement de la dictature des classes possédantes et la conquête du pouvoir par les travailleurs, le rapport de force est qualitativement transformé à l'avantage de tous ceux qui luttent pour éradiquer de la tête aux pieds l'exploitation et l'oppression capitalistes. *Si on ne peut convaincre les travailleurs d'avant-garde qui sont noirs que la dictature du prolétariat est l'instrument le plus puissant pour entreprendre la lutte finale et durable pour la libération des Noirs, comment les communistes peuvent-ils s'attendre à ce que ces derniers luttent coeur et âme pour faire une révolution socialiste dans ce pays ?* Pourquoi le *devraient*-ils ? Oui, ils lutteront en tant que composante de la classe ouvrière pour libérer la majorité laborieuse de l'humanité de l'exploitation capitaliste. Mais au bout du chemin, eux et leurs alliés ne s'attendent pas à voir l'oppression raciste se poursuivre ! Sinon ce serait vivre et lutter dans le déni de ce qu'ils sont. Et le socialisme serait un objectif sans espoir.

C'est aussi vrai pour les femmes et pour toutes les couches opprimées et tous les alliés de la classe ouvrière.

## La discussion de 1933 avec Trotsky

Étant donné son expérience aux côtés de Lénine comme dirigeant du Parti bolchevique, de l'Union soviétique et de l'Internationale communiste, Léon Trotsky ne pouvait penser autrement. Tels étaient ses postulats politiques lors des discussions qu'il a eu en 1933 avec Arne Swabeck, un dirigeant du parti qui a rendu visite à Trotsky alors que ce dernier vivait en exil en Turquie après son expulsion de l'Union soviétique par le régime de Joseph Staline.

La transcription de cette discussion de 1933 ainsi que d'autres documents sont disponibles dans un petit livre intitulé *Leon Trotsky on Black Nationalism and Self-Determination* [Léon Trotsky sur le nationalisme et l'autodétermination des Noirs], qui a été publié pour la première fois sous forme de brochure il y a une quarantaine d'années. Mais beaucoup dans la façon dont on a préparé et rédigé ce livre — à commencer par son titre — gêne plutôt qu'aide le lecteur à écouter et comprendre ce que dit Trotsky. Malgré son titre, il ne s'agit pas d'un livre sur le nationalisme noir. En fait, Trotsky n'évoque jamais le nationalisme noir, ni dans la discussion de 1933 ni dans l'échange qui a suivi avec des cadres du parti en 1939, publié aussi dans ce livre.

Trotsky parle de la lutte des Noirs aux États-Unis, de la place et du poids des travailleurs qui sont noirs dans la construction de l'avant-garde de la classe ouvrière en suivant la ligne de marche vers la dictature du prolétariat. Voilà de quoi parle le livre. Parmi nos premières priorités éditoriales, nous voulons présenter et publier ces discussions dans un nouveau livre d'une manière qui rende justice à leur contenu.

C'est Trotsky, s'appuyant sur les conquêtes politiques de l'Internationale communiste, qui nous a expliqué le premier de manière scientifique que c'est le réveil des Noirs à leur propre valeur, non leur oppression, qui ouvrirait de nouvelles perspectives pour la lutte révolutionnaire. Il a dit à Arne Swabeck :

> Leur réveil, leur revendication d'autonomie et la mobilisation *démocratique* de leurs forces pousseront les Nègres vers une perspective de classe. La petite bourgeoisie reprendra à son compte la revendication des droits égaux et de l'autodétermination, mais s'avérera absolument incapable dans la lutte. Le prolétariat nègre va marcher par-dessus la petite bourgeoisie vers la révolution prolétarienne.

Le sens en ressort cinq sur cinq, même traduit en anglais à partir des notes prises en allemand par Arne, dont la première langue était le danois !

Deux fois dans ce pays au vingtième siècle, nous avons vu en pratique comment le prolétariat noir a dû « marcher par-dessus la petite bourgeoisie » — blanche et noire, y compris la bureaucratie syndicale, avec toutes ses limites et ses hésitations — afin de faire avancer la lutte contre la ségrégation de Jim Crow et d'autres institutions de discrimination raciste.

La première fois, c'était pendant les grandes batailles du mouvement syndical et la radicalisation politique qui ont donné naissance au mouvement social centré sur la création des syndicats industriels de la CIO. Indépendamment de la couleur de leur peau, les travailleurs ont souvent lutté côte à côte pour les droits syndicaux et d'autres objectifs sociaux. Ces luttes ouvrières étroitement liées ont donné un tel élan à la lutte pour renverser le système de Jim Crow que celle-ci s'est poursuivie malgré la retraite générale du mouvement ouvrier après la deuxième guerre mondiale. Quant à la deuxième fois, quelques-uns des gens présents dans cette salle ont vécu les luttes pour les droits des Noirs des années 1950, 1960 et du début des années 1970 et y ont pris une part active.

BIBLIOTHÈQUE DU CONGRÈS

**« Les révolutionnaires commencent avec le bilan historique de la place et du poids d'avant-garde des travailleurs qui sont noirs dans les grandes luttes politiques et sociales aux États-Unis. »**

NANCY BROWN / THE MILITANT

**HAUT.** Des Noirs votent pour la première fois en Virginie pendant la période de reconstruction radicale qui suit la guerre civile, quand « des Noirs ont dirigé à la fois les esclaves libérés et les agriculteurs exploités et les travailleurs qui étaient blancs dans des parties importantes du Sud. » **BAS.** Des membres du syndicat des Machinistes, en grève à Washington en 1990 contre la compagnie aérienne Eastern Airlines. Résultat des batailles syndicales et pour les droits civils, la main-d'oeuvre industrielle constitue l'un des secteurs les plus déségrégués de la société U.S.

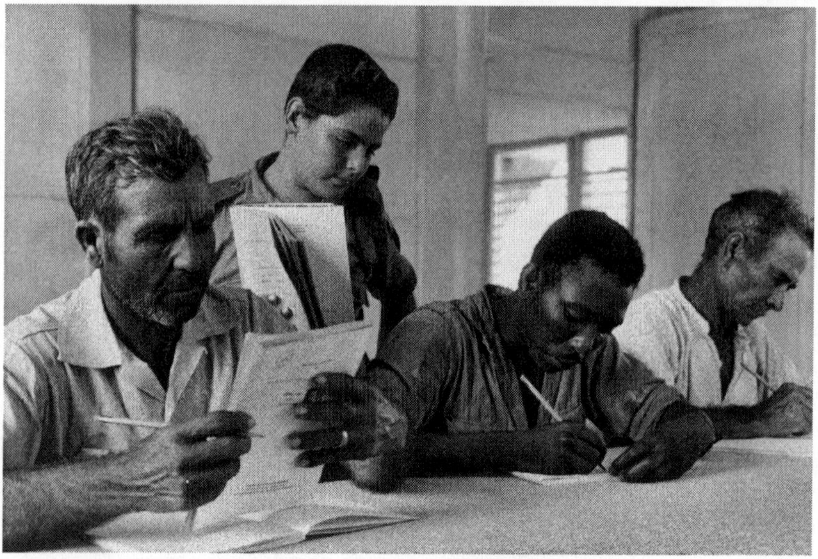

GRANMA

BOHEMIA

« **La révolution cubaine a permis au peuple travailleur d'utiliser la dictature du prolétariat, l'instrument le plus puissant dont les travailleurs peuvent se servir, afin d'accélérer la bataille pour éradiquer le racisme, l'oppression nationale et le statut de deuxième classe des femmes.** »

**HAUT.** Un étudiant volontaire enseigne en 1961 à lire et à écrire à des travailleurs agricoles pendant la campagne qui éliminera l'analphabétisme à Cuba. **BAS.** Fidel Castro (deuxième à gauche, à l'avant), après une réunion en 1949 à l'Université de La Havane du Bloc progressiste national, une organisation antiraciste. Le mouvement dirigé par Fidel Castro a agi de manière conséquente, en paroles et en actions, contre le racisme.

(À son point le plus fort, la reconstruction radicale dans de grandes régions de l'ancien Sud esclavagiste a été un précurseur plébéien de ces batailles prolétariennes.)

Évidemment, le point culminant consistant à « marcher par-dessus la petite bourgeoisie vers la révolution prolétarienne » reste toujours devant nous.

Le point de départ de Trotsky dans ses discussions avec Swabeck était l'énorme obstacle à l'unité révolutionnaire de la classe ouvrière que constituaient l'oppression raciste et le racisme et les préjugés contre les Noirs aux États-Unis. Conséquence de cette oppression, a souligné Trotsky, « aucune action commune [n'a] lieu qui implique des travailleurs blancs et noirs, » il n'y a aucune « fraternisation de classe. » « Le travailleur américain est incroyablement réactionnaire. On peut le voir dans le fait qu'il n'a même pas encore été gagné à l'idée de l'assurance sociale. » Et, a ajouté Trotsky, « Les Noirs ne se sont pas encore éveillés et ils ne sont pas encore unis aux travailleurs blancs. Quatre-vingt-dix-neuf virgule neuf pour cent des travailleurs américains sont chauvins. Pour les Noirs, ils sont des bourreaux de la même manière qu'ils le sont pour les Chinois, etc. Il est nécessaire de leur faire comprendre que l'État américain n'est pas leur État et qu'ils n'ont pas à être les gardiens de cet État. »

Évidemment, ces conditions ont changé de façon substantielle sous l'impact des luttes ouvrières depuis 1933. Elles ont commencé à changer au milieu des années 1930 comme résultat des luttes syndicales qui ont bâti le CIO, de l'opposition grandissante au fascisme et à la guerre impérialiste mondiale qui s'étendait et des pas franchis vers l'action politique ouvrière indépendante. Ces changements se sont accélérés avec les conquêtes, amorcées dans les années 1950, du mouvement de masse pour les droits civils et des luttes de libération des Noirs, mouvement et luttes enracinés dans l'urbanisation massive, la migration vers le Nord et les changements dans la composition de la main-d'oeuvre industrielle qui ont commencé avant la deuxième guerre mondiale. Conséquence et composante de ces luttes, les travailleurs aux États-Unis se sont *en fait* battus pour une forme importante d'assurance sociale : la sécurité sociale. Et avec les batailles syndicales des années 1930 et les luttes pour les droits civils des années 1950 et 1960, ils en sont venus à considérer comme des *droits* une version élargie de cette sécurité sociale, ce qui comprend les programmes d'assurance maladie Medicare et Medicaid pour les retraités, les handicapés et les personnes à faible revenu que finance le gouvernement, ainsi que d'autres programmes.

Avec la montée des syndicats industriels, de plus en plus de travailleurs qui sont noirs, blancs, asiatiques et latinos — nés au pays et immigrés — travaillent *en fait* aujourd'hui côte à côte dans beaucoup de lieux de travail et participent *en fait* à des actions communes et de fraternisation de classe. Mais la lutte pour combattre le racisme et surmonter les divisions nationales dans la classe ouvrière, par le biais de la solidarité mutuelle, de l'action affirmative et d'autres moyens, reste centrale pour forger l'avant-garde prolétarienne dans ce pays.

Dans cet échange d'opinions avec Swabeck, Trotsky a poursuivi en faisant remarquer que pendant une importante montée de la lutte révolutionnaire et de la conscience prolétarienne de classe aux États-Unis,

> [I]l est alors possible que les Nègres deviendront la section la plus avancée. [...] Il est tout à fait possible que les Nègres passeront en deux pas de géant de l'autodétermination à la

> dictature du prolétariat, devant la grande masse des travailleurs blancs. Ils seront alors l'avant-garde. Je suis absolument convaincu qu'ils se battront mieux en tout cas que les travailleurs blancs.

Mais comme l'a souligné Trotsky, ceci ne peut se produire que « si le Parti communiste mène une lutte sans compromis et sans merci non pas contre les prétendus a priori nationaux des Nègres mais contre les énormes préjugés des travailleurs blancs » — des préjugés introduits dans la classe ouvrière par la bourgeoisie et les maîtres impérialistes — « et refuse de leur faire quelque concession que ce soit. »

C'est ce que Trotsky avait appris de Lénine, le dirigeant central du Parti bolchevique et de l'Internationale communiste, et de ses propres expériences révolutionnaires dans la prison des nations tsariste. Trotsky avait approfondi cette compréhension dans ses discussions avec des délégués des États-Unis aux premiers congrès de l'Internationale communiste. Et c'est ce qu'il s'est efforcé, de 1929 à sa mort, de mettre en pratique avec la direction du Parti socialiste des travailleurs et le reste du mouvement communiste international.

## L'évolution politique de Malcolm X

C'est cette continuité communiste qui a donné à notre mouvement au début des années 1960 la confiance de reconnaître la signification révolutionnaire du développement politique de Malcolm X alors qu'il était encore un dirigeant de la Nation de l'islam et de ne fixer aucune limite préconçue à son évolution.

En janvier 1965, un autre dirigeant de l'Alliance des jeunes socialistes et moi avons réalisé une entrevue de

Malcolm X pour la revue *Young Socialist* [2]. « Comment définissez-vous le nationalisme noir, auquel on vous a identifié ? » est l'une des questions que nous lui avons posées. Et Malcolm a répondu :

> Avant je définissais le nationalisme noir comme l'idée que l'homme noir doit contrôler l'économie de sa communauté, la politique de sa communauté, et ainsi de suite.
>
> Mais en mai [1964], quand j'étais en Afrique au Ghana, j'ai parlé avec l'ambassadeur algérien, qui est très militant et un révolutionnaire dans le sens véritable du mot. (Et il a fait ses preuves en menant une révolution victorieuse contre l'oppression dans son pays.) Quand je lui ai dit que ma philosophie politique, sociale et économique était le nationalisme noir, il m'a demandé très franchement : bien, quelle était sa place dans tout ça ? Parce qu'il était blanc. C'était un Africain, mais il était algérien, et selon toute apparence, c'était un homme blanc. Et, a-t-il dit, si je définis mon objectif comme la victoire du nationalisme noir, quelle est sa place dans tout ça ? Et quelle est la place des révolutionnaires du Maroc, de l'Égypte, de l'Irak et de la Mauritanie ? Il m'a ainsi montré comment j'aliénais des gens qui étaient de

2. Cette entrevue a été publiée dans le numéro de mars-avril de *Young Socialist*, peu après l'assassinat de Malcolm le 21 février 1965. Elle est restée disponible depuis et se trouve dans *Malcolm X Talks to Young People* [Malcolm X parle aux jeunes], New York, 2002, Pathfinder. Une traduction en français en est parue sous le titre « Malcolm X : « Le capitalisme est un vautour » dans l'édition de janvier-mars 1990 de la revue *Lutte ouvrière*, publiée à Montréal.

> véritables révolutionnaires, déterminés à renverser le système d'exploitation qui existe sur cette terre par tous les moyens nécessaires.
>
> J'ai donc eu à repenser et réévaluer en profondeur ma définition du nationalisme noir. Peut-on réduire au nationalisme noir la solution des problèmes auxquels notre peuple fait face ? Et vous remarquerez que je n'ai pas employé le terme depuis plusieurs mois.

Eh bien, en fait, nous *ne l'avions pas* remarqué. C'était une vraie interview, avec un vrai dialogue, un vrai échange. Ce n'était pas une interview où nous avons posé certaines questions parce que nous connaissions déjà les réponses. Nous avons posé des questions parce que, dans les limites de nos capacités et de notre objectivité, c'étaient les bonnes questions. Et les réponses ont considérablement complété nos connaissances et les connaissances d'autres personnes qui ont lu l'entrevue. De toute façon, Malcolm a conclu cet échange particulier en admettant : « Mais j'aurais toujours beaucoup de mal à donner une définition précise de la philosophie d'ensemble que je crois nécessaire pour la libération du peuple noir dans ce pays [3]. »

Plus loin dans l'interview, nous avons demandé à Malcolm ce qu'il pensait « de la lutte mondiale qui se livre actuellement entre le capitalisme et le socialisme ? » Et il a entre autre répondu que « ce n'est qu'une question de temps selon moi avant qu'il [le capitalisme] ne s'effondre complètement. » Dans l'article « Two Interviews » [Deux entrevues] publié dans le *Militant* en février 1966, à l'occasion du premier anniversaire de l'assassinat de

3. *Malcolm X Talks to Young People*, p. 119-120 (tirage de 2007).

Malcolm, j'ai décrit la réaction de Malcolm lorsque je lui ai apporté la version rédigée de l'entrevue pour qu'il la révise avant sa publication dans le *YS*. Quand Malcolm est arrivé à sa réponse à cette question sur le capitalisme et le socialisme, son visage s'est fendu d'un large sourire et il m'a dit : « Je ne suis jamais allé aussi loin. Ils vont se déchaîner quand ils le verront. » J'ai demandé à Malcolm s'il voulait atténuer sa réponse et, comme je l'ai écrit dans l'article de 1966, « sans hésitation, il a répondu non [4]. »

MALCOLM M'A ÉGALEMENT PARLÉ des jeunes révolutionnaires qu'il avait rencontrés en Afrique et en Europe lors de ses récents voyages là-bas. Il m'a dit qu'il me donnerait une liste de ces jeunes pour nous permettre de leur envoyer des exemplaires du numéro du *Young Socialist* contenant l'entrevue. J'ai mentionné à Malcolm que j'irais peut-être en Algérie plus tard cette année-là à la tête de la délégation de l'Alliance des jeunes socialistes (YSA) au Festival mondial de la jeunesse et des étudiants, prévu à Alger à la fin de juillet et au début d'août. Contrairement aux festivals précédents organisés par le mouvement stalinien international, celui-ci se tenait pour la première fois non pas en Europe de l'Est et centrale, mais en plein milieu d'une révolution en cours. La YSA l'attendait avec impatience, dans l'anticipation d'une composition plus large et de possibilités anti-impérialistes accrues. J'ai dit à Malcolm que nous pourrions peut-être rencontrer quelques-uns de ses jeunes contacts là-bas et il a dit que ce serait une bonne expérience parce qu'« ils ont du mal à croire qu'il existe des révolutionnaires aux États-Unis. » (Combien de fois avons-nous entendu

4. *Malcolm X Talks to Young People*, p. 127 et 137 (tirage de 2007).

exactement la même chose de la part de révolutionnaires cubains et autres qui en sont venus à nous respecter !) Malcolm a dit qu'il trouverait le temps de préparer la liste et nous avons convenu que je viendrais la chercher après la publication du *YS*.

Malcolm était enthousiasmé par la perspective que des jeunes qu'il avait rencontrés reçoivent des exemplaires du *Young Socialist* contenant l'entrevue et rencontrent des dirigeants de l'Alliance des jeunes socialistes. Il se réjouissait à l'avance de voir des jeunes révolutionnaires travailler ensemble, partager des documents et apprendre les uns des autres. Il était persuadé que cela élargirait nos perspectives, comme il avait l'habitude de dire.

Il s'est avéré que Malcolm a été assassiné quelques semaines après notre deuxième rencontre, juste au moment où le *YS* sortait des presses. Et puis en juin 1965, le gouvernement ouvrier et paysan dirigé par Ahmed Ben Bella en Algérie a été renversé. Notre délégation était en train de descendre la péninsule italienne pour prendre un bateau vers Alger — nous étions arrivés à Rome — lorsque le coup d'État s'est produit et que le festival a été annulé. Nous n'avons donc pas été capables de tenir cette promesse particulière faite à Malcolm.

Mais dans un sens plus important, nous avons bien tenu notre promesse et continuons de le faire. Nous continuons à publier les paroles de Malcolm et les paroles d'autres révolutionnaires, y compris ceux d'origine africaine qui sont chronologiquement les héritiers de Malcolm comme Maurice Bishop et Thomas Sankara. Nous continuons de publier *The Militant* et nous avons maintenant lancé son édition en espagnol — un journal que Malcolm considérait comme une source tellement importante pour les combattants, non seulement d'informations précises mais d'analyses politiques révolutionnaires.

Et nous continuons de diffuser ces publications afin de collaborer avec des travailleurs et des jeunes ayant un esprit révolutionnaire à la fois dans ce pays et ailleurs dans le monde — des Amériques à l'Afrique, au Pacifique, à l'Asie et à l'Europe ; du Venezuela et de la Chine à la France et à la Guinée équatoriale. Ce type de travail politique parmi des révolutionnaires ne cesse jamais, même quand nous nous heurtons à des obstacles imprévus. Nous trouvons tout simplement d'autres façons de le poursuivre.

Puisque Malcolm a été tué en février 1965, personne ne peut prouver comment il aurait évolué politiquement par la suite. Mais ceux de ma génération et d'autres dans la direction du Parti socialiste des travailleurs étaient convaincus par le cours de Malcolm qu'il évoluait vers le communisme. Politiquement, il convergeait avec le SWP.

Nous avons tout simplement supposé que Malcolm était absolument sérieux quand il a dit qu'il ne croyait plus possible de résumer et de décrire ses opinions politiques comme étant le « nationalisme noir. » L'époque était révolue depuis longtemps où quelqu'un pouvait faire dire des choses à Malcolm. Moins de deux mois avant sa mort, il a raconté dans un entretien à la radio qu'avant de rompre avec la Nation de l'islam au début de 1964 il avait souvent dit des choses qui ne représentaient pas ses opinions mais celles du dirigeant de la Nation, Elijah Mohammed. « Ce n'étaient pas mes déclarations, c'étaient ses déclarations et je les répétais. » Mais maintenant, a dit Malcolm, « le perroquet a sauté hors de sa cage[5]. »

---

5. « Our People Identify with Africa: Bernice Bass Interview, December 27, 1964, » [Notre peuple s'identifie à l'Afrique : entrevue avec Bernice Bass, le 27 décembre 1964]), *Malcolm X: The Last*

Les commentaires de Malcolm sur le nationalisme noir dans l'entrevue du *Young Socialist* faisaient partie de notre convergence politique, puisque personne ne peut devenir un communiste et rester en même temps un nationaliste dans sa « philosophie d'ensemble. » Vous pouvez être un communiste et en même temps prendre fait et cause et diriger une lutte de libération nationale, une lutte contre l'oppression nationale. Ça, c'est certain. Mais vous ne pouvez rester politiquement un nationaliste et organiser un mouvement pour faire avancer la classe ouvrière et ses alliés, de toutes les nations, en suivant la ligne de marche vers la dictature du prolétariat.

POURQUOI ? Parce que le nationalisme — et ici, nous parlons du nationalisme des opprimés — *n'est pas* la généralisation de la ligne de marche d'une classe. Ce *n'est pas* un mouvement, pas le mouvement social et politique d'*une classe.* Il n'y a pas de direction de classe prédéterminée dans la logique de son évolution, encore moins de dictature de classe. Il n'a pas de programme stable. Un programme a une trajectoire pratique concrète qui représente les intérêts historiques d'une classe sociale. Il n'existe pas de programmes sans classe. Mais le nationalisme noir n'a pas de trajectoire politique qui fasse avancer les intérêts des travailleurs, quelle que soit la couleur de leur peau. Le nationalisme noir est une idéologie, l'idéologie d'une nation ou nationalité opprimée, qui est largement prolétarienne, à certaines étapes de son éveil politique. Dans la mesure où il a un caractère de classe,

---

*Speeches* [Malcolm X : Derniers discours], New York, Pathfinder, 1989, p. 99 (tirage de 2006).

il ne peut être que bourgeois. Ce n'est pas une épithète ; c'est une description scientifique. La conscience syndicale aussi est bourgeoise. En même temps, la consolidation historique de l'impérialisme a relégué au passé l'époque de la révolution bourgeoise.

Par contre, le communisme n'est pas une idéologie, selon le sens donné à ce terme par Marx et Engels[6]. Comme nous ont enseigné les pionniers du mouvement ouvrier révolutionnaire moderne à sa naissance il y a presque 160 ans, « le communisme n'est pas une doctrine mais un *mouvement*[7]. » Sur le terrain de l'activité pratique, sur le terrain du combat de classe, les communistes sont « la partie la plus résolue » de la classe ouvrière, comme l'explique le document fondateur de notre mouvement. De façon consciente, nous « mettons en évidence et faisons

---

6. Dans une lettre écrite en 1893, Engels explique : « L'idéologie est un processus que le soi-disant penseur accomplit sans doute avec conscience, mais avec une conscience fausse. Les forces motrices véritables qui le mettent en mouvement lui restent inconnues. [...] Du fait que c'est un processus intellectuel, il en déduit et le contenu et la forme de la pensée pure, que ce soit de sa propre pensée ou de celle de ses prédécesseurs. [...] C'est cette apparence d'histoire indépendante des constitutions d'État, des systèmes juridiques, des conceptions idéologiques dans chaque domaine particulier qui aveugle, avant tout, la plupart des gens. » En réalité, poursuit Engels, toute « conception idéologique » de ce genre est « engendré[e] finalement par d'autres faits économiques » et, en même temps, « réagit aussi à son tour et peut se répercuter sur son environnement et même sur ses propres causes [...]. » Voir « Engels à Franz Mehring, » 14 juillet 1893, Marx et Engels, *Oeuvres choisies*, vol. 3, éditions du Progrès, 1978, p. 518-522.

7. Frederick Engels, « The Communists and Karl Heinzen » [Les communistes et Karl Heinzen], Karl Marx and Frederick Engels, *Collected Works* [Oeuvres], tome 6, p. 303.

valoir les intérêts communs à l'ensemble du prolétariat et indépendants de la nationalité. » Nous « représentons toujours l'intérêt de l'ensemble du mouvement. » Du point de vue du programme et de la théorie, les communistes « ont sur le reste de la masse du prolétariat l'avantage de comprendre clairement les conditions, la ligne de marche et les résultats généraux du mouvement prolétarien [8]. »

VOILÀ LA DIRECTION dans laquelle la majorité des dirigeants centraux du SWP au milieu des années 1960 croyaient que Malcolm X évoluait. Et nous étions convaincus que cette évolution politique l'avait rendu plus efficace, pas moins efficace, en tant que dirigeant de la lutte de libération des Noirs. (Même si son public immédiat continuerait à diminuer aux États-Unis. Ni Malcolm ni personne d'autre ne peut échapper aux changements du rapport de forces entre les classes.) Étant donné ce que nous savions de Malcolm et étant donné ce que nous connaissons du marxisme, pourquoi un communiste en tirerait-il une autre conclusion ?

Pourquoi un travailleur, un agriculteur ou un jeune à l'esprit révolutionnaire — et au courage révolutionnaire — qui voyait en Malcolm un dirigeant aurait-il cessé de l'écouter parce que Malcolm en était venu à une compréhension plus large et plus riche des racines capitalistes de l'exploitation et de l'oppression raciste ? Pourquoi se seraient-ils moins intéressés à ce qu'il avait à dire parce que les réponses économiques, sociales et politiques qu'il présentait étaient plus concrètes, plus directement liées à la ligne de marche historique des travailleurs à travers le

8. Karl Marx et Friedrich Engels, *Manifeste du parti communiste*, Paris, GF Flammarion, p. 91.

monde ? Ou parce qu'il voulait collaborer politiquement avec des jeunes, peu importe leur race, leur sexe (ou la croyance de leurs ancêtres), attirés non seulement par son propre exemple mais aussi par l'Alliance des jeunes socialistes ?

### La libération des Noirs et la dictature du prolétariat

Tout cela conduit à la proposition de produire en priorité un livre sur la lutte des Noirs et la marche vers la dictature du prolétariat, avec une introduction politique à jour. Un livre qui rassemble : (1) les discussions avec Trotsky et des documents connexes de notre continuité communiste remontant à la Troisième Internationale, continuité sur laquelle s'appuyait Trotsky ; (2) des sections de rapports et résolutions du parti depuis le tournant du SWP vers l'industrie à la fin des années 1970, qui appliquent cette continuité à la dynamique de la lutte de classe dans laquelle notre classe vit et travaille aujourd'hui ; et (3) une juste appréciation de l'exemple et du leadership de Malcolm X qui ont été si importants pour préparer les générations de cadres du parti, en commençant par celle qui a adhéré dans les années 1960 et a dirigé le tournant vers la classe ouvrière et les syndicats industriels.

D'abord et avant tout, un tel livre va bien sûr consigner les conclusions programmatiques et stratégiques que les communistes ont tirées de décennies d'activité pratique dans la lutte pour les droits des Noirs, dans le cadre de notre participation générale à la lutte des classes aux États-Unis. Même en nous limitant aux 65 dernières années, cette activité comprend :

- notre demande pendant la deuxième guerre mondiale que le gouvernement fédéral agisse contre les lynchages et contre la discrimination raciste dans les industries de guerre et les forces armées ;

• notre participation au mouvement pour les droits des Noirs dans les années 1950 et 1960, y compris le mouvement en réponse au lynchage d'Emmett Till en 1955, le boycott du transport public à Montgomery en 1955-1956, les Caravanes de la liberté pour mettre fin à la ségrégation du transport par autocar entre les États et dans les gares routières, les sit-in aux comptoirs des casse-croûte, l'« affaire du baiser » et le soutien aux efforts d'autodéfense de Monroe en Caroline du Nord contre les brutes de nuit racistes, le soutien aux Diacres de la défense en Louisiane et au Parti des panthères noires du comté de Lowndes en Alabama et d'autres luttes et mobilisations de ces années-là ;

• l'accueil que nous avons fait à la fierté et la confiance qui ont émergé chez les Noirs à partir de ces luttes prolétariennes de masse ;

• notre soutien à toute avancée authentique, aussi modeste soit-elle, vers l'action politique indépendante des Noirs — de la campagne de Joseph King à Chicago dans les années 1950, au Freedom Now Party [Parti de la liberté maintenant] dans les années 1960 et au National Black Independant Political Party [NBIPP, Parti politique noir indépendant national] dans les années 1980[9] ;

---

9. La campagne de Joseph King, un dirigeant de la communauté noire de Chicago, en 1958, était conjointement organisée par le SWP ; le Forum du parc Washington, une organisation majoritairement noire influencée par le Parti communiste ; et d'autres forces. « Les syndicats devraient aider à construire un parti qui lutte pour l'émancipation de la race humaine, » avait dit King à l'époque. « Les capitalistes ne peuvent le faire. » La campagne a contribué à éloigner quelques partisans du Parti communiste du soutien donné par ce parti aux politiciens capitalistes du Parti démocrate.

• notre participation et la direction que nous avons donnée aux luttes pour la déségrégation scolaire et le *busing* à Boston et Louisville dans les années 1970 ;

• notre soutien et la direction que nous avons apportée à diverses luttes de libération menées par des femmes qui sont noires contre les préjugés et l'oppression sexistes ;

• notre réponse politique au cours des dernières décennies à la révolution de la Grenade et à Maurice Bishop, à Thomas Sankara et à la révolution au Burkina Faso, et à la lutte contre l'apartheid dirigée par le Congrès national africain (ANC) en Afrique du Sud ;

• notre compréhension, en parole et en action, de l'importance de la lutte contre le racisme et pour l'action affirmative dans la transformation des syndicats et la construction d'un parti ouvrier révolutionnaire aux États-Unis ;

• notre implication dans un nombre incalculable de campagnes de défense, de luttes contre la brutalité policière et autres batailles locales et nationales ;

• l'initiative que nous avons prise en publiant en anglais et en espagnol *De l'Escambray au Congo : dans le tourbillon de la révolution cubaine* de Víctor Dreke et notre capacité d'organiser une impressionnante tournée du dirigeant révolutionnaire cubain, de Boston à New York, Atlanta et Miami ;

• le temps et les efforts de direction que nous avons récemment investis dans la participation au salon du livre de Guinée équatoriale et aux événements qui l'ont entouré, ainsi que dans les rencontres régionales et les réunions dans les universités qui ont fait suite à ce voyage ; et bien plus encore.

Nous avons vraiment besoin d'un tel livre aujourd'hui à cause de ce qui arrive en politique et dans la lutte des classes. Nous en avons besoin pour éduquer nos propres cadres et pour toucher les mêmes travailleurs et jeunes à qui nous vendons des abonnements au *Militant.*

Mary-Alice [Waters] a récemment reçu des lettres d'un des cinq révolutionnaires cubains emprisonnés, René González, qui attirent notre attention sur combien nous avons besoin de ce livre [10]. René a écrit qu'un autre détenu lui avait récemment donné un livre qu'il portait aux nues comme « anti-impérialiste ». Mais quand René l'a lu, il a « découvert qu'il s'agissait d'une litanie d'antisémitisme, de racisme, de démagogie, de chauvinisme et d'individualisme. Il y avait une certaine rhétorique anti-entreprises et isolationniste, mais elle provenait d'un genre de nationalisme fasciste et étroit. » Et René de demander : « Quelles sont les racines et le développement de cette façon de penser ? Est-ce lié à l'issue de la guerre civile ? Y a-t-il des liens avec le KKK ? Quel rapport avec la droite religieuse ? Pourquoi cette rancoeur contre l'establishment des entreprises qui, en fin de compte, les

10. En septembre 1998 le FBI a annoncé 10 arrestations, déclarant qu'il avait découvert un « réseau d'espionnage cubain » en Floride. En juin 2001, cinq accusés — Fernando González, René González, Antonio Guerrero, Gerardo Hernández et Ramón Labañino — ont été chacun condamnés pour « association de malfaiteurs afin d'agir en tant qu'agent non déclaré d'une puissance étrangère. » Guerrero, Hernández et Labañino ont aussi été condamnés pour « complot en vue de pratiquer de l'espionnage » et Hernández de « complot en vue de commettre un meurtre. » Les sentences ont varié entre 15 ans et une double peine à vie plus 15 ans. Les cinq révolutionnaires — chacun d'eux a été nommé « Héros de la république de Cuba » — avaient accepté la mission de tenir le gouvernement cubain informé sur les groupes contre-révolutionnaires aux États-Unis préparant des attaques terroristes contre Cuba. Le cas des cinq a donné lieu à une large campagne internationale pour dénoncer les sévères conditions de leur emprisonnement et exiger leur libération.

sert bien ? Est-ce qu'ils ont quelque chose à voir avec les milices suprématistes blanches ? »

Ce sont des questions politiques importantes, des questions auxquelles le mouvement communiste a su s'adresser aussi bien dans le combat de classe qu'en paroles au cours du dernier siècle. Nous avons beaucoup écrit à leur sujet — des rapports et résolutions distribués par l'Internationale communiste dans ses premières années ; aux articles de Léon Trotsky sur le fascisme et comment le combattre ; aux écrits sur le fascisme américain de Jim [Cannon], Farrell [Dobbs] et Joe [Hansen] que nous avons rassemblés dans plusieurs bulletins de la série « Education for Socialists » [Éducation pour les socialistes] ; à des livres publiés au cours des dernières décennies comme *Le visage changeant de la politique aux États-Unis* et *Le désordre mondial du capitalisme*, ainsi que de nombreux numéros de *Nouvelle Internationale*. Les questions soulevées par René couvrent beaucoup de terrain politique et elles mettent en évidence le besoin de comprendre les origines et l'histoire concrète de l'oppression des Noirs aux États-Unis et le poids social de la population noire — sa grande composition prolétarienne, qui est disproportionnée, l'histoire politique de sa participation aux luttes sociales de masse des travailleurs de la ville et de la campagne à travers les États-Unis et donc sa place d'avant-garde dans les batailles historiques de la classe ouvrière. En ayant ceci à l'esprit, Mary-Alice a répondu à René qu'elle lui conseillait comme bon point de départ les écrits de Marx et Engels sur la guerre civile aux États-Unis et ses suites, ajoutant qu'elle lui enverrait un exemplaire de *Marx and Engels on the United States* [Marx et Engels sur les États-Unis].

« Tu trouveras leurs écrits sur la guerre civile particulièrement utiles pour réfléchir aux questions que tu soulèves dans la lettre que tu m'as envoyée, a-t-elle écrit. Marx et Engels ont suivi le déroulement de la deuxième révolution bourgeoise aux États-Unis avec une vive attention et perspicacité. Ce qu'ils expliquent sur le retard du développement d'un prolétariat héréditaire aux États-Unis (comparativement à l'Europe) à cause de l'existence de l'esclavage, de la défaite de la reconstruction radicale après la guerre civile et de la disponibilité de terres gratuites (et du fait que peu d'entre elles ont été distribuées aux esclaves libérés) reste décisif pour comprendre la lutte des classes aux États-Unis jusqu'à nos jours. »

C'EST CET ÉCHANGE de correspondance qui a poussé Mary-Alice à proposer d'agir maintenant pour préparer ce livre. À l'heure actuelle nous n'avons rien de comparable sur cette question centrale de la politique U.S. et mondiale que les camarades peuvent lire, étudier et *utiliser* comme arme politique dans nos campagnes et notre travail de masse.

Plus nous collaborons avec d'autres révolutionnaires, y compris les camarades cubains ; plus nous luttons côte à côte avec eux ; plus nous partageons aussi les leçons des dures batailles que notre classe a livrées partout dans le monde — plus nous apprenons les uns des autres et plus nous nous influençons politiquement. René et d'autres parmi les Cinq Cubains apprécient non seulement les livres que nous aidons à leur faire parvenir, mais l'échange d'idées et d'opinions. Ce n'est pas quelque chose de facile à trouver, c'est beaucoup plus difficile que d'obtenir les livres eux-mêmes. Ils savent que de tels échanges les aident à s'armer pour le travail politique qu'ils mènent jour après jour derrière les murs et les barreaux. Et ils font en sorte qu'on sache que les livres envoyés par nous, ainsi que le *Militant*, circulent en prison. À peine ont-ils fini un livre qu'ils le passent au suivant pour que d'autres détenus puissent le lire aussi. C'est une des façons d'accroître informellement la bibliothèque de la prison — en plus des livres que le bibliothécaire de la prison ajoute aux acquisitions officielles.

## II

JE VEUX PRENDRE LE TEMPS qu'il me reste pour revenir à la discussion que nous avons ici sur la lutte des Noirs. Il est utile de regarder le projet « Notre position : plate-forme des Jeunes socialistes » que les dirigeants du parti au sein des JS ont mis à la disposition du Comité national pour cette réunion. Des rapports reçus plus tôt aujourd'hui sur la rencontre nationale des Jeunes socialistes montrent que les membres des JS se sont montrés à la hauteur et ont eu une sérieuse première discussion politique sur la plate-forme. Comme Olympia [Newton] et Mary-Alice l'ont expliqué plus tôt, nous n'organisons pas ici une discussion sur le projet de plate-forme par le Comité national ni ne sollicitons les suggestions des membres du Comité national à ce sujet. C'est un travail que les dirigeants du parti au sein des Jeunes socialistes ont aidé à lancer cette fin de semaine et qui se poursuivra avec d'autres membres des JS au cours des mois à venir.

Mais la première phrase dans la section du projet sur le « Rôle d'avant-garde de la nationalité noire » offre un exemple concret et utile d'un point central que nous avons besoin de clarifier ici. Cette section commence avec

---

*Remarques tirées de la conclusion initiale présentée le 23 janvier 2006.*

la phrase suivante : « Les Noirs aux États-Unis constituent une nationalité opprimée. »

## Le poids d'avant-garde des travailleurs qui sont noirs : le bilan historique

C'est exact, bien sûr. Mais ce n'est pas par là que les communistes doivent commencer. Ceci ne nous aide pas à comprendre le poids, l'histoire et la place aux États-Unis des travailleurs qui sont noirs par rapport à l'avant-garde ouvrière et ses avancées le long de la ligne de marche politique vers la dictature du prolétariat. Au lieu de commencer avec les Noirs en tant que nationalité opprimée, commençons avec le bilan historique de la place et du poids d'avant-garde des prolétaires qui sont noirs — une place et un poids disproportionnés par rapport à leur pourcentage parmi les masses travailleuses dans ce pays — dans les grandes luttes politiques et sociales dirigées par le prolétariat aux États-Unis.

Ce bilan remonte aux dernières années de la guerre civile U.S. et particulièrement à la bataille d'après-guerre pour la reconstruction radicale, dans laquelle des Noirs ont dirigé à la fois les esclaves libérés et les agriculteurs exploités et les travailleurs qui étaient blancs dans des parties importantes du Sud [11]. Il se poursuit à la fin du dix-neuvième siècle et au début du vingtième dans les luttes ouvrières qui ont bâti le syndicat des Mineurs unis (UMWA), à une époque où la plupart des syndicats étaient non seulement organisés sur une base de métiers, mais

11. Voir la section sur la reconstruction radicale dans le texte « The Fight for a Workers' and Farmers' Government in the United States » [La lutte pour un gouvernement des travailleurs et des agriculteurs aux États-Unis] de Jack Barnes, *New International*, n° 4, 1985, p. 274-281 (tirage de 2008).

soit excluaient les Noirs soit les isolaient dans des sections locales à part. Il se poursuit avec les luttes des métayers, des agriculteurs et des autres travailleurs ruraux, à la fois Noirs et blancs, dans les années 1920 jusqu'à la dépression des années 1930.

Les travailleurs qui étaient noirs ont été sur la ligne de front de plusieurs des batailles qui ont bâti les syndicats industriels du CIO dans les années 1930. Pendant la deuxième guerre mondiale, ils ont fait partie de l'avant-garde des travailleurs qui ont refusé de subordonner ou de reporter les luttes pour la justice au nom de l'« effort de guerre patriotique » — en luttant contre la discrimination dans les industries de guerre, en protestant contre les conditions de Jim Crow dans les forces armées et en exigeant que l'administration Roosevelt et le Congrès démocrate adoptent une loi fédérale pour arrêter les lynchages racistes [12]. Ils ont été aux premières lignes de ceux qui se sont opposés à la guerre impérialiste. Et plusieurs d'entre nous ici dans cette salle connaissent de première main l'impact social et politique durable sur la classe ouvrière et le mouvement ouvrier aujourd'hui du mouvement de masse pour

---

12. C.L.R. James et al., *Fighting Racism in World War II* [Combattre le racisme dans la deuxième guerre mondiale], Pathfinder, 1980. S'appuyant sur la couverture hebdomadaire du journal *The Militant*, le livre documente aussi les efforts agressifs et publics du Parti communiste aux États-Unis pour faire pression sur les Noirs, les syndicalistes et d'autres parmi les opprimés et les exploités pour qu'ils subordonnent leurs luttes à un soutien patriotique au gouvernement impérialiste U.S. dans la deuxième guerre mondiale. Voir dans ce numéro l'article « Rétablir la vérité sur le fascisme et la deuxième guerre mondiale : construire une Fédération mondiale de la jeunesse démocratique qui lutte contre l'impérialisme et la guerre. »

les droits civils et de la montée de la lutte de libération des Noirs du milieu des années 1950 jusqu'au début des années 1970.

Nous ne spéculons pas sur l'avenir. Nous parlons d'un bilan historique. C'est une question de faits. C'est un bilan saisissant, me semble-t-il, un bilan qui devrait vous impressionner la première fois que vous l'entendez. On ne peut pas dire la même chose en général de la grande majorité des nations et nationalités opprimées dans d'autres régions du monde. Mais c'est *en fait* le bilan historique de la nationalité *noire* aux États-Unis. C'est *en fait* son caractère politique spécifique depuis l'éradication de l'esclavage et le début de l'expansion du prolétariat héréditaire moderne aux États-Unis.

C'est sur cette dynamique que Trotsky, il y a déjà plus de sept décennies, attirait l'attention quand il a considéré comme possible « que les Nègres deviendront la section la plus avancée » de la classe ouvrière et qu'ils « passeront en deux pas de géant de l'autodétermination à la dictature du prolétariat, devant la grande masse des travailleurs blancs. » C'est pour cette raison qu'il était « absolument convaincu qu'ils se battront mieux en tout cas que les travailleurs blancs » dans leur ensemble. Et c'est cette même histoire de lutte qui avait conduit, onze ans plus tôt, l'Internationale communiste à aussi faire remarquer, dans sa résolution sur la « Question nègre » adoptée par le quatrième congrès en 1922, que « l'histoire du Nègre en Amérique l'a équipé pour jouer un rôle important dans la lutte pour l'affranchissement de toute la race africaine. »

## Deux vues sur Malcolm X

Deux vues divergentes sur l'évolution politique de Malcolm X et sa signification — même si celles-ci ne divergeaient que légèrement au début — ont coexisté pendant près de 20 ans après son assassinat au sein du Parti socialiste des travailleurs. Le désaccord ne portait pas sur le fait que notre mouvement ait reconnu l'importance de la montée du nationalisme parmi les Noirs aux États-Unis comme un produit des luttes et des gains des années 1960 et 1970. Comme je l'ai dit lors d'un hommage à Malcolm X en mars 1965, lors de la réunion commémorative organisée par le Forum ouvrier du Militant, le SWP et la YSA ont été parmi les premiers à apprendre aux « jeunes révolutionnaires de ce pays à faire la distinction entre le nationalisme des opprimés et le nationalisme des oppresseurs ; à leur apprendre à faire la différence entre les forces de libération et les forces des exploiteurs ; à leur apprendre à entendre les voix de la révolution indépendamment des formes qu'elles prennent[13]. » Nous étions bien connus dans les années 1960 et 1970 pour les batailles politiques que nous avons menées autour de ces questions contre nos opposants, dont le Parti communiste, qui rejetaient le nationalisme noir comme une « capitulation au racisme » ou comme du « racisme à rebours. »

Mais les dirigeants du parti qui faisaient partie de ma génération, ainsi que Farrell [Dobbs], Joe [Hansen] et bien d'autres croyaient que Malcolm y avait bien réfléchi, qu'il savait exactement ce qu'il disait et qu'il était *sérieux* quand, dans l'entrevue du *Young Socialist*, il a dit qu'il était en train de « réévaluer [sa] définition du nationalisme

---

13. Jack Barnes, « He Spoke the Truth to Our Generation » [Il a dit la vérité à notre génération], *Malcolm X Talks to Young People*, p. 137. De larges extraits de ce discours ont été traduits dans le n° déjà cité de *Lutte ouvrière*, sous le titre « Malcolm X était le visage et la voix de la révolution. »

noir, » qu'en toute honnêteté, il ne croyait plus qu'on puisse « réduire au nationalisme noir la solution des problèmes auxquels notre peuple fait face » et qu'il n'avait pas « employé le terme depuis plusieurs mois. » De la même façon qu'il y avait bien réfléchi, qu'il savait exactement ce qu'il faisait et qu'il était *sérieux* quand il a proposé de donner à l'Alliance des jeunes socialistes une liste de noms et d'adresses de jeunes qu'il avait rencontrés en Afrique et en Europe et qu'il nous tenait responsable d'utiliser ces noms de façon appropriée et de tenir nos engagements.

MAIS GEORGE BREITMAN ne partageait pas cet avis. Breitman, qui était un membre du Comité national du SWP à l'époque, mérite qu'on reconnaisse son travail de rédaction soigneux et intègre de plusieurs des discours de Malcolm en vue de les publier. Mais il pensait important d'insister que Malcolm X était un nationaliste noir jusqu'au jour où il a été abattu. Et que s'il avait vécu, Malcolm serait demeuré un nationaliste noir aussi longtemps que le bon sens permet de l'envisager. En fait, Breitman a consacré un chapitre entier du livre *The Last Year of Malcolm X : The Evolution of a Revolutionary* [La dernière année de Malcolm X, l'évolution d'un révolutionnaire] à une polémique plus ou moins ouverte contre ce que Malcolm avait dit dans l'entrevue du *YS*.

*The Last Year of Malcolm X* est un livre utile, écrit clairement et facile à lire. Il décrit assez en détail le développement politique de Malcolm au cours de cette dernière année. Mais le chapitre dont je parle, intitulé « Separatism and Black Nationalism » [Séparatisme et nationalisme noir] est consacré à prouver que Malcolm n'aurait pas pu *avoir l'intention* de dire ce qu'il a dit[14]. Après avoir cité la réponse intégrale de Malcolm à la question sur le nationalisme noir dans l'entrevue du *YS*, George Breitman écrit :

> Ce n'est qu'après la publication de l'entretien du *Young Socialist*, quelques jours après la mort de Malcolm, que quelqu'un est retourné voir à quel moment Malcolm avait cessé de se présenter comme un nationaliste noir. C'était à la fin de mai, tout de suite après son premier voyage à l'étranger en 1964. En rentrant de ce voyage, Malcolm a passé tout le mois de juin à organiser l'OAAU [Organization of Afro-American Unity — l'Organisation de l'unité afro-américaine] à New York. Quand il avait fondé la Muslim Mosque, Inc. [Mosquée musulmane, inc.] en mars [1964], il avait dit que celle-ci était nationaliste noire. Il n'a pas utilisé cette expression à propos de l'OAAU lors de sa première réunion, le 28 juin 1964. Et la « Déclaration des buts et objectifs fondamentaux de l'Organisation de l'unité afro-américaine, » qu'il a rendue publique à cette réunion, ne fait pas non plus la moindre allusion au nationalisme noir. [...] Au début de 1965, Malcolm a annoncé que l'OAAU préparait un nouveau programme. [...] Mais le « Programme d'unité fondamental » n'a pas identifié l'OAAU comme nationaliste noire ; il n'a même jamais mentionné l'expression.

Mais pour Breitman, aucun de ces faits n'aide à trancher la question. Il poursuit :

14. « Separatism and Black Nationalism », George Breitman, *The Last Year of Malcolm X : The Evolution of a Revolutionary*, Pathfinder, 1967, p. 64-82 (tirage de 2008).

> Est-il juste de continuer à qualifier Malcolm de nationaliste noir quand on sait qu'il avait cessé de s'appeler ainsi et qu'il mettait en question le caractère adéquat du nationalisme noir comme « solution des problèmes auxquels notre peuple fait face » ? La réponse est oui, si nous continuons à utiliser la définition que nous avons essayé de donner au nationalisme noir dans ce chapitre [15].

George Breitman insiste pour dire que « Malcolm est devenu un nationaliste noir lorsqu'il était en prison à la fin des années 1940 — c'était le point de départ de toute sa pensée, la source de sa force et de son dynamisme. Et qu'il est demeuré un nationaliste noir jusqu'à sa dernière heure, quels que soient ses doutes sur comment se décrire ou comment décrire le programme qu'il essayait de formuler [16].

---

15. Dans ce chapitre, George Breitman écrit que le nationalisme noir « peut être perçu de façon approximative comme suit. C'est la tendance des Noirs aux États-Unis de s'unir comme un groupe, comme un peuple, en un mouvement qui leur est propre afin de lutter pour la liberté, la justice et l'égalité. Animée par le désir d'une minorité opprimée de décider de son propre destin, cette tendance soutient que le peuple noir doit diriger son propre mouvement et les institutions politiques, économiques et sociales de la communauté noire. Les attributs qui la caractérisent comprennent la fierté raciale, la conscience de groupe, la haine de la suprématie blanche, la recherche de l'indépendance de la domination des blancs et l'identification avec d'autres groupes opprimés noirs et non blancs ailleurs dans le monde. »

16. Quand un deuxième recueil de discours de Malcolm X est paru en 1970 sous le titre *By Any Means Necessary* [Par tous les moyens nécessaires], Breitman a répété ce point de vue dans la note présentant l'entrevue du *Young Socialist.* « La partie la plus significative de cette entrevue est la réponse de Malcolm à la question lui demandant comment il définissait le nationalisme noir,

Breitman poursuit en disant qu'« on peut éclairer la réévaluation de Malcolm » si on comprend que celui-ci était en train d'évoluer au-delà de « ce qu'on peut appeler » le nationalisme noir « pur et simple. » « Le nationaliste noir pur et simple se préoccupe exclusivement ou principalement des problèmes internes de la communauté nègre, de son organisation, de l'aide à lui apporter pour acquérir le contrôle de la politique, de l'économie de la communauté, etc. Il ne se préoccupe pas du tout, ou peu, des problèmes de la société américaine dans son ensemble ou du caractère de la société plus générale au sein de laquelle la communauté nègre existe. [Certainement pas un portrait très dialectique de la société capitaliste U.S. ! Ni aujourd'hui ni jamais dans l'histoire des États-Unis n'y a-t-il eu une « communauté nègre » fermée sur elle-même qui « existe » au sein d'une « société plus générale. » Il n'y a pas non plus de « communauté blanche. » Nous parlons de relations de classe et des divisions raciales et nationales qui leur sont inextricablement liées, pas de poupées russes emboîtées les unes dans les autres ! JB] Il n'a aucune théorie ou programme pour changer cette société. Pour lui, c'est le problème de l'homme blanc. »

VOILÀ COMMENT MALCOLM A COMMENCÉ, dit Breitman, y compris pendant plusieurs mois au cours de la période de transition initiale qui a suivi sa rupture avec la Nation de l'islam au début de 1964.

---

écrit-il. Elle montre que Malcolm était en train de se débattre avec le problème du nationalisme noir — non pas dans le sens de le rejeter, mais de le réévaluer, afin de découvrir comment celui-ci cadrait dans sa philosophie et stratégie d'ensemble. »

Selon Breitman, à la suite des voyages que Malcolm a fait en Afrique et au Moyen-Orient plus tard en 1964, ainsi que d'autres expériences, il « a évolué au-delà du nationalisme noir pur et simple — vers le nationalisme noir *plus.* » Et puis Breitman pose la question évidente : « Plus quoi ? » Dans les quelques paragraphes qui suivent, il essaie de répondre à cette question par le biais d'une série d'approximations successives, abstraites et au-dessus des classes : le nationalisme noir « plus du radicalisme » ; le nationalisme noir « plus un changement social fondamental » ; le nationalisme noir « plus la transformation de l'ensemble de la société. » Et il conclut :

> Malcolm cherchait toujours le nom, mais il était en train de devenir un nationaliste noir plus un révolutionnaire. [...] Ce qu'il mettait en doute à propos du nationalisme noir n'était pas son essence, mais sa forme pure et simple. Il mettait cette dernière en doute parce qu'elle « était en train d'aliéner des gens qui étaient de véritables révolutionnaires » — dans ce cas, des révolutionnaires blancs. Un nationaliste noir pur et simple ne se préoccuperait pas de l'effet qu'il aurait sur des blancs, que ceux-ci soient révolutionnaires ou pas. Malcolm s'en souciait parce qu'il avait l'intention de travailler avec des révolutionnaires blancs. Il savait que si la société devait être transformée, il faudrait leur collaboration.
>
> Malcolm commençait à réfléchir au besoin de remplacer le capitalisme par le socialisme pour éliminer le racisme. Il n'était pas certain que cela puisse se faire et il n'était pas certain de comment cela pourrait se faire. Mais il commençait à croire que c'était là le chemin à suivre.

> Ses doutes sur la façon exacte de se décrire venaient du fait qu'il était en train de faire quelque chose de nouveau aux États-Unis — il se dirigeait vers une synthèse du nationalisme noir et du socialisme qui corresponde à la scène américaine et soit acceptable aux masses dans le ghetto noir.

Il est important de remarquer une chose avant d'aller plus loin. Au moment de l'entrevue du *Young Socialist*, Malcolm avait non seulement cessé d'utiliser le terme « nationalisme noir. » Il parlait aussi beaucoup moins souvent de « révolutionnaires blancs. » Malcolm a dit que l'ambassadeur algérien qu'il avait rencontré au Ghana était un révolutionnaire, un « véritable révolutionnaire. » C'est là le fond de la question. Et le fait qu'il se trouvait que ce révolutionnaire-là n'était pas noir a aidé Malcolm à en conclure qu'il ne devait plus utiliser l'expression nationalisme noir pour décrire ses propres opinions. Malcolm ne parlait pas non plus du Parti socialiste des travailleurs ou de l'Alliance des jeunes socialistes comme des « révolutionnaires blancs, » ni des jeunes gens qu'il avait rencontrés en Afrique et en Europe comme des « révolutionnaires noirs, » des « révolutionnaires arabes » ou des « révolutionnaires blancs. » Il parlait d'eux simplement comme des *révolutionnaires.*

Malcolm X ne se dirigeait pas « vers une synthèse du nationalisme noir et du socialisme qui corresponde à la scène américaine et soit acceptable aux masses dans le ghetto noir. » Soit dit en passant, George Breitman n'a jamais prétendu que c'était là l'objectif du Parti socialiste des travailleurs. Mais pourquoi pas ? Pourquoi pas, si une « synthèse du nationalisme noir et du socialisme » correspondait « à la scène américaine » ? Est-ce que Breitman pensait que les révolutionnaires prolétariens qui étaient noirs commettaient une erreur en adhérant au Parti socialiste des travailleurs ? Si non, pourquoi exclure la possibilité de cette même évolution politique pour Malcolm X ?

POURQUOI NE PAS TOUT SIMPLEMENT s'en tenir aux faits, au moins aux paroles mêmes de Malcolm ? Malcolm avait depuis longtemps été un adversaire intransigeant de l'impérialisme. Pendant la dernière année de sa vie, il est devenu un énergique adversaire du capitalisme et il s'est intéressé de plus en plus au socialisme. Il était devenu un champion de la révolution socialiste à Cuba et de sa direction prolétarienne internationaliste. Il a acclamé le gouvernement révolutionnaire en Algérie mené par Ahmed Ben Bella et d'autres dirigeants, qui proclamaient ouvertement leur cours et convictions socialistes. Malcolm faisait la promotion du journal *The Militant* et approfondissait sa collaboration politique avec le Parti socialiste des travailleurs et l'Alliance des jeunes socialistes, deux organisations communistes. En fait, la plupart des « véritables révolutionnaires » que Malcolm admirait et avec qui il travaillait étaient des communistes : à Cuba, en Algérie, ceux qu'il appelait les « MLFistes » — la YSA et le SWP [17]. Ce sont des faits.

Ce qui est si essentiel pour comprendre Malcolm X, c'est que nous pouvons voir le fait — non pas l'espoir,

---

17. Lorsqu'il discutait informellement avec des membres du Parti socialiste des travailleurs et de l'Alliance des jeunes socialistes, Malcolm les appelait souvent les « MLFistes », puisqu'il en avait rencontré plusieurs au Forum ouvrier du Militant [Militant Labor Forum — MLF] à New York, où il a pris la parole à trois reprises à la fin de 1964 et au début de 1965.

non pas la foi, mais le *fait* — qu'à l'époque impérialiste, une direction révolutionnaire du plus haut niveau de capacité, de courage et d'intégrité politiques converge *avec* le communisme, non pas simplement *vers* le mouvement communiste. Cette vérité prend un poids encore plus grand aujourd'hui alors que l'expansion violente du capitalisme mondial précipite des milliards de personnes à travers le monde — dans les villes et les campagnes, de la Chine au Brésil — dans la lutte de classe moderne. Voir dans la vraie vie comment ce processus se déroule nous inspire confiance dans les perspectives d'une révolution mondiale et dans le développement d'une direction prolétarienne véritablement internationale.

Ce qui ressort d'une telle convergence n'est pas une « synthèse » du nationalisme et du communisme, ni la synthèse d'une idéologie et de la ligne de marche d'une classe. Ce qui en ressort est un mouvement communiste qui non seulement renforce sa propre continuité politique, mais transforme les canaux par lesquels passe cette continuité. Le mouvement devient plus inclusif et voit se diversifier davantage son expérience, son éventail culturel, sa compréhension sociale, son intelligence et jugement politiques, et — par dessus tout — sa capacité de combat.

### Malcolm et le mouvement communiste

Le *Militant* était le journal de référence pour les discours de Malcolm, y compris au cours de la dernière période où il faisait encore partie de la Nation de l'islam. (*Muhammad Speaks* [Muhammad parle] avaient cessé de l'être.) Notre mouvement et notre presse avaient la réputation d'avoir reconnu la logique politique du cours de Malcolm X au début de 1963. Déjà à cette époque, Malcolm achetait parfois le *Militant* avant d'entrer dans une réunion où il allait prendre la parole.

Je me rappelle avoir vendu le *Militant* accompagné d'autres camarades du parti et de la YSA de Chicago et de Detroit devant une réunion où Malcolm a pris la parole à la fin de 1963, en compagnie du révérend Albert Cleage ; de Gloria Richardson, une dirigeante et une combattante de la lutte pour les droits des Noirs de Cambridge au Maryland ; et d'autres. C'était le meeting de clôture de la conférence Grass Roots [les masses], tenu dans une grande église baptiste à Détroit[18]. L'écrasante majorité du public était noire et la situation était un peu tendue quand nous avons commencé à vendre. Puis Malcolm est arrivé. Il a vu le *Militant*, a demandé à quelqu'un de sa sécurité de lui en procurer un exemplaire, nous a salué de la tête et est entré dans l'église. Après ça, la situation s'est détendue et les ventes se sont bien améliorées.

Plus tard, après la rupture de Malcolm avec la Nation, nous avons commencé à collaborer avec des membres de son état-major — Reuben Francis, James Shabazz et d'autres. Ils savaient que le *Militant* était pratiquement le seul endroit où il était possible d'obtenir des renseignements fiables et réguliers sur ce que Malcolm disait et faisait. Et ils le disaient.

Malcolm a pris la parole au Forum ouvrier du Militant à trois reprises entre avril 1964 et janvier 1965. De larges extraits des trois discours sont reproduits dans *Malcolm X Speaks* et on trouve certaines portions de la

---

18. « Message to the Grass Roots » [Message aux masses] ouvre le premier recueil de discours de Malcolm, publié quelques mois après son assassinat, *Malcolm X Speaks* [Malcolm X parle], Pathfinder, 1965.

période de questions et réponses tirées du premier forum dans *By Any Means Necessary*. C'était inhabituel pour Malcolm. Car même s'il avait pris la parole devant le public de nombreuses universités à travers les États-Unis et ailleurs, y compris lorsqu'il faisait toujours partie de la Nation, ces trois forums sont les seules fois où il a accepté d'être présent à la tribune de la réunion d'une organisation politique révolutionnaire à l'extérieur de Harlem. (Il est apparu une ou deux fois aux côtés de Bill Epton, un dirigeant du Progressive Labor Party [Parti ouvrier progressiste], lors de réunions organisées par ce parti à Harlem.)

Le premier forum, « The Black Revolution » [La révolution noire], a eu lieu au début d'avril 1964 au Palm Gardens, à Manhattan, tout juste avant le premier voyage de Malcolm en Afrique et au Moyen-Orient. Le deuxième forum, « On the Harlem 'Hate-Gang' Scare » [À propos de la panique sur la « bande de la haine » de Harlem], a eu lieu à la fin mai, peu après le retour de Malcolm de ce voyage. Si vous êtes capable de retourner et de dénicher un exemplaire du tract annonçant ce forum, qui a eu lieu à notre local du 116 University Place, vous ne verrez pas le nom de Malcolm sur la liste des invités, mais plutôt celui de James Shabazz. James nous a téléphoné à la dernière minute pour dire que Malcolm avait demandé à prendre la parole. Il nous a demandé si nous n'avions pas d'objection à ce que Malcolm le remplace au programme. Nous n'en avions pas. Au début de son exposé, Malcolm a expliqué qu'il n'était pas au courant du forum avant que James ne lui en parle l'après-midi même « et je ne pouvais résister à l'occasion de venir. »

Malcolm a pris la parole au troisième Forum ouvrier du Militant, lui aussi tenu au Palm Gardens, au début de janvier 1965, peu après son retour du troisième voyage en

Afrique et deux ou trois semaines avant l'entrevue avec le *YS*. « C'est la troisième fois que j'ai l'occasion d'être un invité du Forum ouvrier du Militant, a-t-il dit. J'ai toujours le sentiment que c'est un honneur et chaque fois qu'ils m'ouvriront la porte pour le faire, je viendrai sans hésitation. Le journal *The Militant* est un des meilleurs à New York. En fait, c'est un des meilleurs partout où vous allez aujourd'hui, » ajoutant qu'il en avait vu des exemplaires à Paris et dans différentes régions d'Afrique. « Je ne sais pas comment il arrive là-bas, a-t-il dit. Mais si vous y mettez ce qu'il faut, ce que vous y mettez le fera voyager. »

EN FAIT, Malcolm paraissait différent à divers moments de son évolution politique au cours de la dernière année avant son assassinat. Il n'avait plus besoin des complets austères qui étaient l'insigne des ministres de la Nation de l'islam. Il s'est fait pousser la barbe. Son visage s'est adouci. Il portait les vêtements, toujours respectueux et dignes, qu'il avait envie de porter. Il éliminait tout ce qui était du lustre, tout ce qui était du théâtre révolutionnaire, tout ce qui était inutile pour simplement dire ce qu'il fallait dire, travailler aussi dur qu'il pouvait et collaborer avec des révolutionnaires, de « véritables révolutionnaires, » afin de « changer cette condition misérable qui existe sur cette terre, » comme il le disait. Vous vivez « à une époque de révolution » — voilà le message que Malcolm a répété je ne sais combien de fois aux jeunes et aux travailleurs en 1964 et 1965.

Quand vous lisez les discours et entrevues de Malcolm de cette période, vous y trouvez aussi les éléments nécessaires pour clarifier un autre des mythes qui l'entourent : qu'il était bien un grand orateur, un grand propagandiste, qu'il était très capable d'expliquer ce que tant de gens voulaient exprimer à propos d'eux-mêmes et à propos de ce qu'ils sont capables de réaliser, mais qu'il n'a jamais été un organisateur — ou du moins, il n'a jamais eu la chance de devenir un organisateur. Mais dans ses propres paroles vous verrez que ce n'est pas vrai. Malcolm avait toutes les qualités que je viens de mentionner, mais il était en même temps un organisateur révolutionnaire habile. Ce qui a été abrégé, c'est la possibilité qu'il utilise encore et plus largement ces compétences. Les ennemis du prolétariat comprennent mieux ce fait que les « radicaux pro-Malcolm X. »

DANS LES DERNIERS MOIS de sa vie, Malcolm utilisait aussi de moins en moins de phrases et de positions religieuses. Dans le langage le plus clair possible, il expliquait exactement ce qu'il faisait, ce qu'il voyait, ce qu'il était en voie de comprendre et de penser. Il était un anti-impérialiste intransigeant, un ennemi du racisme, un adversaire de l'exploitation capitaliste et un internationaliste. Il était sur la voie de devenir un communiste. C'était notre opinion. Pourquoi aurions-nous conclu autre chose ? Pourquoi aurions-nous mis des limites sur Malcolm — surtout sur Malcolm ! — qu'on n'aurait pas mis sur quelqu'un d'autre ? Pourquoi aurions-nous dit qu'il évoluait vers une « synthèse » du nationalisme noir et du communisme ? Ce n'est pas ce que Malcolm a dit. Tout indique le contraire.

Malcolm a insisté sur le fait qu'il avait cessé de s'identifier comme un nationaliste noir parce que le nationalisme noir ne permettait pas d'expliquer ce que l'expérience lui avait appris comme étant nécessaire pour transformer le monde, un monde qui était devenu de bien des façons un « monde blanc » à l'époque impérialiste. Mais Malcolm savait que les hommes et les femmes noirs étaient inextricablement liés par un million de fils à *ce* monde-là. C'était inimaginable sans cette interaction. Une fois que vous cessiez de jouer à l'autruche, il n'y avait pas de mondes noir et blanc séparés de quelque façon que ce soit, ni dans le temps ni dans l'espace. Le plus important, c'est qu'il y avait — et continue d'y avoir — un seul État capitaliste.

Aucune personne gagnée au communisme ne reste un nationaliste noir. En même temps, vous ne cessez pas d'être noir ! Vous ne cessez pas d'être fier. Vous ne cessez pas de vous étonner de voir à quel point on a empêché la vérité sur les Noirs d'entrer dans les livres d'« histoire ». Il vaut mieux bien le comprendre aussi ! Personne ne fera confiance à des socialistes qui sont noirs et qui agissent comme s'ils avaient oublié qu'ils sont noirs. Et avec raison. Ils peuvent se débrouiller pendant un certain temps dans la société capitaliste et commencer à croire qu'ils ne sont pas noirs. Mais comme Joel [Britton] nous a déjà mis en garde à propos des illusions dans la bureaucratie syndicale : « Puis, il y a le brusque réveil. » Chaque fois qu'il y a un repli dans la lutte de classes, on leur *rappellera* qu'ils sont noirs. Des Caucasiens qui sont convaincus qu'*ils* sont « blancs » — « la couleur de Dieu » — le leur rappelleront. Et ceci restera vrai non seulement entre maintenant et la victoire de la révolution socialiste, mais aussi pendant la période de transition initiale de la dictature du prolétariat. Ce sont donc là les réalités d'une société divisée en classes qu'un communiste a intérêt à ne pas oublier ou nier, mais à plutôt intégrer à une stratégie prolétarienne internationaliste montrant comment notre classe peut diriger tous les opprimés dans une lutte capable de l'emporter.

Le fait de reconnaître et d'embrasser la direction politique de classe mondiale offerte par des révolutionnaires qui sont noirs — que ce soit un Afro-Américain comme Malcolm X ou des dirigeants comme Maurice Bishop et Thomas Sankara — ne conduit pas les travailleurs et les jeunes qui sont combatifs dans la direction politique du nationalisme ou du panafricanisme. Sinon, pourquoi le mouvement communiste investirait-il autant de temps et de ressources de direction à continuer de publier leurs paroles ? Pourquoi accorderions-nous une aussi grande priorité à mettre ces livres et brochures, comme composante de notre arsenal politique global, dans les mains des travailleurs aux États-Unis et ailleurs dans le monde ?

NOUS LE FAISONS parce que lire et étudier ce que Malcolm, Bishop et Sankara avaient à dire — chacun d'eux de façon concrète et différente — nous aide, nous et d'autres, à comprendre la nécessité de partis ouvriers révolutionnaires, de l'internationalisme *prolétarien* et d'un mouvement communiste *mondial*. Ce que des dirigeants comme eux ont dit et fait pendant des décennies converge avec l'activité des communistes à travers le monde et aide à préparer la prochaine étape de l'histoire humaine.

L'importance de la question de race, la question de couleur, s'accroît dans de nombreuses régions du monde. Elle vient davantage sur le devant de la scène en Amérique latine, dans les pays où il y avait un nombre important d'esclaves aux dix-huitième et dix-neuvième siècles. Elle est une question politique de poids au Brésil, en Colombie, au Venezuela, au Pérou, dans des parties majeures de l'Amérique centrale et des Caraïbes et ailleurs. Elle converge avec les luttes des populations indigènes, des populations d'origine précolombienne. Elle renforce les perspectives de la révolution à travers les Amériques. De façons nouvelles, elle renforce les possibilités de développement d'une direction révolutionnaire en Afrique. Elle enrichit les défis et les opportunités de construire des partis prolétariens révolutionnaires à travers une bonne partie de l'Europe et de l'« anglosphère[19] ».

L'histoire du dernier siècle nous a appris que pour défendre et étendre la révolution internationale pour la libération nationale et le socialisme, pour établir et étendre la dictature du prolétariat, la classe ouvrière a besoin d'une véritable direction *mondiale.* Elle a aujourd'hui besoin d'une direction qui soit davantage multinationale et qui comprenne une composante noire plus importante que pendant la première moitié du vingtième siècle. Elle a besoin d'une direction qui comprenne des femmes en quantités et d'une façon jamais vues auparavant dans le mouvement ouvrier — et impossibles jusqu'à maintenant.

Nous ne sommes pas des utopistes. Nous ne sommes pas inconscients de l'histoire et des conséquences tenaces de l'exploitation et de l'oppression de classe, du développement inégal des relations sociales capitalistes à l'échelle mondiale. En fait, nous comprenons que ces héritages sont les canaux mêmes — subsistant plus

19. L'« anglosphère » est un terme qu'utilisent certains commentateurs bourgeois pour désigner les États-Unis, le Royaume-Uni, le Canada, l'Australie et la Nouvelle-Zélande — ce que les marxistes appelleraient les pays impérialistes où l'anglais est la langue principale — et les valeurs, les institutions et les normes de comportement que ces « peuples de langue anglaise » sont censés avoir en commun.

longtemps que nous le voulons ou l'espérons — par où passe la lutte de classe moderne. Nous savons que des révolutions vaincront avec des directions communistes dont la composition sociale ne sera pas « parfaite » (quelle que soit l'idée qu'on s'en fait), qui n'auront pas le genre de solidarité et d'unité humaine qu'on peut commencer à forger seulement après la conquête du pouvoir par les masses laborieuses.

Mais nous savons aussi que le mouvement ouvrier révolutionnaire ne peut vaincre sans que nos rangs et nos directions ne reflètent le chemin franchi dans l'histoire par notre classe et ses alliés pour tailler une avant-garde d'égaux politiques. Sans intégrer les gains des luttes menées par les opprimés et des exploités. Pourquoi aujourd'hui supposerait-on simplement que tous les « Lénine » du vingt et unième siècle seront caucasiens ? C'est une question politique, pas morale. C'est une question concrète et historique. Plus important encore, quand des millions de personnes ne se soucieront plus de la « couleur » de Lénine, la classe ouvrière sera alors beaucoup, beaucoup plus proche de la construction du genre de partis révolutionnaires et de mouvement mondial dont nous avons besoin pour lutter avec efficacité et vaincre. (De toute façon, l'extrême droite a toujours su que Lénine n'était pas blanc. Il suffisait de jeter un coup d'oeil rapide à une photo de ce « coco aux yeux bridés » pour trancher la question !)

## Une Ligue de la terre et du travail moderne

Lors de la grande réunion publique il y a deux jours ici à New York, j'ai encouragé les participants à visiter l'exposition « L'esclavage à New York » à la Société historique de New York. J'ai mentionné le fait que l'exposition décrit, parmi de nombreuses autres choses, la Société pour l'affranchissement de New York, fondée en 1785. J'ai fait remarquer que John Jay — président du Congrès continental durant plusieurs années pendant la révolution américaine et plus tard gouverneur de New York et juge en chef de la Cour Suprême des États-Unis — était un fondateur de la société et avait rajouté dans ses statuts les mots suivants : « Le bienfaisant créateur et père des hommes leur [a] tous donné un droit égal à la vie, à la liberté et à la propriété. »

Je l'ai comparé favorablement à la décision de Thomas Jefferson lorsqu'il a rédigé la déclaration d'indépendance dix ans plus tôt de modifier ces mots — très utilisés à l'époque par les opposants bourgeois à la tyrannie monarchique et à la réaction féodale — et de les remplacer par l'expression plus inoffensive : « vie, liberté et recherche du bonheur. » À l'exception des membres de la famille de sa maîtresse Sally Hemmings, Thomas Jefferson n'a libéré aucun des autres esclaves lui appartenant, même dans son testament : 130 ont été vendus aux enchères à sa mort. Ceci met donc en perspective sa compréhension pratique des mots : « vie, liberté et recherche du bonheur. »

La bannière « vie, liberté et propriété » était beaucoup plus dans l'intérêt de *tout* le peuple travailleur. C'est la dépossession par le capital des petits producteurs indépendants qui ne nous a pas laissé d'autre choix que de vendre notre force de travail à un employeur pour survivre et a ainsi donné naissance à notre classe, le prolétariat héréditaire. Ils nous ont pris notre libre usage des outils. Ils nous ont chassés de la terre et expulsés des métiers et commerces indépendants. Ils nous ont privés de moyens de production. Ils se sont emparés des terres communales. Et c'est le refus d'accès brutal *à la fois* à la liberté et à la propriété — le *droit* même d'être propriétaire, encore moins la possibilité de le devenir — qui a marqué l'esclavage et beaucoup d'autres formes de travail asservi. Dans les chapitres du *Capital* portant sur l'« accumulation primitive, » Marx décrit en détail comment, en tant que produit de ces processus combinés, le mode capitaliste de production est venu au monde « dégoulinant de sang et de saleté par tous les pores, de la tête aux pieds[20]. »

Une fois que nous aurons établi un gouvernement des travailleurs et des agriculteurs et que nous aurons exproprié la classe capitaliste, les travailleurs seront tout à fait capables de prendre soin de notre « recherche du bonheur. » Contrairement aux fausses représentations bourgeoises qui font des communistes des ingénieurs sociaux utopistes, les révolutionnaires prolétariens — comme la plupart des autres travailleurs — croient fermement qu'il y a beaucoup de choses dans la vie qu'il vaut mieux laisser aux seuls individus. Le droit à la vie privée est réel. Nous pensons que l'État, y compris un État ouvrier, devrait garder le nez hors de notre « recherche du bonheur. » De bonnes clôtures *font* quelquefois de bons amis, au moins de manière métaphorique. Elles n'ont pas besoin d'être de grandes clôtures, mais des clôtures tout de même.

NI LA DICTATURE DU PROLÉTARIAT, ni la société communiste vers laquelle conduit la première comme une passerelle, n'ont quoi que ce soit à voir avec une sorte de grande caserne collective de l'humanité. Le communisme n'a rien à voir avec ça. Au contraire, comme l'explique le *Manifeste du Parti communiste* : « À la place de la vieille

---

20. *Le Capital,* livre 1, Paris, Presses universitaires de France, 1993, p. 853.

société bourgeoise avec ses classes et ses oppositions de classes se substitue une association dans laquelle le libre développement de chacun est la condition du libre développement de tous[21]. »

Aujourd'hui, plus de 130 ans après que Marx ait identifié les forces de classe capable de faire la troisième révolution américaine — une révolution socialiste — cette même alliance reste essentielle pour accomplir le travail : les travailleurs libres, les agriculteurs libres exploités par le capital, et les hommes et les femmes libérés de la slavocratie défaite. Ces forces restent au coeur de la construction d'une Ligue de la terre et du travail moderne, le parti révolutionnaire prolétarien capable de faire le boulot[22].

---

21. *Manifeste du parti communiste*, Paris, GF Flammarion, 1998, p. 102.

22. La Ligue de la terre et du travail a été fondée lors d'une conférence de travailleurs à Londres, en Angleterre, en octobre 1869. Elle a été mise sur pied à l'initiative de la direction de l'Association internationale des travailleurs (AIT, la « Première internationale »), dont Karl Marx et Friedrich Engels étaient des dirigeants centraux. Écrivant à Engels à propos de la fondation de la nouvelle organisation — qui avait pour objectif d'unifier les travailleurs industriels des villes avec les travailleurs agricoles et les autres travailleurs ruraux en Angleterre, en Irlande, en Écosse et au Pays de Galles — Marx dit : « Ici, le parti des travailleurs rompt clairement avec la bourgeoisie » sur le plan politique. Marx a adhéré à la Ligue de la terre et du travail et plusieurs de ses dirigeants étaient membres du Conseil général de l'AIT. Mais à la fin des années 1870, des forces bourgeoises sont devenues dominantes dans la direction de la Ligue, plaçant l'organisation sur un cours qui l'éloignait de celui de l'AIT et de sa propre déclaration de fondation qui disait « que rien de moins qu'une transformation des arrangements sociaux et politiques existants ne [peut] servir, et qu'une telle transformation ne [peut] être mise en

Au milieu des grandes grèves nationales déclenchées par les cheminots en 1877, Marx a écrit à Engels :

> Cette première éruption contre l'oligarchie du capital associé qui a émergé depuis la guerre civile sera évidemment jugulée, mais elle pourrait bien constituer le point de départ à l'établissement d'un parti ouvrier sérieux aux États-Unis. [...]
>
> La politique du nouveau président [de retirer les soldats de l'Union soutenant les gouvernements de la reconstruction radicale à travers le Sud] fera des Nègres des alliés des travailleurs, et les grandes expropriations de terres (particulièrement de terres fertiles) en faveur des compagnies ferroviaires, minières, etc., convertiront les paysans de l'Ouest, qui sont déjà très désenchantés, en alliés des travailleurs [23].

Ainsi que nous l'avons expliqué dans le rapport au congrès du SWP de 1984 intitulé « La lutte pour un gouvernement des travailleurs et des agriculteurs aux États-Unis » :

> Il ne devait pas en être ainsi. Les réserves politiques et économiques de la bourgeoisie industrielle U.S. montante étaient loin d'être épuisées. Au cours du demi-siècle suivant, les États-Unis allaient devenir la plus puissante

oeuvre que par les travailleurs eux-mêmes, qui se comptent par millions. »

23. Marx à Engels, 25 juillet 1877, « Marx and Engels on the United States » [Marx et Engels sur les États-Unis], Moscou, éditions du Progrès, 1979, p. 272.

> des puissances impérialistes. De plus, la défaite de la reconstruction radicale — ce que Farrell Dobbs appelle le « pire revers » de notre classe dans l'histoire de ce pays — a été un coup beaucoup plus terrible pour les Noirs et les autres travailleurs des États-Unis que ne l'avait anticipé Marx [24]. La classe ouvrière U.S. reste profondément divisée par l'oppression des Noirs qui a été ré-institutionnalisée sur de nouvelles bases au lendemain sanglant de 1877. Le premier pas de géant du mouvement ouvrier U.S. vers la formation de grands syndicats industriels n'allait pas être franchi avant six autres décennies et la formation d'un parti ouvrier anticipée par Marx [...] demeure à ce jour une tâche de notre classe qui n'a pas été réalisée.
>
> Néanmoins, Marx n'aurait pas pu frapper plus juste à propos de l'alliance des forces sociales qui sera clé pour une révolution victorieuse aux États-Unis. Il n'aurait pas non plus pu frapper plus juste à propos de qui, de plus en plus, est devenu l'ennemi de classe commun des travailleurs et des agriculteurs U.S., noirs et blancs, avec la trahison de la reconstruction radicale [25].

À ce jour, ceci reste le pronostic pour la révolution américaine, pour la conquête du pouvoir et l'établissement de la dictature du prolétariat aux États-Unis.

---

24. Voir le chapitre « Indigenous Origins » [Origines indigènes], Farrell Dobbs, *Revolutionary Continuity: Marxist Leadership in the United States, The Early Years (1848–1917)* [Continuité révolutionnaire : direction marxiste aux États-Unis, les premières années (1848-1917)], p. 69 (tirage de 2007).

25. *New International,* n° 4, 1985, p. 280-281 (tirage de 2008).

## III

PENDANT L'UNE DES PAUSES, un camarade d'Islande a attiré mon attention sur une section du *Visage changeant de la politique aux États-Unis* intitulée « Nationalisme prolétarien et petit-bourgeois. » Il m'a demandé si je pouvais en parler dans la conclusion, à la lumière de la discussion que nous avons eue ici sur la lutte des Noirs, le nationalisme noir et le poids des travailleurs qui sont noirs dans la lutte pour la dictature du prolétariat.

Cette section provient du rapport au Comité national d'avril 1979 publié sous le titre « Une nouvelle étape de la politique ouvrière révolutionnaire. » Elle commence en déclarant que le tournant vers l'industrie et les changements dans la vie politique et dans la classe ouvrière qui ont rendu le tournant à la fois nécessaire et possible ont placé le parti « en bonne position aujourd'hui pour clarifier notre compréhension du nationalisme noir. Il n'existe aucune raison aujourd'hui de réviser notre évaluation que la conscience nationaliste s'approfondit parmi les Noirs en même temps que s'approfondit la lutte des classes. »

Le rapport se poursuit en expliquant les embûches qui se présentent quand des camarades essaient parfois de distinguer les différents courants politiques dans la lutte des Noirs — en établissant par exemple une distinction inexacte entre nationalisme « culturel » et « politique ». De façon plus précise mais encore loin de la réalité, dit le rapport, nous utilisons parfois des expressions comme « nationalisme conséquent et inconséquent. [...] Malcolm X a lutté de manière conséquente pour les intérêts des

---

*Extrait de la conclusion finale, le 24 janvier 2005.*

masses noires, avons-nous noté. Ce qui l'a poussé vers la lutte de classe, vers l'anti-impérialisme et vers un bloc avec les socialistes révolutionnaires. Ce n'était pas un hasard. C'était la logique de la fierté, de la confiance et de l'affirmation de soi conséquentes d'une nationalité opprimée qui est massivement prolétarienne. »

Ceci me semble toujours correct, mais ce n'est pas encore une explication de classe claire.

« La population noire n'est pas homogène, poursuit le rapport de 1979. Et les pressions qu'elle subit proviennent de classes différentes. Elle comporte des couches petites-bourgeoises, dont plusieurs se retrouvent à la tête des organisations noires. Le nationalisme noir peut être l'expression d'une conscience prolétarienne ou il peut être petit-bourgeois.

« Qu'est-ce que le nationalisme noir conséquent ? Le nationalisme prolétarien.

« Qu'est-ce que le nationalisme noir inconséquent ? Le nationalisme petit-bourgeois. »

Ce passage d'il y a 25 ans n'est pas aussi exact ou précis que ce que nous discutons à cette réunion du Comité national et ce que nous disons depuis un certain temps. Mais ce passage du *Visage changeant* et ce que nous discutons ici sont tous les deux en harmonie avec la façon qu'*agissent* politiquement les révolutionnaires dans la lutte des classes depuis un demi-siècle et plus.

Cependant, le nationalisme noir conséquent *ne* mène *pas* au socialisme. Ce n'est pas vrai. Comme l'a fait remarqué Sam [Manuel] dans la discussion, qui peut dire que Louis Farrakhan n'est pas un « nationaliste noir conséquent » ? Ou bien qu'Elijah Muhammad n'était pas un « nationaliste noir conséquent » ? Une chose est sûre, d'après le propre récit de Malcolm, les opinions politiques auxquelles il en était venu avant la fin de 1964 n'étaient pas le produit du « nationalisme noir conséquent. » En fait, pour en arriver à ces opinions, Malcolm dit qu'il avait dû cesser de se considérer comme un nationaliste noir.

Encore plus important, « nationalisme prolétarien » ne veut rien dire. La seule conscience qui soit *prolétarienne* est la *conscience de classe*, menant à la libération de la classe ouvrière à travers la lutte pour la dictature du prolétariat. Bien que cette lutte prolétarienne se déroule pays par pays, contre des classes dirigeantes nationales spécifiques et leurs États, elle fait partie du combat mondial pour le socialisme livré par une classe internationale, la classe ouvrière. C'est la base matérielle de l'internationalisme prolétarien, qui est inséparable du communisme.

## Du nationalisme au communisme : une rupture de classe

Ce qu'on a essayé d'expliquer dans le rapport de 1979, comme guide politique sur *quoi faire*, n'a pas été accompli en opposant le nationalisme prolétarien au nationalisme petit-bourgeois. Nous tentions d'expliquer la *conduite politique* conflictuelle de certains individus et courants qui se disaient nationalistes noirs ou qui s'étaient identifiés ainsi à un moment donné. Dans les intérêts de quelle classe luttent-ils ? Cherchent-ils à faire avancer les intérêts de la grande majorité ouvrière de la nationalité noire opprimée ? Est-ce que leurs actions, la vie qu'ils mènent, leur trajectoire politique sont cohérents avec ces objectifs ?

Quand Malcolm a quitté la Nation de l'islam au début de 1964, il ne s'agissait pas seulement d'une rupture morale avec la conduite hypocrite d'Elijah Muhammad envers les femmes dans l'organisation — bien que cela ait été beaucoup plus important pour Malcolm et pour son engagement profond à l'intégrité que ce qu'on reconnaît souvent. Le départ de Malcolm de la Nation n'était pas non plus seulement une rupture *politique*. Oui, les deux dimensions à la fois — politique et morale — ont été importantes dans la décision de Malcolm, comme il l'a raconté au *Young Socialist* : « Je trouvais que le mouvement traînait les pieds dans plusieurs domaines. Il ne s'impliquait pas dans les luttes civiques, civiles ou politiques auxquelles notre peuple était confronté. Tout ce qu'il faisait, c'était d'insister sur l'importance de la réforme morale — ne buvez pas, ne fumez pas, ne permettez pas la fornication ou l'adultère. Quand je me suis aperçu que la hiérarchie elle-même ne pratiquait pas ce qu'elle prêchait, il est devenu clair que cette partie de son programme avait failli [26]. »

Mais Malcolm a aussi fait une rupture de *classe*. Et il a approfondi son orientation vers la classe ouvrière, et vers le mouvement révolutionnaire prolétarien, au cours des onze mois suivants de sa vie. Malcolm n'a pas eu peur d'aller où le menait la logique politique de la lutte sans complaisance contre l'oppression et l'exploitation, peu importe ses notions et croyances précédentes.

Peu importe l'endroit où il s'est trouvé dans le monde.

Peu importe si cela l'a conduit à traverser les lignes de couleur de peau.

Peu importe si cela l'a conduit à traverser les lignes religieuses. (Ni la direction du Front de libération nationale d'Algérie ni le gouvernement révolutionnaire de Cuba ne prétendaient être guidés par la religion. De façon démonstrative, c'était tout le contraire. Et Malcolm le savait parfaitement.)

Et peu importe les préjugés politiques très répandus — c'est-à-dire le *red-baiting*— contre ceux qu'il reconnaissait de plus en plus comme des alliés, comme étant

---

26. *Malcolm X Talks to Young People*, p. 118 (tirage de 2007).

d'autres révolutionnaires comme lui (ce qui ne comprenait ni les staliniens ni les sociaux-démocrates).

Malcolm a réussi tous ces tests. Et c'est cette trajectoire politique de classe qui l'a amené à conclure qu'il devait cesser d'utiliser l'expression nationalisme noir pour décrire son cours politique. C'est ce qui l'a amené à insister pour dire qu'un tel cours révolutionnaire, ce qu'il appelait à cette étape une « philosophie d'ensemble, » devait transcender la race et son reflet dans la vie politique du monde impérialiste.

Durant cette dernière année de sa vie, Malcolm n'avait pas encore une explication précise pour le calibre révolutionnaire du *Militant*, pour sa fidélité et son intégrité en publiant ses discours, pour sa couverture fiable des développements de la politique U.S. et mondiale qui ne se trouvait nulle part ailleurs. Il n'avait pas encore une explication précise pour le Parti socialiste des travailleurs et l'Alliance des jeunes socialistes, dont il était venu à connaître et respecter certains des cadres et dirigeants et à avoir confiance en eux. C'étaient des organisations dont la majorité des membres étaient blancs, mais avec qui il pouvait oeuvrer en tant que révolutionnaires et égaux politiques — qu'il s'agisse d'un frère comme Clifton DeBerry ou de beaucoup d'autres d'entre nous qui n'étions pas des « frères » dans ce sens [27].

Malcolm n'avait pas d'explication pour tout cela. Mais il était curieux. Pourquoi est-il venu la première fois au Forum ouvrier du Militant en avril 1964 ? Pourquoi est-il venu prendre la parole à une réunion au « centre-ville »,

27. Clifton DeBerry (1923-2006) a été un militant syndical et un combattant pour les droits des Noirs, pendant longtemps un dirigeant du Parti socialiste des travailleurs et le candidat du SWP à la présidence des États-Unis en 1964.

pour reprendre son expression, ce qu'il n'avait jamais fait auparavant à New York ? Je pense qu'il était curieux. *Politiquement* curieux. Il voulait rencontrer les organisateurs et voir le public. Quel genre de personnes étaient-ce ? Quel genre d'organisations ? Comment se comporteraient-ils ? Comment allaient-ils organiser la réunion ? Comment allaient-ils la présider ? Comment allaient-ils en assurer la défense ?

Ce n'étaient pas des questions sans importance. Et la recherche des réponses a amené Malcolm à travailler avec ces révolutionnaires dans des eaux de moins en moins connues.

COMBINÉ À CE QU'IL SAVAIT DÉJÀ du *Militant*, ce que Malcolm a découvert a suffi pour qu'il demande à revenir prendre la parole au retour de son premier voyage en Afrique. Cela a suffi pour qu'il accepte une invitation à parler à nouveau à un forum en janvier 1965. Pour qu'il accorde une entrevue à la revue *Young Socialist.* Pour qu'il propose aux dirigeants de la YSA de leur donner une liste de jeunes contacts en Afrique et en Europe à qui écrire et avec qui collaborer. Pour qu'il réfléchisse sérieusement à participer à une tournée de conférences organisée par la YSA dans les universités plus tard en 1965. Pour qu'il place de façon démonstrative une pile du *Militant* à vendre chaque semaine dans les locaux de l'OAAU. Et pour qu'il demande à Clifton DeBerry d'être l'un de ceux donnant un cours à des dirigeants de l'OAAU.

Dans sa maturation politique après sa rupture avec la Nation, Malcolm a commencé à s'éloigner de l'idéologie — c'est-à-dire de la fausse conscience, qui était le seul « programme » possible dans une organisation comme la Nation. Il a commencé à rejeter le « programme » de la

Nation morceau par morceau. Il a commencé à vouloir développer un programme de libération capable de l'emporter dans le monde tel qu'il existe — pas un monde noir ou un monde blanc, mais un monde dialectiquement et étroitement lié, avec des États puissants.

Mais pour comprendre où Malcolm se dirigeait, ne regardez pas du côté de la « Déclaration des objectifs et buts fondamentaux » de l'OAAU de juin 1964 ni même du « Programme d'unité fondamental » qui devait être annoncé à la réunion de Harlem où Malcolm a été assassiné en février 1965. Le programme en développement de Malcolm était la généralisation de ses actions et de ce qu'il avait à dire dans ses discours — discours que les éditions Pathfinder continuent de publier et que n'importe qui peut lire et étudier.

LE PROGRAMME ÉTAIT TOUJOURS tout à fait en chantier quand Malcolm a été tué. C'était encore davantage des tactiques qu'une stratégie. On pouvait l'interpréter de plusieurs façons. Il n'offrait pas encore à ceux qui se tournaient vers Malcolm une vision du monde cohérente ou un rythme politique régulier d'activités, de choses à entreprendre pour faire avancer ces perspectives. Comme Malcolm l'a dit dans l'entrevue du *YS* quelques semaines avant son assassinat, « j'aurais toujours beaucoup de mal à donner une définition précise de la philosophie d'ensemble » — le programme, la stratégie, la pratique révolutionnaires — « que je crois nécessaire pour la libération du peuple noir dans ce pays. »

Ce qui était clé pour Malcolm dans les mois qui ont précédé son assassinat, c'était les choses pratiques — *elles* étaient la théorie dont on pouvait vraiment voir les pas dans le monde profane. Ce qu'il faisait. Ce qu'il était en train de clarifier et d'expliquer. Ce qu'il était en train de démontrer par ses actions — où il allait, les mises en garde qu'il rejetait sur ce qu'il « ne fallait pas faire. »

Mais Malcolm a *bien* suivi la logique de ses convictions et de ses découvertes révolutionnaires. Il n'a pas flanché quand cette trajectoire impliquait de jeter par-dessus bord des notions préconçues dans lesquelles il avait cru pendant une bonne partie de sa vie adulte. Avec l'approfondissement de ses convictions anti-impérialistes et internationalistes, il a dû faire face au fait que l'humanité n'est pas en majorité noire. Et il n'a pas joué au plus malin. Il n'était pas un démagogue. Il n'a pas simplement dit, bon, la majorité de l'humanité n'est pas blanche, comme si cela allait résoudre la contradiction. Malcolm a aussi fait face à ce qui a dû paraître comme un autre obstacle substantiel : le fait que la plupart des révolutionnaires du vingtième siècle ne sont ni musulmans ni religieux d'aucune façon. Malcolm n'a pas tenté d'éviter ces obstacles. Il les a franchis d'un bond. La chose importante à propos de l'Algérien qu'il avait rencontré, nous a dit Malcolm, c'est qu'il était « extrêmement militant » et que c'était un révolutionnaire, « un véritable révolutionnaire. »

Voilà comment Malcolm a travaillé avec « les gens du *Militant,* » avec les « MLFistes », ainsi que James et Reuben le disaient quand ils venaient au 116 University Place pour discuter. Voilà comment Malcolm a travaillé avec les membres d'une organisation dont la composition raciale était en majorité caucasienne, 100 pour cent non-croyants et des communistes par-dessus le marché. Parce que nous étions des révolutionnaires. À cause d'où nous allions politiquement. C'est là qu'il voulait aller lui aussi. C'était une convergence *politique.* Un cours révolutionnaire vers la lutte pour le pouvoir d'État ne représentait pas un si grand saut à faire pour Malcolm à ce stade-là.

Si nous pouvons comprendre cela, nous sommes alors armés pour nous organiser et agir à partir de ce que nous savons sur le bilan historique du combat politique des travailleurs qui sont noirs et donc sur leur place et leur poids d'avant-garde parmi les combattants les plus capables, les plus combatifs et les plus courageux pour la dictature du prolétariat aux États-Unis. Nous sommes prêts à comprendre que ce que Trotsky a expliqué aux dirigeants du SWP en 1933 et 1939 n'était pas le nationalisme noir mais ce que la dictature du prolétariat offre aux Noirs et aux autres couches opprimées parmi les forces larges qui osent « se lan[cer] à l'assaut du ciel, » comme l'a dit Marx. Nous pouvons comprendre pourquoi nous avons raison de dire que la question noire, la combativité noire et la fierté noire vont ressurgir chaque fois qu'il y aura une montée importante dans la lutte de classe et chaque fois que le prolétariat avancera.

Et nous comprendrons pourquoi ceux qui aspirent profondément à balayer de la surface de la terre toutes les formes sanglantes et détestées d'oppression raciste et de surexploitation — autant, sinon plus, que personne — sont ceux qui veulent avoir la dictature du prolétariat comme une arme puissante dans leurs mains.

Voilà ce que le Parti socialiste des travailleurs défend et voilà ce pour quoi il se bat.

## IV

À EN JUGER PAR LA DISCUSSION jusqu'à maintenant à cette réunion, je suis convaincu qu'on n'a pas encore de clarté sur plusieurs aspects importants

---

*Extrait de remarques faites par Jack Barnes le 20 mars 2005 lors d'une réunion du Comité national du SWP.*

de ce que le Comité national a débattu et adopté à notre réunion de janvier sur la lutte des Noirs et le combat pour la dictature du prolétariat. Passons ces points en revue afin d'encourager un peu plus de discussion et de déterminer si nous avons atteint assez de clarté à leur sujet au sein du Comité national afin de les publier pour le parti et puis pour le public ouvrier.

**Plus qu'une lutte contre le racisme en général**

Premièrement, nous devons séparer la lutte pour la libération des Noirs aux États-Unis de la lutte contre les préjugés racistes en général et celle pour les droits des immigrants, y compris les luttes pour avancer les droits et les conditions des immigrants d'Haïti, des Caraïbes de langue anglaise et d'Afrique. Évidemment, il y a beaucoup de points d'intersection et lorsqu'ils se combinent, la puissance et la solidarité de ces batailles étroitement liées retentissent dans le monde. Mais la lutte des Noirs aux États-Unis représente plus qu'une simple expression, même l'expression la plus importante politiquement, d'une lutte mondiale contre l'héritage de l'esclavage africain et de l'oppression raciste de ceux qui ont la peau noire.

Au cours de la discussion James [Harris] a exprimé son désaccord avec Maggie [Trowe] pour avoir dit que souvent les branches ne portent pas suffisamment d'attention aux ventes et au travail politique dans la communauté noire. James a répondu qu'il ne pensait pas que c'était juste, du moins quant aux ventes de notre presse. Si vous examinez la base des abonnements au *Militant* dans la plupart des régions, a-t-il dit, vous trouverez qu'il y a un pourcentage proportionnellement plus élevé d'abonnés qui sont noirs que dans la population.

C'est peut-être vrai, mais ça ne répond pas à la question politique que Maggie a soulevée, du moins pas comme je la comprends. Prenons Miami par exemple. Vous pouvez circuler en voiture dans le quartier où se trouvent les locaux de la branche et vivent plusieurs camarades et penser que vous êtes arrivés à Port-au-Prince. Il y a beaucoup de visages noirs. On y trouve d'innombrables manifestations des conséquences du racisme, de la surexploitation et de la discrimination contre les immigrés. Mais nous pouvons y faire beaucoup de ventes et de travail politique sans jamais nous rapprocher le moindrement de Liberty City, d'Overtown ou des autres quartiers de la communauté noire à Miami. Je pense que c'était ça que disait Maggie. Où concentrons-nous nos ventes de journaux et d'abonnements à Miami ? Et je suis sûr que la pertinence de ce point ne se limite pas à la Floride [28].

La question noire aux États-Unis ne plonge pas ses racines dans la seule couleur de peau ou dans la seule origine africaine. Les Haïtiens-Américains et les Afro-Américains ne partagent pas une histoire politique commune ni un bilan commun de lutte d'avant-garde dans ce pays. Comme nous en avons discuté hier, les Noirs aux États-Unis peuvent suivre la trace de leur hérédité de dix à vingt générations en arrière en Amérique du Nord — à travers l'esclavage, la guerre civile contre la slavocratie, la montée et la chute de la reconstruction radicale, l'oppression et la terreur de Jim Crow, le quasi péonage et

---

28. Durant la discussion lors d'une réunion ultérieure du Comité national en mai 2005, James Harris a dit avoir été stupéfait lorsqu'il est retourné à Los Angeles en mars et qu'il a vérifié le nombre d'abonnements vendus à des Noirs pendant la campagne d'hiver. Il en a conclu que les remarques de Maggie Trowe avaient été plus justes que sa réponse.

AP / WIDE WORLD PHOTOS

FLAX HERMES / THE MIL TANT

« **Beaucoup d'entre nous connaissent de première main l'impact social et politique durable sur la classe ouvrière et le mouvement ouvrier aujourd'hui du mouvement de masse pour les droits civils et de la montée de la lutte de libération des Noirs du milieu des années 1950 jusqu'au début des années 1970.** »

**HAUT.** Passagers de la liberté, à Birmingham en Alabama en 1961, pendant la campagne pour mettre fin à la ségrégation raciale dans les services d'autocar entre les États. **BAS.** San Francisco, 15 avril 1967. La lutte puissante pour les droits des Noirs sous-tend le mouvement contre la guerre de Washington au Viêt-nam et a un impact décisif sur son caractère. La banderole dit : « Le FLN et le Viêt-cong ne nous ont jamais traités de nègres. »

les batailles pour rester sur leurs terres, la migration urbaine massive vers le Nord, les batailles pour former des syndicats et d'autres luttes sociales dirigées par le prolétariat, le mouvement pour les droits des Noirs, l'organisation de l'autodéfense armée et d'autres luttes politiques et sociales d'avant-garde — et exemplaires. On ne peut pas dire la même chose de ceux qui sont venus d'Haïti ou des Caraïbes de langue anglaise ou d'Afrique. Et ce fait a des implications sociales et politiques pour l'avant-garde de la classe ouvrière, ainsi que des conséquences pratiques pour notre travail.

Du point de vue politique, la lutte des Noirs aux États-Unis est une question distincte des luttes menées par ceux qui ont immigré plus récemment. Pour voir jusqu'où va la différence, lisez la une du journal ce matin. Intitulé « La situation des hommes noirs s'aggrave, préviennent des études, » l'article décrit entre autres que 72 pour cent des décrocheurs scolaires — ceux qui quittent l'école sans diplôme — qui sont mâles, dans la vingtaine et noirs sont au chômage (contre 34 pour cent des décrocheurs qui sont blancs) et que 60 pour cent des décrocheurs qui sont mâles et noirs auront fait de la prison lorsqu'ils auront atteint le milieu de la trentaine. Ces données proviennent de plusieurs études différentes et il y a toute raison de croire qu'elles reflètent en gros la situation réelle. Ces conditions affectent la population noire historique de ce pays de façons largement différentes que les immigrés de première et deuxième génération, y compris ceux qui sont d'origine africaine.

Oui, il est important de faire du travail politique parmi les travailleurs haïtiens à Miami, Washington, New York, Boston et dans d'autres régions où il y en a des concentrations. Oui, nous voulons attirer au mouvement communiste les Africains qui vivent aux États-Unis et nous avons pour ce faire un outil politique additionnel — en plus de notre arsenal politique marxiste général — avec nos livres et brochures de Thomas Sankara.

Mais il est possible de faire toutes ces choses sans toucher à la question de faire avancer notre participation aux luttes des travailleurs et des jeunes qui sont afro-américains. *Faire cela* demande une conscience politique. Le faire demande des habitudes de discipline, de l'objectivité politique et du centralisme révolutionnaire. Et cela demande de comprendre les questions stratégiques et programmatiques que nous avons discutées lors des deux dernières réunions du Comité national.

Plusieurs camarades ont remarqué à ces deux réunions que les travailleurs qui sont noirs s'intéressent non seulement aux titres et aux articles sur la lutte contre le racisme anti-noir, mais aussi à ceux qui traitent des questions syndicales, de la défense des droits politiques, de l'immigration, de la libération des femmes, de la guerre U.S. contre l'Irak, de la révolution cubaine, de la lutte des classes au Venezuela, etc. Si ce n'était vrai, alors rien de ce que nous avons dit n'aurait de sens politiquement. Mais c'est vrai, pour toutes les raisons que nous avons discutées sur le bilan historique de la lutte des travailleurs qui sont noirs.

## Une question U.S. et une question mondiale

Ainsi que les camarades du Canada l'ont soulevé dans la discussion, la situation là-bas est différente. Un plus grand pourcentage de la population noire est composé d'immigrés relativement récents[29].

---

29. Selon des chiffres du gouvernement canadien datant de 2001, seuls 10 pour cent des plus de 600 000 Noirs au Canada avaient des parents tous les deux nés au Canada.

Pendant toute l'histoire de la Ligue communiste et de ses prédécesseurs au Canada, les camarades ont été impliqués dans la résistance au racisme contre les Noirs, à la brutalité policière et dans d'autres luttes. Ils rencontrent de plus en plus de travailleurs combatifs qui sont noirs — au travail et en dehors ; à Toronto, Montréal, Vancouver et ailleurs. Au cours des deux ou trois dernières années, comme les camarades l'ont décrit ici, ils ont vendu des livres et des abonnements et ont développé des relations avec une couche de travailleurs originaires du Soudan qui ont été des dirigeants et des cadres de la grève, à Brooks en Alberta, des travailleurs d'abattoir et de conditionnement de la viande syndiqués par les Travailleurs unis de l'alimentation et du commerce.

Mais la question que nous avons discutée est très spécifique.

POLITIQUEMENT, la question noire au Canada est une extension de la question noire aux États-Unis. Cela est vrai, avant tout, parce que la lutte des Noirs dans ce pays depuis les années 1950 a eu un impact politique aussi profond sur ceux d'origine africaine (et d'autres cibles du racisme) partout dans le monde — du Canada aux Caraïbes et à l'Amérique latine, à l'Europe de l'Ouest et à l'Afrique elle-même. De plusieurs façons, l'impact a été plus direct au Canada à cause de la proximité géographique et culturelle des deux pays.

Je me souviens quand j'étais dans la branche de Chicago au début des années 1960, nous allions souvent faire des voyages régionaux à Détroit. Au cours de leurs activités hebdomadaires, les camarades rencontraient toujours des travailleurs et des étudiants qui étaient noirs venus de Windsor ou d'ailleurs en Ontario. Les gens impliqués dans les activités pour les droits des Noirs et d'autre travail politique traversaient constamment la frontière et le font encore. De nombreux Noirs au Canada ont été profondément influencés politiquement par Malcolm X ainsi que par les développements politiques de la lutte des classes aux États-Unis. Tout ceci reste toujours le cas.

La question noire au Canada est aussi une question américaine pour une autre raison — ses origines. Après avoir perdu la guerre dans la première révolution américaine, l'armée britannique a organisé un incroyable tour de force militaire et social. Auparavant dans le conflit, elle avait promis d'émanciper dans les 13 colonies tout esclave ou personne asservie par contrat qui prendrait les armes contre les rebelles. Et des milliers l'ont fait. En 1783, après leur défaite, les forces britanniques ont évacué plus de 3 000 Noirs du port de New York et les ont établis en Nouvelle-Écosse. Ce fut la première population noire importante au Canada et nombre de leurs descendants y sont restés. Plus de 13 000 Noirs vivent à Halifax et — contrairement au reste du Canada — plus de 90 pour cent d'entre eux y sont nés. D'autres descendants ont émigré de la Nouvelle-Écosse ailleurs au Canada ou à l'étranger.

Face au racisme contre les Noirs, bien sûr, tous ceux qui sont d'origine africaine au Canada — qu'ils soient nés à Halifax ou à Windsor, à Kingston en Jamaïque, à Port-au-Prince en Haïti, à Accra au Ghana ou à Dakar au Sénégal ; qu'ils parlent anglais, français ou une autre langue — en viennent à comprendre qu'ils sont simplement considérés comme des Noirs aux yeux des racistes. La même chose est vraie pour les immigrés d'origine africaine au Royaume-Uni et en Europe continentale, ainsi que dans certaines parties de l'Amérique latine et des Caraïbes.

La nationalité est une question sociale et politique, une question historique, pas biologique. Au Soudan, les Soudanais peuvent se considérer comme arabes ou africains, musulmans ou chrétiens. Certains accordent la priorité à une identification tribale, alors que d'autres se considèrent d'abord et avant tout comme soudanais. Mais en Amérique du Nord ou en Europe, quelle que soit leur pigmentation, ils sont simplement considérés comme des Noirs. Ce n'est pas une science de l'arc-en-ciel. C'est la réalité de classe de la vie sociale et politique dans l'ordre impérialiste mondial.

C'est important. La lutte contre l'oppression des Noirs, comme l'Internationale communiste l'a reconnu il y a plus de 80 ans, est une question mondiale. Mais l'histoire de lutte commune qui caractérise la nationalité noire aux États-Unis lui confère une place unique dans la lutte révolutionnaire pour la dictature du prolétariat dans ce pays et — à cause du pouvoir de l'impérialisme U.S. — aussi dans la lutte mondiale pour le socialisme.

**La reconstruction radicale**

Pendant la discussion, un camarade a utilisé une formulation rapide que j'ai déjà entendue : qu'aux États-Unis, la nationalité noire « a été forgée par la défaite de la reconstruction radicale. »

Ceci n'est pas exact.

Évidemment, si la reconstruction radicale *n'avait pas échoué* et si la lutte pour « vingt hectares et une mule » *avait réussi*, alors il n'aurait pas été inévitable que les esclaves libérés émergent en tant que nationalité opprimée à la fin du dix-neuvième siècle. C'est vrai. Ils auraient fait partie d'un vaste mouvement social prolétarien de travailleurs, d'agriculteurs libres et d'anciens esclaves.

Mais ce qui a forgé la nationalité noire aux États-Unis, ce n'est pas ce que Farrell a correctement appelé, ainsi que je l'ai dit, « le pire revers » de l'histoire de la classe ouvrière de ce pays ! La nationalité noire s'est formée non par la défaite, mais grâce aux capacités, aux actions d'avant-garde dans la lutte de classe et à la conscience sociale et politique des esclaves émancipés. Elle s'est construite lorsqu'ils se sont *servis* de leur liberté pour se transformer d'esclaves en acteurs prolétariens d'avant-garde, en faiseurs de l'histoire dans un sens plus large.

L'écrasement de la reconstruction radicale a été une contre-révolution sanglante effectuée par des bandes armées de droite comme le Ku Klux Klan, les Chevaliers du camélia blanc et d'autres. Suite à l'adoption en 1867 des lois sur la reconstruction, des troupes fédérales ont été déployées à travers le Sud pour, entre autres choses, faire respecter les droits de citoyenneté et de vote des esclaves libérés conformément au quatorzième et quinzième amendements[30]. Dès le milieu des années 1870, ces forces fédérales ont reçu l'ordre de ne pas intervenir pour défendre les gouvernements d'État élus dans le cadre de la reconstruction et, en 1877, elles ont été complètement retirées.

30. Ratifié en 1868, le quatorzième amendement à la Constitution U.S. garantit le statut de citoyen des États-Unis aux esclaves libérés. Le quinzième amendement, ratifié en 1870, stipule : « Le droit de vote des citoyens des États-Unis ne sera ni refusé ni restreint par les États-Unis ou par aucun État pour raison de race, de couleur ou de condition de servitude antérieure. » En réponse aux luttes menées par les Noirs et par d'autres travailleurs depuis la fin de la deuxième guerre mondiale, les clauses du quatorzième amendement garantissant le droit au « respect des procédures légales » et à une « égale protection de la loi » ont servi de base aux tribunaux et au Congrès pour rendre des jugements et adopter des lois protégeant les droits civils des Noirs, des immigrés et des femmes.

Cette défaite n'a pas seulement fermé la porte à toute nouvelle extension radicale et populaire de la révolution bourgeoise américaine, qui avait été approfondie par la guerre civile et l'élimination de l'esclavage. Elle a mis le moteur en marche arrière pendant près d'un siècle.

N'oubliez pas, nous avons toujours reconnu dans la guerre civile la deuxième révolution américaine. Mais vers la fin du dix-neuvième siècle, il était déjà trop tard aux États-Unis pour toutes nouvelles avancées de la révolution bourgeoise. Avec le développement de la monopolisation capitaliste et la domination croissante du capital financier, les États-Unis ont émergé comme une puissance impérialiste dès les dernières années du siècle. Ce qu'on appelle aux États-Unis la guerre hispano-américaine a été la première guerre impérialiste du monde. À partir de ce moment, de nouvelles avancées dans la lutte pour les droits des Noirs — malgré les manquements et trahisons à répétition des responsables syndicaux pratiquant la collaboration de classe et des *misleaders* des organisations sociales-démocrates et staliniennes — sont inextricablement liées à la ligne de marche de la classe ouvrière vers la conquête du pouvoir et l'établissement de la dictature du prolétariat.

### Un bilan de réalisations

À l'issue de la guerre civile, les travailleurs et agriculteurs qui étaient noirs se sont battus pour empêcher la réintroduction dans les champs à travers le Sud de convois de travailleurs sous contrat de type esclavagiste. Ils se sont battus pour la terre. Ils ont livré bataille pendant la reconstruction radicale pour obtenir des écoles, le droit de vote, des crédits à bon marché, des services d'allocations à l'agriculture et pour la satisfaction d'autres besoins des travailleurs en général. Ils ont organisé la résistance armée aux attaques violentes de la droite contre les gouvernements des États de la reconstruction.

Les petits agriculteurs et les travailleurs salariés qui étaient blancs ont aussi participé à ces luttes. Les acquis sociaux des régimes les plus avancés de la reconstruction, comme en Caroline du Sud, étaient extrêmement populaires parmi les travailleurs et agriculteurs, quelle que soit leur couleur de peau. Beaucoup de petits agriculteurs et de travailleurs salariés dans les montagnes et ailleurs à travers le Sud n'avaient jamais soutenu l'esclavage. Ils avaient résisté à la Confédération pendant la guerre civile, y compris parfois en refusant d'effectuer le service militaire ou le paiement de taxes spéciales. Après la guerre, ils ont reconnu qu'ils n'avaient *jamais eu* de gouvernements locaux semblables à beaucoup de ceux qui ont surgi pendant la reconstruction. Ils n'avaient jamais *eu* de gouvernements qui dispensaient un enseignement public gratuit, les aidaient à obtenir des prêts à des taux préférentiels, ouvraient des écoles d'agriculture et envoyaient des conseillers agricoles itinérants dans les zones rurales. Tout ceci était très populaire.

Après la défaite de la reconstruction radicale, les Noirs ont livré d'innombrables escarmouches — pendant les années 1880 et 1890 et jusqu'au vingtième siècle — contre l'imposition de la ségrégation de Jim Crow et la terreur raciste à travers le Sud. Ils se sont battus pour garder leurs terres. Et ils ont été dans l'avant-garde de toutes les luttes sociales et politiques menées par le prolétariat au vingtième siècle que nous avons mentionnées.

C'est ce *bilan de lutte* qui a forgé la nationalité noire. Celle-ci est le produit d'un acquis politique positif, pas d'une grande défaite historique. La nationalité noire s'est forgée à partir de ces *réalisations*, pas de sa propre *oppression*. Elle est le produit de la prise de conscience de sa *valeur* politique. Nous devons reconnaître les deux composantes de ce qui est arrivé. Nous devons comprendre la défaite de la reconstruction radicale, qui a créé les conditions pour l'imposition sanglante de la terreur et de la ségrégation de Jim Crow. Mais nous devons aussi voir les luttes qui se sont déroulées avant, pendant et depuis la reconstruction radicale et qui ont forgé une nationalité qui, génération après génération, a produit des militants d'avant-garde dans les luttes sociales et politiques de ce pays.

LES DIRIGEANTS CAPITALISTES tentent de cacher l'histoire de la reconstruction radicale, tout comme ils essaient de cacher l'histoire des luttes ouvrières dans ce pays. (Et la publication de *Notre histoire s'écrit toujours* devrait nous rappeler qu'ils tentent aussi de cacher la véritable histoire des réalisations et de l'oppression des travailleurs chinois immigrés dans ce pays.) À l'école, la plupart d'entre nous ont peu appris sur la reconstruction en dehors des racontars sur le soutien que lui ont donné les *carpetbaggers* itinérants du Nord et les *scalawags* blancs du Sud. Ils veulent cacher la vérité parce que celle-ci bat en brèche toute notion raciste et anti-ouvrière à propos de ce que peuvent réaliser les Noirs, à propos du potentiel des alliances de combat avec les travailleurs qui sont blancs, et beaucoup plus.

Pour pouvoir commencer à déconstruire cette falsification sur une grande échelle, il a fallu non seulement la montée d'un mouvement prolétarien de masse dirigé par des Noirs, mais aussi un livre intitulé *The Strange Career of Jim Crow* [L'étrange carrière de Jim Crow[31]]. Ce dernier

31. C. Vann Woodward, *The Strange Career of Jim Crow*, Londres, Oxford University Press, 1955, 2002.

a été écrit par un historien né dans le Sud du nom de C. Vann Woodward et publié en 1955, juste au moment où les luttes de masse pour les droits civils démarraient à Montgomery, en Alabama. En fait, de nombreux militants pour les droits civils ont adopté ce petit livre et l'ont utilisé pour prouver que les rapports sociaux en vigueur dans le Sud après la guerre civile n'avaient pas toujours été ce qu'ils étaient devenus sous la ségrégation de Jim Crow.

Une fois que vous avez lu *The Strange Career of Jim Crow*, vous êtes prêts à revenir à *Black Reconstruction* [La reconstruction noire] de W. E. B. DuBois et à vous y attaquer, avec toute sa puissance descriptive détaillée ainsi que ses exagérations staliniennes de la « troisième période, » comme son portrait des gouvernements de la reconstruction comme étant la dictature du prolétariat [32]. Mais si vous interprétez l'expression « reconstruction noire » de DuBois comme voulant dire « reconstruction menée de manière disproportionnée par des Noirs, » le titre du livre offre alors une description généralement exacte de ce qui s'est réellement passé.

Quoi qu'il en soit, nous avons besoin d'être clairs et précis lorsque nous parlons de la constitution de la nationalité noire. Nous avons besoin de retourner lire soigneusement ce que nous avons écrit sur la reconstruction radicale dans *New International* et ailleurs. Car ce que les travailleurs et agriculteurs de ce pays, noirs et blancs, ont réalisé pendant ces années constitue une magnifique promesse de ce que des mouvements de masse véritablement prolétariens et populaires sont capables de réussir quand les travailleurs établissent des gouvernements qui agissent dans l'intérêt des exploités et des opprimés.

32. W. E. B. DuBois, *Black Reconstruction in America 1860–1880*, New York, The Free Press, 1935, 1998.

# Libération des Noirs et révolution socialiste

## Le visage changeant de la politique aux États-Unis

**La politique ouvrière et les syndicats**

**JACK BARNES**

Les travailleurs et agriculteurs qui sont noirs ont été dans l'avant-garde des luttes sociales de masse aux États-Unis, de l'abolition de l'esclavage à la reconstruction radicale après la guerre civile, à l'organisation des batailles des travailleurs agricoles et d'industrie dans les années 1930 et à la lutte pour les droits des Noirs dans les années 1950 et 1960. Ce fait en dit long sur le rôle de direction que les travailleurs qui sont noirs joueront dans la transformation de lutte de classe des syndicats, dans la formation d'un parti ouvrier et dans la construction du genre de parti révolutionnaire dont les travailleurs ont besoin pour arracher le pouvoir aux exploiteurs et établir un gouvernement des travailleurs et des agriculteurs aux USA. 23 $ US. Aussi en anglais, espagnol et suédois.

## Malcolm X parle

Discours de la dernière année de la vie de Malcolm X. Permettent au lecteur de suivre l'évolution de ses vues sur le racisme, l'intervention U.S. au Congo et au Viêt-nam, le socialisme, l'action politique et plus. 20 $ US. En anglais et en espagnol.

## Malcolm X parle aux jeunes

« La jeune génération de blancs, de Noirs, de bruns et que sais-je encore — vous vivez à une époque de révolution, » a dit Malcolm à des jeunes au Royaume-Uni en décembre 1964. « Et quant à moi, je vais m'unir à n'importe qui, je me fiche de votre couleur, aussi longtemps que vous voulez changer cette condition misérable qui existe sur cette terre. » Quatre discours et une entrevue donnés à des jeunes au Ghana, au Royaume-Uni et aux États-Unis dans les derniers mois de la vie de Malcolm. 15 $ US. En anglais et en espagnol.

## Léon Trotsky sur le nationalisme et l'autodétermination des Noirs

S'appuyant sur les riches leçons de la révolution russe d'octobre 1917, Trotsky explique pourquoi l'opposition sans compromis à la discrimination raciale et le soutien au droit à l'autodétermination des Noirs sont essentiels pour unir la classe ouvrière dans la lutte pour une révolution socialiste aux États-Unis. 13 $ US. En anglais.

## Les dix premières années du communisme américain

### Rapport d'un participant

**JAMES P. CANNON**

Parmi ses nombreux récits de première main, Cannon explique comment l'Internationale communiste dirigée par Lénine a gagné le jeune Parti communiste aux États-Unis à soutenir sans compromis les luttes de la nationalité noire opprimée — la seule voie pour unir les travailleurs de toutes les couleurs de peau « dans une lutte révolutionnaire commune contre le système social actuel. » 22 $ US. En anglais.

### AUTRES TITRES

**La dernière année de Malcolm X : l'évolution d'un révolutionnaire**
George Breitman 15 $ US En anglais

**Par tous les moyens nécessaires**
Malcolm X 16 $ US En anglais

**Février 1965 : les derniers discours**
Malcolm X 19 $ US En anglais

# L'INTENDANCE DE LA NATURE INCOMBE AUSSI À LA CLASSE OUVRIÈRE

## EN DÉFENSE DE LA TERRE ET DU TRAVAIL

ZOE HARE

DAVID R. METRAUX

« **Sous les relations sociales capitalistes, les épreuves qu'imposent aux êtres humains les événements naturels affectent de manières complètement différentes les différentes classes sociales. À la Nouvelle-Orléans après l'ouragan Katrina en 2005, la vie ou la mort, une maison toujours habitable ou la dispersion forcée — quelques mètres au-dessus ou au-dessous du niveau de la mer ont marqué la ligne de partage des classes.** »

Nouvelle-Orléans, trois mois après le passage de l'ouragan Katrina. **HAUT.** Quartier du Garden District. **BAS.** Quartier du Lower Ninth Ward.

# L'INTENDANCE DE LA NATURE INCOMBE AUSSI À LA CLASSE OUVRIÈRE

## En défense de la terre et du travail

*Déclaration du Parti socialiste des travailleurs*

La transformation de la nature par le travail est la source de toute richesse et de tout progrès dans la productivité, la culture et la conservation sociales. C'est la base même de l'existence continue de notre espèce.

En même temps, depuis les tout débuts de la société divisée en classes, les classes possédantes ont organisé le travail pour promouvoir leur gain privé. Elles l'ont fait sans considération pour les conséquences sociales de leurs méthodes. Les exploiteurs se servent des travailleurs comme de bêtes de somme dont on peut se passer. Simultanément, ils épuisent le sol, détruisent les forêts par

---

*Cette déclaration a été écrite par Jack Barnes, Steve Clark et Mary-Alice Waters. Elle a été discutée et adoptée par les délégués du congrès du Parti socialiste des travailleurs (SWP) les 5-7 juillet 2007 à Oberlin, en Ohio, et discutée par la suite lors d'une conférence de direction des Ligues communistes de plusieurs pays. La déclaration a été révisée avant publication à la lumière de ces discussions. Elle est le pendant de « Notre politique commence avec le monde, » l'article principal du huitième numéro de* Nouvelle Internationale *auquel le texte ici fait de nombreuses références.*

des méthodes d'agriculture sur brûlis et autres, anéantissent la vie animale par la chasse et la pêche à outrance, et empoisonnent les cours d'eau, les étangs et les autres étendues d'eau.

Ainsi, au cours des milliers d'années depuis l'apparition de la propriété privée, le rapport entre le travail social et l'environnement naturel a été marqué par les pôles mutuellement contradictoires de la transformation et de la destruction. Il a été, et demeure, une relation déterminée par les contradictions sociales, pas par les lois de la nature.

Depuis la montée du capitalisme industriel au milieu du dix-huitième siècle, la productivité du travail social s'est accrue à une vitesse de plus en plus rapide. Et avec la consolidation de l'ordre mondial impérialiste au début du vingtième siècle, le degré d'aliénation des travailleurs de la nature et de leurs propres fruits est devenu plus grand que jamais auparavant dans l'histoire. Les enjeux s'accroissent chaque jour pour les travailleurs du globe dans l'éradication de cette séparation en mettant fin à la dictature du capital.

LA SCIENCE ET LA TECHNOLOGIE — que le travail social développe et *utilise* — ont établi les connaissances et les moyens de réduire le fardeau et les dangers du travail, de faire avancer la qualité de la vie, et de conserver et améliorer le patrimoine de la terre.

Il est possible aujourd'hui de mettre fin une fois pour toutes à l'ensemble des conditions matérielles, sociales et politiques qui ont ruiné la vie d'un nombre incalculable de générations d'esclaves, de serfs, de travailleurs asservis de toutes les façons possibles, de paysans, et de travailleurs ruraux et urbains et leurs familles.

Il est possible de mettre fin au traitement des travailleurs dont les années de travail les plus productives sont derrière eux comme des outils périmés et dont les revendications pour se nourrir, se vêtir, se loger et se soigner représentent malheureusement autant de réductions sur les profits.

Il est possible de mettre fin aux insoutenables obligations *privées* imposées aux familles individuelles pour assurer le bien-être des jeunes, des personnes âgées et des malades — qui sont toutes des responsabilités *sociales* qui rendent hommage à la solidarité humaine.

Il est possible de mettre fin aux morts, aux mutilations et aux maladies causées par l'excès de travail, la faim et l'absence de système sanitaire.

Il est possible de mettre fin au massacre d'innombrables millions de personnes dans les guerres de conquête, de domination et d'enrichissement livrées par les classes dirigeantes.

Il est possible de mettre fin à l'exploitation de plus en plus étendue de la terre et du travail par le capital, avec ses conséquences désastreuses pour un nombre toujours croissant de travailleurs et de paysans dans le monde semi-colonial qui sont entraînés dans le mode de production capitaliste.

Mais sous le capitalisme, le dernier des systèmes d'exploitation dans le monde reposant sur la propriété, ce potentiel libérateur est transformé en son contraire. Aussi longtemps que le travail demeure une composante inextricable des opérations du système de marché, impitoyablement avides de gains, non planifiées et violentes, l'accroissement de la productivité reproduit simultanément *les relations sociales* de production propres au capitalisme — des relations sociales qui perpétuent la propre exploitation et oppression des travailleurs. Conséquence de la concurrence incessante que se livrent les capitalistes entre eux dans le but de maximiser leurs profits, le produit de l'effort du travail finit par *aggraver* les dangers pour la vie et la sécurité des travailleurs ; *polluer* la terre, l'eau et l'air ; et *mettre en péril* la survie même de la civilisation par l'utilisation d'arsenaux massifs d'armes et de systèmes de lancement nucléaires.

En même temps qu'elles en viennent à dominer de plus en plus le globe, les relations sociales oppressives du capitalisme accroissent davantage l'appropriation et la pollution sans frein par les classes possédantes du « terrain communal » qui entoure la terre : son atmosphère. C'est une partie du prix que les travaillent et les paysans continuent à payer pour l'inévitable désordre mondial croissant de l'impérialisme, marqué par des effondrements sociaux, des crises financières, une inflation implacable, des contractions de l'utilisation de la terre et du travail, la réduction du salaire social, des guerres qui s'étendent, la restriction des droits démocratiques et la croissance de forces bonapartistes de droite et fascistes.

La « course à la productivité » sans fin des employeurs — c'est-à-dire l'augmentation des cadences de travail, la fusion des postes et d'autres mesures visant à « réduire les coûts » — blesse et tue de plus en plus de travailleurs dans les usines, les mines et les champs à travers les États-Unis et le reste du monde. Dans les pays impérialistes d'Amérique du Nord, d'Europe, d'Asie et du Pacifique, l'exportation accrue de capitaux et la recherche incessante de nouvelles sources de force de travail à moindre coût à exploiter ici et à l'étranger s'accompagnent de campagnes racistes, nationalistes et anti-immigrées menées par des courants présents à l'intérieur et à l'extérieur des partis et des gouvernements bourgeois. En même temps, alimentée par la recherche du profit et poussée par la déflation, la compétition manufacturière des capitalistes exacerbe les conflits entre les puissances impérialistes dominantes, dégrade les conditions de vie et de travail des travailleurs et des paysans dans les pays semi-coloniaux et accélère la spoliation de l'air, du sol, et des rivières, lacs et mers de la planète.

SOUS LE CAPITALISME, les épreuves qu'imposent aux êtres humains les événements naturels, y compris les calamités provoquées par les « catastrophes naturelles, » affectent de manières complètement différentes les différentes classes sociales. Leurs effets sont dévastateurs pour les travailleurs des villes et des campagnes et ils frappent avec une férocité exceptionnelle les travailleurs et les paysans des pays opprimés de l'Afrique, du Moyen-Orient, de l'Asie, du Pacifique, de l'Amérique latine et des Caraïbes.

Le tremblement de terre sous-marin et le tsunami qui ont eu lieu dans l'océan Indien à la fin de 2004 ont provoqué des inondations dévastatrices qu'aucun être humain n'avait la capacité d'empêcher. Mais ce n'est ni la mer ni le glissement des plaques tectoniques de la terre qui sont responsables de la mort de plus de 225 000 personnes. Celles-ci n'étaient pas inévitables ! Ce sont les priorités de production des capitalistes combinées aux conditions sociales imposées aux travailleurs vivant dans les régions côtières qui sont responsables. Avec des taux de profits toujours en jeu, l'exploitation accélérée passe avant les systèmes d'alerte et les voies d'évacuation.

Ce n'est pas une vague de chaleur qui est responsable en août 2003 de la mort de 15 000 personnes en France — 15 000 ! — la plupart parmi les plus âgées. Ce sont les conditions de logement des travailleurs, la pauvreté, les soins d'urgence médicale inadéquats et l'indifférence sans coeur d'un gouvernement représentant les familles possédantes — qui n'étaient ni intéressées ni prêtes à interrompre leur mois de vacances annuel.

C'est l'énorme déforestation d'Haïti par le capitalisme et les conditions de logement misérables des travailleurs qui sont responsables de la mort de plus de 2 500 personnes et qui en ont laissé des milliers d'autres sans abri suite à des glissements de terrains et des inondations en 2004.

Les émeutes de la faim qui se sont multipliées dans les premiers mois de 2008 — de l'Indonésie au Pakistan et à l'Égypte, d'Haïti à de nombreuses régions de l'Afrique sub-saharienne — n'ont pas non plus leurs racines dans les calamités de la nature. Même les médias du grand capital ne prétendent pas que la raison en est principalement le mauvais temps. Avec une arrogance impériale méprisable, ils affirment qu'un des principaux facteurs en jeu, c'est que beaucoup plus de gens commencent à mieux manger en Chine et en Inde !

Mais la consommation accrue de viande n'explique pas pourquoi le prix mondial du riz a bondi de près de 150 pour cent entre le début de 2007 et 2008. Elle n'explique pas pourquoi le prix du blé a *quadruplé* depuis le début de 2006. Elle n'explique pas pourquoi les prix du maïs et du soja ont tous les deux *triplé* depuis 2006. La vérité, c'est qu'il serait possible de produire beaucoup de nourriture — céréales, viande, fruits et légumes — assez pour offrir des repas nourrissants et abordables à chaque être humain sur la terre et beaucoup plus *si* l'agriculture, la transformation des aliments, leur distribution et leur commerce n'étaient pas organisés sur la base du profit, mais par les producteurs associés.

Au début de 2008, alors que des centaines de millions de personnes essayaient de survivre avec une poignée de riz ou de maïs par jour, les négociateurs géants d'aliments — par le biais du Chicago Board of Trade et d'autres grandes bourses de valeurs capitalistes — étaient en train de stocker des réserves de maïs, de blé et de soja équivalant à *la moitié des quantités entreposées dans tous les silos des États-Unis,* ainsi qu'une énorme réserve de riz à travers le monde. Même aux États-Unis, où l'apport en calories quotidien médian est un *multiple* de celui de la Chine, de l'Inde et de la plus grande partie de l'Asie, du Pacifique, de l'Afrique, de l'Amérique latine et des Caraïbes, des grandes surfaces comme Wal-Mart et Costco ont commencé à limiter l'achat de riz par client.

Il ne s'agit pas là d'un stockage préventif en cas de sécheresse, d'inondation ou de famine. C'est du stockage pratiqué par le capital financier dans le but de récolter des bénéfices exceptionnels à même le labeur et la misère de milliards de travailleurs et d'agriculteurs. Au même moment, les énormes trusts mondiaux des céréales et des semences appartenant à des familles U.S. et autres ont aussi récolté d'énormes surprofits : au premier trimestre de 2008, les profits de Monsanto avaient augmenté de 108 pour cent par rapport à l'année précédente ; ceux de Cargill de 86 pour cent ; ceux de Archer Daniels Midland de 42 pour cent ; et ceux de Bunge de 1 964 pour cent (oui, *20 fois* ; il ne s'agit pas d'une faute de frappe !).

Finalement, le désastre social qui a suivi l'ouragan Katrina en 2005 — ravageant les terres les plus basses de la Nouvelle-Orléans, habitées en grande majorité par des travailleurs, la plupart noirs, ainsi que d'autres régions de la côte du Golfe — a braqué partout dans le monde un projecteur sur les « valeurs » des familles dirigeantes de l'impérialisme U.S. et de l'État qui sert leur classe. Les dirigeants nantis savaient depuis des décennies que les barrages contre les inondations céderaient si un ouragan violent frappait à proximité de la ville. Ils ont pourtant refusé de puiser dans la plus-value qu'ils extorquent du travail non payé des travailleurs afin de reconstruire et renforcer les digues. Malgré les gestes de solidarité dont les travailleurs de la région ont fait preuve les uns envers les autres pendant toute la crise, ce sont eux qui ont subi les conséquences mortelles des habitations misérables ; celles du manque de mesures d'urgence, de moyens de transport et de procédures d'évacuation en cas d'inondation ; ainsi que celles de la brutalité et de la corruption policières démoralisantes endémiques à la vie sous le règne des notables municipaux.

En dépit des prétentions sentimentales de la classe dirigeante à « reconstruire » la Nouvelle-Orléans, les travailleurs continuent à ce jour à y subir le plus gros de l'avidité et de l'indifférence capitalistes. La vie ou la mort, une maison toujours habitable ou la dispersion forcée — quelques mètres au-dessus ou au-dessous du niveau de la mer ont marqué la ligne de partage des classes.

Longtemps après qu'on aura terminé la « Tour de la liberté » pour remplacer le World Trade Center, longtemps après que les squelettes de ciment et d'acier du 11 septembre seront devenus un lointain souvenir, longtemps après qu'on se sera mis à recueillir d'énormes nouveaux loyers dans tout le Lower Manhattan, la Nouvelle-Orléans n'aura toujours pas été « reconstruite [1] ». Pas sous le capitalisme. Plus jamais la ville que nous avons connue.

---

1. Au moment de préparer la sortie de ce numéro dans les premiers mois de 2008, deux ans et demi après la catastrophe, on estimait que la population de la Nouvelle-Orléans demeurait

La terre de marée qu'on appelle la Nouvelle-Orléans montre l'avenir que l'« entreprise privée » réserve aux travailleurs.

À LA FIN DE 2006, de nombreux quotidiens ont publié la nécrologie d'un important géographe U.S. appelé Gilbert White. « Les inondations sont des « actes de Dieu, » a écrit White en 1942, « mais les pertes qu'elles occasionnent sont largement des actes de l'homme. » Ses études ont démontré que dans la plupart des régions du monde les couches les plus pauvres des populations rurales et urbaines vivent souvent dans, ou tout près, de plaines inondables, soit pour en tirer leur subsistance, soit parce que les zones mieux protégées sont réservées aux classes possédantes.

« Au lieu de simplement construire des barrages, des digues et d'autres mécanismes de contrôle qui peuvent en fait encourager le développement des régions vulnérables, la société devrait réduire les risques par des mesures visant à décourager un tel développement, » disait un des articles d'information en paraphrasant White. Il ajoutait : « Le problème fondamental selon lui consiste à faire partir

---

35 pour cent inférieure à son niveau de juillet 2005. Il y avait 100 000 emplois en moins. Des quartiers entiers ressemblaient toujours à un paysage lunaire, avec des loyers moyens près de 50 pour cent plus élevés qu'avant la tempête. Près de 15 000 familles vivaient toujours dans les caravanes d'urgence en train de se détériorer du gouvernement fédéral. Seuls 19 pour cent des bus publics d'avant Katrina fonctionnaient. Seuls 3 des 7 hôpitaux généraux avaient rouvert. Près de 40 pour cent des écoles publiques et 60 pour cent des crèches et garderies d'avant Katrina restaient fermées. Et aucun bâtiment de la seule université publique noire de la ville n'avait été restauré.

les gens des plaines susceptibles d'être inondées. Et après toutes ces années, nous voici avec Katrina. »

« Peut-être pouvons-nous envisager un nouveau genre d'armée, » avait écrit White dans son article de 1942, une « force de paix [mondiale] constituée de jeunes recrutés et formés sous une direction internationale, avec pour tâche de construire des communautés saines et prospères. »

Une proposition louable. Mais qui appelle cette réponse, pour paraphraser Ernesto Che Guevara : *pour avoir une armée de reconstructeurs révolutionnaires, on doit d'abord faire une révolution*[2]. Pour forger un « nouveau genre d'armée » de « jeunes recrutés et formés sous une direction internationale, avec pour tâche de construire des communautés saines et prospères, » les travailleurs doivent d'abord avoir un éthos, un allant, une discipline et une détermination révolutionnaires qui ne s'acquièrent qu'au cours d'une lutte victorieuse pour le pouvoir. Sans la victoire de la révolution cubaine en 1959 par exemple, la campagne de masse qui a mobilisé l'enthousiasme et les capacités de plus de 100 000 jeunes en 1961 et éradiqué l'analphabétisme en une seule année, transformant cette génération de jeunes en le faisant, aurait été inimaginable.

Aussi longtemps que l'extraction de la plus-value dans une concurrence quasi guerrière pour le profit détermine la production et la distribution de la richesse, la terre va demeurer une propriété privée et les logements

---

2. En août 1960, Ernesto Che Guevara, le dirigeant de la révolution cubaine né en Argentine et lui-même un médecin à l'origine, a dit à un groupe de jeunes étudiants en médecine et de travailleurs de la santé à La Havane : « Pour être un médecin révolutionnaire, [...] on doit d'abord faire une révolution. » Dans *Che Habla a la Juventud*, New York, Pathfinder, 2000, p. 47 (tirage de 2005).

à louer pour la majorité laborieuse seront construits là où les classes possédantes ne veulent pas vivre. Ils seront construits là où les travailleurs pourront se « permettre » d'en payer le loyer, y compris souvent dans des plaines inondables.

Seule la direction d'un gouvernement des travailleurs et des agriculteurs, conquis dans une lutte révolutionnaire, peut diriger les travailleurs à ne serait-ce que *faire face* au besoin de s'attaquer aux énormes pathologies du capitalisme dans le monde, sans parler d'y investir leur créativité, leur énergie, leur discipline et leur solidarité pour les éliminer.

## La transformation de la nature par le travail

Le système capitaliste — et les familles possédantes qui en bénéficient aussi bien dans les centres impérialistes que dans les pays semi-coloniaux — vont inévitablement continuer à ravager l'humanité et la planète que nous habitons. On ne peut arrêter ce processus sans renverser le capitalisme même. L'expliquer fait partie de la préparation de la classe ouvrière et de son avant-garde pour avancer avec détermination le long de la ligne de marche historique vers la dictature du prolétariat et la lutte internationale pour le socialisme. Les travailleurs doivent convaincre nos alliés parmi les masses laborieuses, les jeunes attirés par les luttes de la classe ouvrière et la vaste majorité de l'humanité qui ne possède pas de propriété de s'y engager avec détermination.

Depuis sa naissance au milieu du dix-neuvième siècle, le mouvement ouvrier communiste moderne a compris que la transformation de la nature par le travail social est la source de toute la richesse matérielle et de la possibilité de progrès humain. Toute valeur d'usage — chaque article créé pour nourrir, vêtir, loger, éduquer, distraire ou satisfaire d'autres besoins humains — est le produit de cette relation constante entre la terre et le travail. « Le travail n'est donc pas la source unique, » écrit Marx en 1867, « de la richesse matérielle. [... C]elle-ci a pour père le travail et pour mère la terre[3]. » Le déni de cette réalité, souligne-t-il quelques années plus tard, finit par faussement « attribuer au travail une *surnaturelle puissance de création*[4]. »

Depuis les tout débuts de la société, toute production sociale visant à répondre à des besoins humains, toute activité économique, repose sur ces assises. Mais le mode de production *capitaliste* qui a été dominant au cours des dernières quelques centaines d'années possède ses propres formes et rythmes historiques particuliers, régis par des lois, qui ont des conséquences dévastatrices pour les producteurs mêmes de la richesse. Sous le capitalisme, ni la nature, les machines ou les outils, ni la science, le savoir ou la technique n'ajoutent *directement* de la valeur à celle créée par les travailleurs et qu'approprie la classe qui les exploite. Seuls la *transformation* de la terre et d'autres ressources naturelles par le travail humain, l'*emploi* d'outils et de machines par les travailleurs et l'*application* de la science, du savoir et de la technologie par ces derniers ajoutent à la réserve de valeur.

« En annexant les deux créateurs primitifs de la richesse, la force de travail et la terre, constate Marx, le capital acquiert une force d'expansion qui lui permet d'étendre les éléments de son accumulation au-delà des

---

3. Karl Marx, *Le Capital*, livre premier (1867), Paris, PUF, 1993, p. 49.

4. « Critique de programme de Gotha » (1875), Karl Marx, Friedrich Engels, *Oeuvres choisies*, vol. 3, Moscou, Progrès, 1974, p. 9.

limites apparemment fixées par sa propre taille [5]. » En fait le capital est *contraint* d'étendre son emprise sur la nature et le travail par la concurrence acharnée du système même et par la résistance farouche que cette exploitation engendre chez les travailleurs. En quelques siècles seulement, le capitalisme — qui a germé au départ dans quelques régions de l'Europe — a utilisé cette « force d'expansion, » renforcée par sa puissance militaire, pour engloutir non seulement la vaste majorité du globe mais aussi pour contaminer ses terres, ses mers et son atmosphère et pour étendre la domination militaire du capital financier jusque dans l'espace.

LA VITESSE TOUJOURS ACCRUE et la progression incessante des moyens de communication lient de plus en plus les travailleurs du monde entier à un marché mondial unique. Aujourd'hui, les pêcheurs des villages côtiers isolés de l'Inde utilisent des téléphones mobiles pour chercher le long du littoral les marchés qui offrent les meilleurs prix pour leur prise. Mais au lieu de réduire leur travail, cette façon de faire en augmente le rythme et la durée : les pêcheurs prolongent leur journée pour atteindre les ports où ils obtiendront les prix les plus élevés. L'acide universel du capital est en train de dissoudre les barrières traditionnelles qui retardent la formation de prix et de taux de profit uniformes dans de nombreux pays opprimés.

La vie et le gagne-pain des masses laborieuses deviennent davantage vulnérables aux fluctuations de prix, à l'accélération des cadences et au rallongement de la journée de travail. Plus vulnérables aux oscillations brusques du cycle économique capitaliste et aux conséquences

5. *Le Capital*, livre 1, p. 576.

dévastatrices de crises bancaires et financières internationales soudaines — apparemment si lointaines et sans rapport avec la vie de ceux qui travaillent.

ALORS QU'ILS SONT des démocrates révolutionnaires toujours âgés d'environ 25 ans, Karl Marx et Friedrich Engels cherchent déjà à comprendre les conséquences dévastatrices pour l'humanité de la compulsion incessante des capitalistes à réduire le temps de rotation du capital et à intensifier le travail pour y arriver. Inévitablement, écrivent-ils en 1846, il arrive un point dans le développement du capitalisme où sont créées des forces productives qui « ne sont plus des forces productives, mais des forces destructrices[6]. »

Deux ans plus tôt, le jeune Engels avait remarqué : « Trafiquer la terre — la terre qui est condition première de notre existence, notre tout — a été le dernier pas vers notre propre transformation en objet de trafic. » Et décrivant les conditions dont il avait été témoin en 1844 lors d'un voyage à Manchester — alors « la deuxième ville d'Angleterre » et « la première ville manufacturière du monde » — il en avait souligné « la saleté, le délabrement et l'inconfort, le renoncement à toute considération de salubrité, d'aération et de santé. [...] Tout ce qui suscite le plus notre horreur et notre indignation est récent et appartient à *l'époque industrielle*[7]. »

6. Karl Marx et Friedrich Engels, *L'idéologie allemande* (1846), Paris, éditions Sociales, 1968, p. 68.

7. Friedrich Engels, « Esquisse d'une critique de l'économie politique » (1844), Paris, éditions Allia, 1998, p. 33. *La situation de la classe laborieuse en Angleterre* (1845), Paris, éditions Sociales, 1975, p. 93-94.

En 1847, les travailleurs allemands membres de la société révolutionnaire européenne appelée la Ligue des justes recrutent Marx et Engels. Peu après est fondée la première organisation ouvrière révolutionnaire moderne au monde, la Ligue des communistes. Elle met fin aux méthodes conspiratrices de la Ligue, proclame ouvertement son existence et ses objectifs, et sollicite publiquement de nouveaux membres qui soutiennent activement ces buts. À ce moment, Marx et Engels avaient déjà commencé à placer leur examen intransigeant des maux irréformables du capitalisme sur une assise scientifique et matérialiste et à la présenter en pratique du point de vue de faire avancer la trajectoire historique de la classe ouvrière vers la conquête révolutionnaire du pouvoir politique.

« Pendant sa domination de classe à peine centenaire, » écrivent-ils en 1848 dans le programme fondateur de la Ligue des communistes, un document bientôt connu dans le monde comme le *Manifeste communiste*, « la bourgeoisie a créé des forces de production plus massives et plus colossales que toutes les générations passées prises ensembles. Soumission à l'homme des forces de la nature, machines, application de la chimie à l'industrie et à l'agriculture, navigation à vapeur, chemins de fer, télégraphes électriques, défrichement de continents entiers, régularisation des fleuves, populations entières qu'on fait apparaître du sol, quel est le siècle passé qui soupçonnait que de telles forces de production sommeillaient au sein du travail social ? »

Et quelle société passée aurait pu avoir le moindre pressentiment des conséquences destructrices du capitalisme pour la terre, la santé et la solidarité du travail social ?

En présentant dix mesures initiales d'un gouvernement des travailleurs dans les pays capitalistes — « le prolétariat qui s'organise en classe dominante » — le manifeste place en haut de la liste l'« expropriation de la propriété foncière » (dont les mers, les voies d'eau, l'atmosphère et, pouvons-nous ajouter, le ciel et même l'espace). Le programme appelle à la « multiplication des usines nationales, des instruments de production, [au] défrichement et [à l'] amélioration des terres selon un plan commun » ainsi qu'à « [l'] union entre le travail agricole et le travail industriel, [et à des] mesures visant à faire disparaître peu à peu la différence entre la ville et la campagne par une répartition plus égale de la population dans le pays[8]. »

Au cours des décennies suivantes, Marx et Engels, de plus en plus les dirigeants centraux du mouvement ouvrier révolutionnaire, ne cessent d'expliquer l'union indissoluble de l'exploitation du travail et de la nature par le capitalisme à la recherche de profit — dans leur correspondance, dans leurs articles et discours populaires, dans leurs écrits politiques et leur critique de l'économie politique bourgeoise, et dans les résolutions de l'Association internationale des travailleurs. Avant tout, ils mettent de l'avant un programme et une stratégie pour la classe ouvrière et ses organisations afin de combattre ce pillage, dans leur lutte sur la route vers le pouvoir politique. L'avant-garde du mouvement ouvrier dotée d'une conscience de classe, expliquent-ils, doit mettre par écrit et se laisser guider par les leçons cumulatives des luttes qui permettent de franchir des pas en avant contre la spoliation de la nature par le capital et contre les indignités et innombrables formes d'exploitation qui déforment la vie de la classe ouvrière.

---

8. Karl Marx et Friedrich Engels, *Manifeste du parti communiste* (1848), Paris, GF Flammarion, 1998, p. 79, 100 et 101.

AFP / GETTY IMAGES

AP / WIDE WORLD PHOTOS

NATIONAL GEOGRAPHIC

**Le capitalisme, remarque Marx, ne développe la richesse de l'humanité « qu'en ruinant dans le même temps les sources de toute richesse : la terre et le travailleur. »**

**HAUT.** Haïti, septembre 2004. La ville des Gonaïves, après le passage de la tempête tropicale Jeanne sur l'île. Plus d'un siècle de déforestation capitaliste et d'érosion du sol amplifie les glissements de terrain et les inondations, tuant plus de 2 500 personnes. **BAS.** On peut voir les conséquences de l'exploitation impérialiste sur cette photo aérienne de la frontière entre Haïti, sans arbres à gauche, et la République dominicaine, couverte d'arbres à droite. **MILIEU.** L'explosion de la centrale sucrière Imperial Sugar tue 12 travailleurs à Port Wentworth en Géorgie en janvier 2008. Le capital, écrit Marx, n'a « aucun égard pour la santé et l'espérance de vie du travailleur. »

AP / WIDE WORLD PHOTOS

GETTY IMAGES

**« Les « calamités de la nature » ne sont pas responsables de la pénurie et du prix exorbitant des céréales en 2008. Les courtiers internationaux en matières premières accumulent ces dernières, ce qui permet au capital financier de récolter des bénéfices exceptionnels à même le labeur et la misère de milliards de travailleurs et d'agriculteurs. »**

**HAUT.** Mahalla, Égypte, avril 2008. La police anti-émeute attaque des manifestants qui protestent contre la hausse des prix et la pénurie de nourriture. **BAS.** Parquet du Chicago Board of Trade, mars 2008. Des courtiers en matières premières misent sur les prix du soja, qui ont triplé depuis 2006.

Le capitalisme, remarque Marx en 1867, ne développe la richesse de l'humanité « qu'en ruinant dans le même temps les sources de toute richesse : la terre et le travailleur. » Les usines sont transformées en « un pillage systématique des conditions de vie de l'ouvrier pendant le travail, pillage de l'espace, de l'air, de la lumière et des moyens de protection personnels contre les conditions du procès de production qui mettent en danger la vie ou la santé. » Quant à l'agriculture capitaliste, dit-il, « [c]omme dans l'industrie urbaine, l'augmentation de la force productive et le plus grand degré de fluidité du travail sont payés [...] au prix de l'épuisement et de maladies qui minent la force de travail proprement dite. » De tels progrès « sont non seulement un progrès dans l'art de piller le travailleur, mais aussi dans l'art de piller le sol[9]. »

Le capital, selon Marx, n'a « aucun égard pour la santé et l'espérance de vie du travailleur, s'il n'y est pas contraint par la société[10] » — c'est-à-dire contraint par les luttes des syndicats et surtout l'action politique ouvrière indépendante. Ni en Angleterre ni dans aucun autre pays, dit-il, la limitation de la journée de travail « n'a jamais été réglée autrement que par l'*intervention législative.* Sans la pression constante des ouvriers, agissant de l'extérieur, jamais cette intervention ne se serait produite. Mais en tout cas, le résultat n'aurait jamais été obtenu par des accords privés entre les ouvriers et les capitalistes » — par ce qu'on appelle aujourd'hui la négociation collective entre l'employeur et les travailleurs ou leur syndicat. « Cette nécessité même d'une *action*

9. *Le Capital,* livre 1, p. 478, 536 et 567.

10. *Le Capital,* livre 1, p. 301.

*politique générale* est la preuve que, dans la lutte purement économique, le capital est le plus fort[11]. »

« Le travail, explique Marx, est d'abord un processus entre l'homme et la nature. » Lui-même « une puissance naturelle, » l'être humain « met en mouvement [...] ses bras et ses jambes, sa tête et ses mains » afin de transformer la nature. « En agissant sur la nature extérieure et en la changeant par ce mouvement, il change aussi sa propre nature[12]. » (Puisque des « hommes changés » sont le produit de circonstances changées, avait écrit Marx 20 ans plus tôt, et que « ce sont précisément les hommes qui transforment les circonstances, » il s'ensuit que « l'éducateur a lui-même besoin d'être éduqué[13]. »)

SOUS LE CAPITALISME, souligne Marx, le travail — *un rapport social entre des êtres humains* qui, par notre transformation de la nature, crée toute la valeur — prend l'apparence d'un *rapport entre des choses*, d'un rapport économique entre des marchandises — des objets — qui sont achetées et vendues sur le marché. C'est ce que Marx appelle le fétichisme de la marchandise et du capital[14].

---

11. Karl Marx, « Salaire, prix et profit » (1865), K. Marx et F. Engels, *Oeuvres choisies*, vol. 2, p. 73.

12. *Le Capital* (1867), livre 1, p. 199-200.

13. Karl Marx, « Thèses sur Feuerbach » (1845), K. Marx et F. Engels, *L'idéologie allemande*, p. 32.

14. « Ce qu'il y a de mystérieux dans la forme-marchandise consiste donc simplement en ceci qu'elle renvoie aux hommes l'image des caractères sociaux de leur propre travail comme des caractères objectifs des produits du travail eux-mêmes. [...] C'est seulement le rapport social déterminé des hommes eux-mêmes qui prend ici pour eux la forme fantasmagorique

En fait, le fait même de travailler est transformé en marchandise sous le capitalisme : afin de survivre, nous les travailleurs devons vendre notre capacité de faire du travail productif — notre force de travail — à un patron ou à un intermédiaire sur le « marché du travail » en échange d'un salaire. Au lieu d'appliquer le travail pour transformer la nature afin de *produire des biens utiles qui satisfont les besoins sociaux* de la population, les familles possédantes et les percepteurs de rentes consomment la force de travail et les matières premières dans le but de produire des biens et d'*acheter et vendre des marchandises à profit* pour eux-mêmes. Le fait qu'à un degré ou un autre ces produits répondent à un besoin social n'intéresse la classe des employeurs que dans la mesure où ceci leur permet de mettre ces biens sur le marché et d'en tirer un gain monétaire. Marx fait remarquer que le capitalisme — la production et la reproduction de rapports sociaux qui nécessitent l'exploitation et l'oppression du travail salarié — *crée* et *façonne* ce qui est alors vu comme des « besoins sociaux[15]. »

---

d'un rapport entres choses. [...] J'appelle cela le fétichisme, fétichisme qui adhère aux produits du travail dès lors qu'ils sont produits comme marchandises et qui, en conséquence, est inséparable de la production des marchandises. » *Le Capital,* livre 1, p. 81-83.

15. Marx écrit : « Or, la loi de développement de la nature humaine fait que, dès que l'on a satisfait une sphère de besoins, des *besoins nouveaux* se libèrent, se créent. En poussant le temps de travail au-delà de la mesure déterminée par la satisfaction de l'état de besoin naturel du travailleur, le capital pousse à une plus grande division du travail social, du travail dans l'ensemble de la société, à une plus grande diversité de la production, à l'élargissement du cercle des besoins sociaux et des moyens de leur satisfaction, et par conséquent en même temps

## Les « effets imprévus » du capital

Friedrich Engels souligne les conséquences involontaires, incontrôlées et imprévues propres à la production pour le profit privé dans son projet d'article de 1876 intitulé « Le rôle du travail dans la transformation du singe en homme. » Dans ce résumé concis du lien inextricable entre la nature et le travail, il écrit :

> [L]'animal *utilise* seulement la nature extérieure et provoque en elle des modifications par sa seule présence ; par les changements qu'il y apporte, l'homme l'amène à servir à ses fins, il la *domine.* Et c'est en cela que consiste la dernière différence essentielle entre l'homme et le reste des animaux et cette différence, c'est encore le travail qui la produit.
>
> Cependant, ne nous flattons pas trop de nos victoires sur la nature. Elle se venge sur nous de chacune d'elles. Chaque victoire a certes en premier lieu les conséquences que nous avons escomptées, mais en second et en troisième lieu, elle a des effets tout différents, imprévus, qui

---

au développement de la puissance de production des hommes ainsi que, du même coup, à l'exercice des facultés humaines dans des directions nouvelles. » Marx, *Manuscrits de 1861-1863 (Cahiers I à V), Contribution à la critique de l'économie politique*, éditions Sociales, Paris, 1979, p. 204.

Voilà la source des innombrables formes de publicité et de promotion qui inondent notre vie sous le capitalisme. On ne peut arrêter leur développement aussi longtemps que dominent les relations de production capitalistes. Pour le mode de production capitaliste, la prolifération accélérée de la publicité constitue autant un besoin que n'importe lequel des autres résultats de la loi de la valeur.

> ne détruisent que trop souvent ces premières conséquences. [...]
>
> Les planteurs espagnols à Cuba qui incendièrent les forêts sur les pentes et trouvèrent dans la cendre assez d'engrais pour *une* génération d'arbres à café extrêmement rentables, que leur importait que, par la suite, les averses tropicales emportent la couche de terre superficielle désormais sans protection, ne laissant derrière elle que les rochers nus ? Vis-à-vis de la nature comme de la société, on ne considère principalement, dans le mode de production actuel, que le premier résultat, le résultat le plus tangible ; et ensuite on s'étonne encore que les conséquences plus lointaines des actions qui visent ce résultat soient tout autres, le plus souvent tout à fait opposées[16].

Comme dans tous les écrits et activités de Marx et Engels, cet article fait plus qu'analyser la relation entre la terre, le travail et le capital. *Il s'agit*, écrit Engels, de *changer* ces rapports :

> Et ainsi les faits nous rappellent à chaque pas que nous ne régnons nullement sur la nature comme un conquérant règne sur un peuple étranger, comme quelqu'un qui serait en dehors de la nature, mais que nous lui appartenons avec notre chair, notre sang, notre cerveau, que nous sommes dans son sein et que toute notre domination sur elle réside dans l'avantage que nous avons sur l'ensemble des autres créatures de connaître ses lois et de pouvoir les appliquer correctement. [...]

16. F. Engels, « Le rôle du travail dans la transformation du singe en homme » (1876), K. Marx et F. Engels, *Oeuvres choisies*, vol. 3, p. 75 et 78.

> [N]ous apprenons peu à peu, au prix d'une longue et souvent dure expérience et grâce à la confrontation et à l'étude des matériaux historiques, à élucider les conséquences sociales indirectes et plus lointaines de notre activité productive et, de ce fait, la possibilité nous est donnée de dominer et de régler ces conséquences aussi.
>
> Mais pour mener à bien cette réglementation, il faut plus que la seule connaissance. Il faut un bouleversement complet de notre mode de production actuel et avec lui, de l'ensemble de notre régime social actuel [17].

Dans un discours prononcé à Londres en 1856 lors d'un banquet célébrant le quatrième anniversaire de l'hebdomadaire ouvrier *The People's Paper* [Le journal du peuple], Marx fait remarquer qu'en dépit des « forces industrielles et scientifiques, qu'aucune époque de l'histoire humaine antérieure n'avait jamais soupçonnées, » avec la montée des rapports sociaux capitalistes « tout semble porteur de son contraire. »

> Les machines, douées du pouvoir merveilleux de réduire et de faire fructifier le travail humain, nous les voyons l'affamer et le surmener. Par quelque sortilège étrange et bizarre, les sources modernes de la richesse se transforment en sources de détresse. [...] À la même vitesse à laquelle l'humanité maîtrise la nature, l'homme semble s'asservir à d'autres hommes ou à sa propre infamie. Même la pure lumière de la science semble incapable de briller si ce n'est dans la

17. Ibid., p. 75-77.

noirceur de l'ignorance. Toutes nos inventions et tout notre progrès semblent avoir pour résultat de générer des forces matérielles dotées d'une vie intellectuelle et abrutir la vie humaine au niveau d'une force matérielle. Cet antagonisme entre l'industrie moderne et la science d'un côté et la misère et la dissolution modernes de l'autre, cet antagonisme entre les forces de production et les relations sociales de notre époque est un fait palpable, écrasant et qu'on ne peut disputer.

Certains peuvent en gémir ; d'autres peuvent vouloir se débarrasser des artifices modernes afin de se débarrasser des conflits modernes. […]

Quant à nous, nous ne nous méprenons pas sur la forme de l'esprit retors qui ne cesse de caractériser toutes ces contradictions. Nous savons que pour bien fonctionner, les forces nouvelles et modernes de la société ne demandent qu'à être maîtrisées par des hommes nouveaux et modernes — ce que sont les travailleurs. Ces derniers sont autant l'invention des temps modernes que les machines elles-mêmes […]. Ils ne seront certainement pas les derniers à aider la révolution sociale produite par cette industrie, une révolution signifiant l'émancipation de leur propre classe à travers le monde [18] […].

## Notre politique commence avec le monde

Un siècle et demi plus tard, ces hommes et ces femmes « nouveaux et modernes » — la classe ouvrière

18. Marx, « Speech at the Anniversary of *The People's Paper* » [Discours à l'occasion de l'anniversaire du *Journal du peuple*] (1856), K. Marx and F. Engels, *Collected Works*, vol. 14, p. 655-666.

internationale, dont les rangs et le poids s'accroissent sur chaque continent et dans chaque pays — demeurent la seule force sociale capable de résoudre les crises produites par le capitalisme. S'organiser pour réaliser leur émancipation « à travers le monde » : voilà la seule voie en avant pour ceux qui sont décidés à combattre la dégradation de la terre et du travail par le capitalisme.

« Travailleurs de tous les pays, unissez-vous ! » — on ne peut donner corps à cet appel que si les conditions économiques, sociales et culturelles des masses laborieuses convergent de plus en plus. Des milliards d'êtres humains partout dans le monde restent condamnés par la domination impérialiste et l'exploitation capitaliste à vivre dans une insuffisance cruelle de nourriture, d'électrification, d'eau potable, d'infrastructures sanitaires, de logements et de vêtements, de transport et d'éducation, et à se voir refuser l'accès à des moyens facilement disponibles pour prévenir et guérir les maladies transmissibles. Ainsi que le souligne « Notre politique commence avec le monde, » un rapport de Jack Barnes adopté par le congrès de 2001 du Parti socialiste des travailleurs, V. I. Lénine et le Parti bolchevique qu'il a dirigé comprenaient il y a 90 ans que la solidarité politique et la collaboration internationales ne pouvaient progresser que

> si de plus en plus de travailleurs à travers le monde prenaient une part active à la vie sociale et politique et pouvaient ainsi reconnaître comme leurs frères et soeurs les travailleurs engagés ailleurs dans une même activité sociale et ne pas simplement les voir comme les « autres ». […] À l'aube du vingt et unième siècle, ces questions et d'autres comme elles restent au centre de

> la construction de partis prolétariens et du mouvement communiste mondial. Elles restent essentielles pour rendre possibles aux travailleurs une collaboration politique concrète et une activité conjointe dans la bataille pour le socialisme et la libération nationale. […]
>
> Les marxistes partent de la capacité que les êtres humains ont démontrée au niveau historique de transformer la nature, d'élever la productivité du travail social et de rendre la civilisation et la culture plus accessibles à un nombre toujours croissant de travailleurs dans le monde [19].

*Comment* le travail social est organisé pour transformer la nature — au profit de qui, à quelles fins sociales et économiques — dépend des relations de production entre les classes. Cela dépend de quelle classe domine, de quelle classe détient le pouvoir d'État. Une présentation faite par Jack Barnes en 1993 et publiée dans *Le désordre mondial du capitalisme* aborde ce point fondamental. « La pollution de l'environnement, remarque Barnes, est une question sociale, une question de classe. »

> Les travailleurs ne doivent pas accepter l'opinion générale — c'est-à-dire l'opinion bourgeoise — voulant que l'environnement […] soit une question « scientifique », une question « naturelle », qui planerait en quelque sorte au-dessus des classes et à l'extérieur de la lutte de classe. C'est ainsi par exemple que beaucoup d'opposants de la classe moyenne

19. Jack Barnes, « Notre politique commence avec le monde, » *Nouvelle Internationale,* n° 8, p. 19-20 et 38.

à l'énergie nucléaire et aux armes nucléaires présentent souvent ces questions. Beaucoup de ceux qui se décrivent eux-mêmes comme des environnementalistes disent que le problème est le « consumérisme » ou le développement industriel en soi. Mais le mouvement ouvrier doit expliquer la source de la destruction écologique et pourquoi la solution se trouve dans la ligne de marche révolutionnaire de la classe ouvrière. [...]

La classe ouvrière doit aussi rejeter toutes les formes de pseudoscience, d'exagération, de catastrophisme et de théorie excentrique. Il y a une histoire longue de plusieurs décennies de ce genre de prophéties affolées, comme l'épuisement imminent des réserves de combustibles fossiles et d'autres ressources naturelles, les « limites à la croissance » et ainsi de suite. Ces idées ont leur origine dans des secteurs de la bourgeoisie et elles sont ensuite reprises et propagées par des réformateurs petits-bourgeois. Elles alimentent les théories du complot qui sont lancées dans la classe ouvrière et le mouvement ouvrier et qui détournent les yeux des travailleurs de la véritable source de ces maux sociaux : les capitalistes et leur système de profit. [...]

[S]i nous traduisons tout ce qui est communément perçu comme des problèmes environnementaux par la question de comment faire avancer la protection de la classe ouvrière et comment la classe ouvrière peut étendre à tous cette protection, nous pouvons alors difficilement faire fausse route. Avec cette approche, nous augmenterons les possibilités de solidarité concrète dans la lutte contre les abus et les atrocités commises contre l'écologie.

> Le mouvement ouvrier doit dénoncer les effets différentiels de la pollution sur la classe ouvrière, y compris ses conséquences encore plus dévastatrices sur les sections les plus pauvres et les plus vulnérables de la classe ouvrière, ainsi que sur celles qui sont noires, latinas ou nées à l'étranger. [...] Le mouvement ouvrier doit prendre l'initiative de dénoncer activement la destruction et les dangers engendrés par le capitalisme et organiser l'opposition contre eux.

Ce cours communiste, conclut Barnes, nous permet d'expliquer comment « les sources de toute richesse — la terre et le travail — sont de plus en plus les victimes de la domination du capital. Et, plus important encore, comment la lutte dirigée par la classe ouvrière pour la révolution socialiste ouvre une voie pour avancer sur ce front aussi [20]. »

Ainsi que le dit le général cubain Armando Choy en conclusion de *Notre histoire s'écrit toujours*, « Oui, un meilleur monde est possible. Mais seulement avec une révolution socialiste [21]. »

## Lois du capital, marchands de panique bourgeois, insécurité prolétarienne

Au milieu du dix-neuvième siècle, la combustion de bois, de charbon et de résidus agricoles produisait environ 85 pour cent de l'énergie destinée à l'utilisation humaine. Aujourd'hui, environ 85 pour cent des

20. Jack Barnes, *Le désordre mondial du capitalisme*, Pathfinder, 2001, p 333-337.

21. Armando Choy, Gustavo Chui et Moisés Sío Wong, *Nuestra historia aún se está escribiendo*, Pathfinder, 2005, p. 170.

ressources énergétiques proviennent des combustibles fossiles — avant tout du charbon, du pétrole et du gaz naturel. La production et l'utilisation de ces ressources dans le but de faire des profits ont toujours été néfastes non seulement pour la santé des travailleurs impliqués mais aussi pour l'environnement naturel dans lequel nous vivons et travaillons.

UNE TRANSITION vers d'autres sources d'énergie ne sera ni facile ni rapide. Les lois régissant les capitaux rivaux, des lois de loups qui se mangent entre eux, garantissent que toute « politique énergétique » mise en oeuvre par les grandes sociétés et les gouvernements bourgeois servira les intérêts du maintien de la domination capitaliste — pas les besoins économiques, sociaux et culturels de la population de la planète, ni la santé et la sécurité des travailleurs impliqués. Les communistes s'opposent aux « solutions » anti-ouvrières promues par le grand capital et divers réformateurs bourgeois et petits-bourgeois. Nous mettons à nu et réfutons par exemple leurs idées réactionnaires voulant qu'une « trop grande » population de travailleurs — ainsi qu'une trop grande consommation ou qu'un trop grand niveau de vie pour beaucoup d'entre eux — constituent une menace pour un monde « vivable ».

Les dirigeants capitalistes préviennent les travailleurs et les agriculteurs du monde semi-colonial : vous devez renoncer au niveau de vie et au développement économique qui prévalent dans les pays impérialistes — un développement largement atteint en surexploitant les masses laborieuses et en pillant les ressources de ces mêmes peuples opprimés. « Les conséquences écologiques sont insoutenables ! » reproche-t-on aux travailleurs impatients. Il s'agit d'un autre écran de fumée lancé par le capital financier pour masquer les raisons expliquant l'écart grandissant entre, d'un côté, les conditions économiques, sociales et culturelles de la grande majorité des masses laborieuses de la terre et, de l'autre, celles de la bourgeoisie et des classes moyennes professionnelles dans les centres impérialistes et dans les pays semi-coloniaux économiquement plus avancés.

Aux États-Unis et dans d'autres pays impérialistes, les politiciens et les autres porte-parole de la bourgeoisie disent aux travailleurs que « nous » devons « nous » serrer la ceinture afin de contenir la destruction de l'environnement. Ils nous disent que « nous » devons accepter des prix plus élevés pour le pétrole et d'autres produits de première nécessité, y compris de régressives « taxes carbone » sur l'essence, le fuel domestique et le transport commercial. « Nous » devons recycler, éteindre les lumières, baisser le thermostat, oublier l'air conditionné, circuler à vélo, changer le pommeau de la douche, faire du covoiturage, moins tirer la chasse d'eau et planter un arbre.

Mais il n'y a pas de « nous » qui englobe à la fois les travailleurs et ceux qui s'enrichissent en exploitant notre travail : les familles dominantes et les rentiers à leur traîne dans la classe moyenne et parmi les professionnels. Ces « solutions » non seulement accusent à tort les individus et les familles et encouragent la vente à prix forts de produits et de services « verts » et « biologiques ». Elles font avant tout partie de la campagne des dirigeants capitalistes pour accroître leurs taux de profits aux dépens des conditions de travail, des salaires, des conditions de vie, de la solidarité syndicale et d'une véritable sécurité sociale des travailleurs et des agriculteurs, qui ont tous été attaqués sans relâche depuis le milieu des années 1970.

Les apologistes du capitalisme soulignent souvent avec satisfaction la hausse de l'espérance de vie aux États-Unis et dans d'autres pays. Ce qu'il leur convient d'ignorer, c'est l'intensification du travail et l'augmentation du temps de travail qui pressent et épuisent pendant un plus grand nombre d'années la vie de couches toujours croissantes de la classe ouvrière. Les heures annuelles de travail augmentent au lieu de diminuer pour les travailleurs aux États-Unis. Quatre travailleurs sur dix dans l'industrie privée n'ont maintenant aucune indemnité journalière en cas de maladie et un quart aucun congé payé, ce qui comprend la vaste majorité des travailleurs à bas salaire. Aux États-Unis, moins de la moitié des travailleurs actifs bénéficient de régimes de retraite payés par leur employeur, alors que Washington et les politiciens capitalistes ont augmenté de 65 à 67 ans l'« âge de la retraite » de la sécurité sociale — l'âge avant lequel vous ne pouvez recevoir le plein montant des allocations qui vous sont dues. Et ils l'augmenteront de plus en plus.

En l'absence aux États-Unis d'un système national de santé financé par le gouvernement, la proportion des travailleurs couverts par des assurances médicales payées par l'employeur a chuté de presque 70 pour cent en 1979 à tout juste la moitié des travailleurs actifs aujourd'hui. Si on tient compte de l'inflation, le salaire d'une majorité de travailleurs a stagné ou baissé depuis plus de trois décennies, alors que le salaire nominal de millions d'entre eux chute. Entre-temps, le fardeau de la dette et des intérêts à payer porté par les familles ouvrières — pour des voitures, des cartes de crédit, des meubles, des maisons, des études universitaires, des factures médicales — est à la fois plus lourd et plus pénible que jamais.

Au nom de libérer les « forces du marché » pour sauver la planète, des secteurs croissants du capital financier se font concurrence pour accroître leurs profits aux dépens de leurs rivaux, à l'intérieur du pays comme à l'étranger. Les économistes exaltés de la bourgeoisie se plaisent à appeler ce processus « destruction créatrice, » mais le résultat en est beaucoup moins créateur que destructeur pour les travailleurs (mais pas pour le revenu des « économistes »).

IL Y A UN ÉCHANGE mondial croissant — et lucratif — de « crédits carbone », d'« opérations à terme carbone, » de « swaps carbone », de « produits dérivés climatiques » et d'autres formes de capital fictif « vert ». On estime que le marché mondial en expansion rapide des seuls crédits carbone a dépassé les 40 milliards de dollars en 2007, quatre fois sa valeur d'à peine deux ans plus tôt[22]. Des mécanismes de « quotas-troc » sont au coeur de l'imposture du Protocole de Kyoto des Nations unies sur les

22. La compagnie basée en Ohio American Electric Power Co. (AEP) — qui brûle plus de charbon et émet plus de $CO_2$ que n'importe quelle autre entreprise aux États-Unis — a trouvé une façon économique d'« obtenir » ses « crédits carbone. » Au lieu d'investir dans de nouvelles technologies pour les centrales au charbon, l'AEP paie une fraction de ce prix pour placer des bâches de plastique sur les bassins de fumier de vache en décomposition aux États-Unis ! Le fumier qui se décompose produit du méthane, un gaz à effet de serre. Le méthane est ensuite brûlé, émettant du gaz carbonique moins nocif. Les propriétaires de cette entreprise de service public géante s'attendant à obtenir des crédits pour environ 0,6 million des *145 millions de tonnes métriques* de $CO_2$ que leurs centrales émettent chaque année. « Dans les nouvelles maths du marché carbone, écrit le *Wall Street Journal,* cette réduction d'émissions se traduira par une liasse de billets. » Préparez-vous à la prochaine combine logique des « crédits carbone » : les pets bovins à terme !

changements climatiques. Ses défenseurs reconnaissent eux-mêmes que même si on appliquait cet accord dans son intégralité au cours du prochain siècle, il ne reporterait que de quelques années le réchauffement de la planète qu'ils projettent. En réalité, aussi bien ses signataires impérialistes d'Europe et du Japon que ses boycotteurs impérialistes des États-Unis, de l'Australie et depuis 2007 du Canada violent le traité. En 2006 par exemple, des articles ont révélé que les quotas des émissions de la plupart des États de l'Union européenne avaient été établis à des niveaux tellement élevés que les capitalistes de ces pays faisaient de juteux bénéfices en vendant leur « excédent » de crédits carbone sur les marchés de capitaux internationaux.

LE CAPITAL RAMASSE même le fric à la pelle quand des entreprises vendent des « compensations carbone » à des « consommateurs » qui culpabilisent, soi-disant pour effacer dollar pour dollar leurs « empreintes » d'essence, de fuel domestique et d'électricité : des confesseurs commerciaux qui offrent des indulgences modernes aux propriétaires de 4x4 et aux grands voyageurs de la petite bourgeoisie !

Pendant ce temps, le capital financier continue d'empocher des surprofits de la vente de charbon, de pétrole et de gaz naturel, tout en ouvrant de nouveaux marchés « verts » lucratifs d'énergie éolienne, d'énergie solaire, de séquestration de carbone, de véhicules « hybrides », de « charbon propre » et — encore une fois de plus en plus — d'uranium et d'énergie nucléaire. General Electric, ConocoPhillips, Alstom, Duke Energy, General Motors, Exelon, Alcan, PepsiCo, Archer Daniels Midland, British Petroleum, DuPont, PNM Resources, Royal Dutch

Shell, PG&E, Dow Chemical, Siemens, Caterpillar, Rio Tinto Mining — il ne s'agit là que de quelques-uns des coureurs de tête dans la course aux profits à partir d'initiatives « vertes [23] ». Parmi les victimes de la « course à la productivité » des capitalistes pour s'emparer d'une part croissante des prix élevés du carburant on compte les travailleurs tués, blessés et rendus malades dans les mines, les usines et les autres lieux de travail non seulement aux États-Unis mais dans *chaque* pays du monde excepté Cuba.

L'éthanol n'est pas une solution non plus. (Sans mentionner le fait que ni sa combustion ni sa production ne contribuent de manière significative à réduire les gaz à effet de serre.) Le président cubain Fidel Castro a tout a fait raison de condamner le détournement du maïs et d'autres cultures vivrières vers la production de carburant, en en soulignant les conséquences destructives pour les travailleurs à travers le monde. Mais aussi longtemps que le capital financier dominera les marchés mondiaux, ce que les agriculteurs sèment et récoltent sera déterminé par les produits qui obtiennent les prix les plus élevés et génèrent les profits les plus importants. Ainsi qu'ils l'on fait dans l'histoire du capitalisme, un phénomène maintes fois amplifié dans les pays opprimés, les agriculteurs riches et le capital international consacrent des superficies croissantes aux « cultures d'exportation » ou

23. Avant sa fermeture en 2001, Enron était un des principaux champions du Protocole de Kyoto. Dans une note de service interne, l'entreprise a écrit que le protocole « contribuerait davantage à la promotion des affaires d'Enron que pratiquement toute autre initiative régulatrice. » Lorsque l'Agence de protection de l'environnement (EPA) du gouvernement fédéral a établi en 1998 son Prix de protection du climat annuel, Enron en a été l'un des 19 premiers récipiendaires.

aux « cultures marchandes » lucratives aux dépens de la production de la nourriture et des fibres dont les travailleurs ont besoin — et aux dépens de la fertilité du sol ; de la qualité de l'air et de l'eau ; de la production et de la transformation hygiéniques d'une nourriture nutritive ; et de la santé et des conditions de sécurité du travail agricole.

Aux États-Unis, à mesure qu'un pourcentage croissant de la culture de maïs est consacré à la production d'éthanol (de 11 pour cent en 2004 à un tiers en 2007, estime-t-on, et ce n'est pas fini), le prix du maïs a triplé au cours des deux dernières années, passant d'environ 2 $ le boisseau (son prix moyen pendant plusieurs décennies) à plus de 6 $ le boisseau au début de 2008. Ainsi que nous l'avons déjà noté, les propriétaires de monopoles géants de « l'agro-alimentaire » comme Archer Daniels Midland et Cargill exploitent cette situation pour augmenter le prix des céréales et remplir leurs coffres. Puis, de manière mensongère, ils attribuent aux agriculteurs la responsabilité de cette brusque augmentation des prix des aliments. Mais le prix du maïs ne fera pas que simplement monter encore et encore et encore. Avec l'augmentation des superficies consacrées à la culture du maïs aux États-Unis et ailleurs, viendra un moment où la folie du marché éclatera et où les prix chuteront, ce qui poussera à la ruine plusieurs milliers de petits agriculteurs de plus aux États-Unis, au Mexique et à travers le monde.

Sous la bannière de la protection de l'environnement et de la réduction des gaz à effet de serre, les tenants bourgeois de « l'agriculture biologique » soutiennent que les engrais à l'azote sont produits à l'aide de gaz naturel, un combustible fossile, et ne devraient donc pas être utilisés. Mais la crise pour l'humanité dans une grande partie de la planète, surtout en Afrique subsaharienne, c'est l'épuisement des sols et le déclin du rendement des récoltes à cause du *manque* d'engrais à l'azote, au potassium et au phosphore. En Afrique au sud du désert du Sahel, où les agriculteurs appauvris ne peuvent se payer des intrants coûteux, l'utilisation d'engrais représente moins que 10 pour cent de la moyenne mondiale et environ 75 pour cent des sols agricoles sont sévèrement dégradés et manquent de nutriments essentiels pour la production de cultures. Le rendement moyen des céréales représente un tiers de la moyenne mondiale[24]. Du point de vue de l'absorption du $CO_2$, vaut-il la peine de noter, les coupes rases effectuées par des agriculteurs désespérés à la recherche de combustibles et de sols plus riches à exploiter ne font qu'ajouter à la destruction massive des forêts du monde, portée à des niveaux inédits, par Weyerhaeuser, International Paper et d'autres trusts forestiers géants — de l'Amérique du Nord à l'Europe, à la Chine et ailleurs.

24. Les agriculteurs du Malawi en Afrique australe ont presque triplé leur production de maïs en 2006 et 2007 après que le gouvernement de ce pays ait rejeté les pressions exercées depuis longtemps par les gouvernements U.S. et britannique et par la Banque mondiale pour éliminer les subventions permettant d'acheter des engrais à l'azote et des semences à haut rendement. À la suite de la restauration des subventions (les paysans ont eu le droit d'acheter deux sacs d'engrais et trois kilos de semences), la récolte est passée de 1,2 millions de tonnes métriques en 2005 à 3,4 millions en 2007 — ce qui a permis non seulement de réduire la faim au Malawi mais d'en exporter des centaines de milliers de tonnes et de répondre ainsi aux besoins alimentaires d'autres pays africains.

Les communistes rejettent l'imposture qui présente comme un « fait » l'idée que les engrais, pesticides et herbicides chimiques ou les céréales et autres cultures génétiquement modifiées vont, en soi, à l'encontre du bien-être humain et du progrès social. De telles affirmations ne s'appuient pas sur des preuves scientifiques mais sur l'idéologie et les préjugés bourgeois des réformateurs petits-bourgeois libéraux et radicaux. Pour citer les paroles de Marx, les révolutionnaires prolétariens ne font pas partie de ceux qui « gémissent » ou « veulent se débarrasser des artifices modernes afin de se débarrasser des conflits modernes. »

Nous ne cédons pas non plus au vent de panique écologique semé par les « environnementalistes » bourgeois ou par les organisations staliniennes, sociales-démocrates et centristes dans le mouvement ouvrier qui s'adaptent à la démagogie des politiciens capitalistes libéraux dans lesquels ils mettent leurs espoirs : « La calotte glacière disparaît ! Le Gulf Stream va s'arrêter et l'Europe va geler ! La hausse du niveau de la mer va déplacer des milliards de personnes ! Il y aura une extinction massive de la faune et de la flore ! »

Il est important de rappeler que dans les années 1960, de larges courants d'opinion dans la bourgeoisie et parmi ses serviteurs dans l'establishment « scientifique » ont ajouté foi aux appels alarmiste de ces mêmes cercles voulant que la famine réduise les États-Unis à 23 millions de personnes au millénaire — en l'an 2000 ! — et qu'il y ait de fortes chances que « l'Angleterre n'existe plus en l'an 2000[25]. » Et dans les années 1970, dans son rapport *Halte*

25. Paul Ehrlich, « Eco-Catastrophe », *Ramparts*, septembre 1969 ; Julian Simon, *The Ultimate Resource* [La dernière ressource], Princeton, Princeton University Press, 1981, p. 27.

*à la croissance ?*, l'influent et bourgeois Club de Rome a utilisé des « modèles informatiques » pour mettre en garde que la planète serait à court de mercure en 1985, de zinc en 1990, et de cuivre, de plomb et de gaz naturel en 1993 si les tendances à la consommation se maintenaient. Oubliez le millénaire !

### « Vert » n'est pas une alternative à un programme ouvrier révolutionnaire

Depuis la montée de l'ordre capitaliste mondial, l'humanité a fait face — et continue de plus en plus à faire face — à des questions de vie ou de mort pour endiguer la destruction accélérée du travail et de la nature par le capital et ses effets sur des centaines de millions de travailleurs et d'agriculteurs. Les enjeux pour le peuple travailleur du monde sont énormes. L'existence d'arsenaux massifs d'armes conventionnelles et stratégiques et la prolifération inévitable des armes nucléaires à une échelle complètement nouvelle depuis l'incinération odieuse des populations d'Hiroshima et de Nagasaki par Washington en 1945 constituent des menaces graves et croissantes à la vie sur la planète.

Mais la politique « vert et rouge, » ainsi que certains courants petits-bourgeois dans le mouvement ouvrier décrivent aujourd'hui leur programme et leurs activités, n'est pas un cours prolétarien. Comme la politique de la « paix » et le « pacifisme », la politique « verte » et l'« environnementalisme » sont des manifestations de la politique *bourgeoise.* Ils conduisent à la collaboration de classe. Ils éloignent de la lutte pour l'action politique ouvrière indépendante et pour la conquête du pouvoir par les travailleurs et les agriculteurs — la seule voie qui mène à la paix et à la défense efficace du travail et du sol, de l'eau et de l'atmosphère de la terre. Les seuls gains concrets que les travailleurs peuvent remporter et remporteront le seront comme des sous-produits de cette voie de lutte révolutionnaire.

Les campagnes hystériques bourgeoises — le « catastrophisme » — sont à la fois endémiques et nécessaires au maintien des relations sociales capitalistes, encore plus quand les crises économiques et sociales augmentent. Étant donné que les dirigeants capitalistes ne peuvent offrir d'explications scientifiques ni de solutions durables aux horreurs et aux brutalités que leur système engendre, ils alimentent des explications suprarationnelles et surnaturelles de façon à faire croire aux travailleurs que ces phénomènes sociaux dévastateurs sont inexplicables. Les familles possédantes au pouvoir essaient de nous empêcher de prendre conscience de la véritable source de ces menaces à la civilisation : le mode de production capitaliste, l'ordre impérialiste mondial et l'énorme richesse et pouvoir que les dirigeants extorquent de la nature et des producteurs exploités. Ils visent à intimider et paralyser les travailleurs et les couches angoissées des classes moyennes. Ils le font pour mieux justifier les « sacrifices » inéquitables dont ont besoin les employeurs pour accroître leur accumulation de capitaux et stimuler leurs taux de profits. Pour mieux attiser un sentiment nationaliste d'appui aux guerres commerciales, à la transformation des minorités raciales et nationales en boucs émissaires, au fanatisme anti-immigrés et pro-« anglais seulement » et, un jour, aux pogromes sanglants. Pour mieux promouvoir un soutien patriotique à la militarisation croissante, aux tendances vers le bonapartisme et aux guerres impérialistes sanglantes.

Par ces efforts, les dirigeants visent à encourager la peur et la passivité. Ils visent à encourager les sentiments d'isolement et de dépendance. Ils cherchent à miner notre compréhension de faire partie d'une classe puissante à travers le monde et à saper la force et la solidarité qui découlent de notre confiance de valoir quelque chose. De tels appréhensions et sentiments de panique sont enracinés dans les mêmes exactes relations sociales qui fournissent un terrain fertile à la démagogie du « complot » utilisée par les staliniens, sociaux-démocrates et autres radicaux petits-bourgeois pour masquer les résultats désastreux de leur propre misleadership contre-révolutionnaire de la classe ouvrière et des opprimés et en détourner notre attention. Le spectre des « complots » par les nazis, des « complots » par le mikado, des « complots » par les Juifs, des « complots » par les trotskystes, des « complots » par la CIA a été associé de manière répétée aux calomnies, aux coups montés, aux amalgames et à l'assassinat de révolutionnaires pour justifier bien des faits gênants. Voilà la véritable paternité des « brigades de la vérité du 11 septembre » et des autres mordus du complot aujourd'hui, peu importe à quel point certains des rejetons peuvent ne pas être conscients de ces liens de parenté. Et leurs rangs chevauchent et convergent avec ceux des catastrophistes tonitruants de la fin du monde écologique ainsi qu'avec ceux des droitiers « anti-guerre » libertaires et nationalistes.

La désorientation et la démoralisation politiques n'ont pas été le seul prix que les travailleurs ont dû payer pour des exagérations folles, des demi-vérités et de purs mensonges présentés comme de la « science ». Au début des années 1970 par exemple, on a réussi à faire interdire aux États-Unis et dans d'autres pays impérialistes l'utilisation du DDT comme un pesticide agricole ; ce dernier avait tué de nombreux oiseaux. Cette campagne réussie a été pervertie et déformée par des environnementalistes bourgeois et petits-bourgeois qui en ont fait une croisade internationale pour interdire l'utilisation du DDT, même pulvérisé en petites quantités à l'intérieur des habitations pour tuer les moustiques qui répandent la malaria. Environ un million de personnes meurent de la malaria chaque année, dont 80 pour cent sont des enfants (trois enfants toutes les deux minutes). Il a aussi récemment été démontré que la maladie augmente la virulence du virus VIH chez ceux qui sont atteints du sida en Afrique et ailleurs. Pourtant, résultat de décennies d'alarmisme, ce n'est qu'à la fin de 2006 — après 35 ans et un nombre incalculable de victimes — que l'Organisation mondiale de la santé des Nations unies a finalement retiré l'interdiction totale du DDT, reconnaissant tardivement que ce dernier est l'insecticide le plus efficace contre la malaria lorsqu'on l'utilise à l'intérieur des habitations (d'ici à ce qu'on développe et démontre l'efficacité de moyens d'éradiquer la maladie qui soient aussi efficaces et plus sûrs pour l'environnement). Depuis par exemple qu'on a recommencé à utiliser le DDT en Afrique du Sud après une interdiction de quatre ans, l'incidence de la malaria a chuté de 80 pour cent — 80 pour cent !

La dégradation simultanée par le capital des moyens de production en moyens de destruction n'est pas le produit de la technologie, des produits chimiques synthétiques ou de la bio-ingénierie. C'est le produit de la campagne des classes exploiteuses et de leurs armées, flics et tribunaux pour défendre, étendre et accroître l'accumulation de capital et la reproduction des relations sociales capitalistes pour maintenir leur propre domination de classe. Ce n'est qu'en *résolvant* le « conflit moderne » entre le capital et le travail — qu'en dirigeant les travailleurs vers la conquête du pouvoir et l'établissement de gouvernements des travailleurs et des agriculteurs — que sera libéré le potentiel créateur et productif de la transformation de la nature par l'humanité, ce qui nous permettra de maîtriser les dangers inévitables qu'implique une telle transformation.

## Que faire ?

Les communistes comprennent que toute politique, y compris la politique ouvrière, s'effectue dans le temps historique : en mois, années, décennies et siècles. Pas en dizaines de milliers ou de millions d'années du temps géologique, au cours desquelles la nature fluctue selon des schémas qui dépassent l'emprise humaine.

Une bonne partie de l'hémisphère nord n'était pas vivable pour les être humains jusqu'à la retraite des glaciers il y a seulement 11 500 ans. Il y a moins d'un millénaire, plusieurs milliers de colons scandinaves cultivaient la terre et élevaient du bétail au Groenland, jusqu'à ce que leurs campements soient lentement rendus inhabitables par l'avancée des glaciers et des températures glaciales avec le début de ce qu'on appelle souvent la « petite période glaciaire » de 1300 au milieu des années 1800. Depuis, la tendance a été celle d'un réchauffement de l'hémisphère nord, une tendance qui se poursuit aujourd'hui.

Les facteurs naturels — géologiques, solaires et autres — responsables du changement climatique à long terme comprennent, entre autres, l'orbite, l'inclinaison et l'oscillation de la terre, les variations de la radiation solaire, les mouvements tectoniques et l'activité volcanique. Ces facteurs vont poursuivre leur cours indépendamment de l'intervention humaine. Dans le cours du temps géologique, les glaciers vont avancer et se retirer à nouveau, encore et encore. Ce qui doit être une préoccupation pressante pour le mouvement ouvrier, ce sont ces facteurs politiques et sociaux que la planification consciente et l'activité humaine *peuvent* affecter et affectent *réellement*, y compris les préparatifs visant à minimiser les conséquences humaines des catastrophes naturelles. *Que faire ?*

Malgré les efforts de la classe des employeurs et du gouvernement, ainsi que des partis de la bourgeoisie (auxquels la bureaucratie syndicale s'accroche) pour nous persuader du contraire, la sécurité au travail et la protection des consommateurs et de l'environnement sont inextricablement liées l'une à l'autre. La lutte dans les mines, les usines, les champs et les autres lieux de travail pour protéger la vie et la santé de la classe ouvrière et de la population en général constitue le germe de luttes pour le contrôle ouvrier sur l'industrie et pour l'action politique ouvrière indépendante. C'est le germe d'avancées dans la solidarité syndicale ouvrant la voie vers un gouvernement des travailleurs et des agriculteurs et vers un bond substantiel dans la solidarité humaine.

Les patrons essaient de nous convaincre que nous ne devrions pas soutenir une réglementation et une application rigoureuses de mesures protectrices pour les consommateurs et l'environnement parce que celles-ci réduisent la « compétitivité » de « nos » industries et de « nos » entreprises et font perdre des emplois aux travailleurs. Les personnalités bourgeoises et les professionnels qui dirigent les associations de consommateurs et les groupes environnementaux établis renforcent le préjugé voulant qu'il s'agit là de questions « petites-bourgeoises » en accusant la classe ouvrière d'être responsable d'une grande partie des abus — autant ce que nous faisons au travail que ce que nous achetons à la station d'essence ou à la caisse du supermarché. Mais la politique bourgeoise du « pas dans mon jardin » canalise les déchets de la

AP / WIDE WORLD PHOTOS

TAMAR ROSENFELD / THE MILITANT

« **La sécurité au travail et la protection des consommateurs et de l'environnement sont inextricablement liées l'une à l'autre. La lutte dans les mines, les usines et les champs pour protéger la vie et la santé des classes travailleuses et de la population constitue le germe de luttes pour le contrôle ouvrier sur l'industrie.** »

**HAUT.** New York, avril 2008. Messe à la cathédrale St. Patrick à la mémoire de 26 travailleurs du bâtiment tués dans des accidents. Le nombre de morts dans les trois premiers mois de 2008 dépasse le total de l'année 2007. **BAS.** Les mineurs en grève de la mine de charbon Co-Op, à Huntington en Utah, retournent au travail après que l'entreprise ait été contrainte de les reprendre. La grève et la campagne de syndicalisation ont commencé en réponse au licenciement d'un travailleur qui avait agi pour faire respecter les règles de sécurité dans la mine.

IFAD

STEVE MORGAN / ALAMY IMAGES

**« Les idéologues bourgeois de « l'agriculture biologique » s'opposent à l'utilisation des engrais à l'azote parce que ceux-ci nuiraient à l'environnement. Mais la crise en Afrique subsaharienne, où le rendement moyen des récoltes représente un tiers de la moyenne mondiale, découle du fait que les agriculteurs n'ont pas les moyens d'acheter d'engrais à l'azote, au potassium et au phosphore pour contrer l'épuisement des sols. »**

**HAUT.** Des femmes ramassent du bois comme combustible dans le nord-ouest de la Somalie, où les relations de classe et l'héritage du colonialisme accélèrent la déforestation et l'érosion du sol. **BAS.** Une paysanne du Malawi porte des sacs d'engrais et de semences. Rejetant les pressions de la Banque mondiale et des gouvernements impérialistes pour éliminer les subventions agricoles, le gouvernement du Malawi met deux sacs d'engrais et trois kilos de semences à la disposition de chaque producteur agricole. Les agriculteurs y ont triplé leur production de maïs en 2006 et 2007.

production industrielle et agricole dans les cieux, les ruisseaux, les rivières et les sols où vivent les travailleurs, les agriculteurs, les Noirs, les immigrés et les autres couches exploitées et opprimées de la population productive.

Notre lutte pour la sécurité au travail est inséparable des luttes sociales et politiques menées par les travailleurs d'avant-garde et le mouvement syndical pour combattre la contamination par les exploiteurs de la nourriture que nous mangeons ; la façon dangereuse de fabriquer les biens de consommation dont nous avons besoin et leur mauvaise qualité ; et la souillure de la terre, des eaux et du ciel. En nous organisant pour imposer le contrôle ouvrier sur les industries où nous créons la richesse que nous exproprient les familles capitalistes dominantes, nous pouvons lutter non seulement pour que nos syndicats exercent un droit de veto sur la sécurité, la santé et les cadences au travail. Nous pouvons exiger en même temps que les employeurs ouvrent leurs livres de compte pour permettre aux travailleurs de lever le voile des « secrets commerciaux » derrière lequel le capital masque les énormes profits qu'il réalise et les atrocités qu'il commet contre le travail et la nature.

« [S]i nous traduisons tout ce qui est communément perçu comme des problèmes environnementaux par la question de comment faire avancer la protection de la classe ouvrière et comment la classe ouvrière peut étendre à tous cette protection, » pour reprendre le conseil déjà cité, « nous pouvons alors difficilement faire fausse route[26]. »

Le prolétariat est une classe internationale. Nos alliés opprimés et exploités embrassent tous les continents. La

---

26. Jack Barnes, *Le désordre mondial du capitalisme*, Pathfinder, 2001, p 336.

protection de la classe ouvrière et son extension à tous commence donc avec le monde. Non seulement l'écart entre l'espérance de vie des pays impérialistes et celui du reste du monde a-t-il largement cessé de se réduire depuis 1990, mais il est devenu un gouffre pour plusieurs des pays les plus pauvres, en particulier en Afrique sub-saharienne.

Le fonctionnement du système capitaliste à travers le monde prive des milliards d'individus de leurs besoins humains les plus élémentaires : le manque de vaccination se traduit par la mort de jusqu'à trois millions d'enfants chaque année ; 40 pour cent de la population du globe subsiste avec moins de 2 $ par jour ; le même pourcentage n'a aucun accès à des installations sanitaires modernes et plus de 15 pour cent n'a pas de source d'eau potable ; selon les chiffres « officiels » des Nations unies, près d'un milliard de personnes souffrent de malnutrition. Au moins un tiers de l'humanité n'a aucun accès à des substances nutritives aussi fondamentales (et peu coûteuses) que le sel iodé, vital pour le développement mental des enfants. Un état aussi simple à prévenir et à soigner que la diarrhée demeure l'une des deux principales causes de mortalité chez les enfants à travers le monde et tue plusieurs millions de personnes de tous les âges chaque année. Pendant ce temps, l'administration Bush se vante des milliards que dépense Washington pour les programmes mondiaux contre le sida et de nombreux démocrates en réclament encore plus pour la galerie. Mais la Maison-Blanche et le Congrès sous le contrôle des deux partis impérialistes gonflent les profits des compagnies pharmaceutiques géantes en exigeant qu'aucun financement n'aille à l'achat de médicaments génériques contre le VIH.

Ce sont là quelques-unes des raisons pourquoi, dans nos campagnes et notre propagande régulière, le Parti socialiste des travailleurs exige : Éliminez tous les droits de douanes sur les produits entrant aux États-Unis. Annulez la dette extérieure des pays semi-coloniaux. Soutenez les efforts des pays opprimés par l'impérialisme pour acquérir et développer les sources d'énergie nécessaires pour accroître leur électrification — une condition nécessaire à tout progrès économique et social. Opposons-nous à la campagne de Washington et de ses alliés impérialistes pour empêcher ces pays de développer le nucléaire et les autres sources d'énergie nécessaires pour sortir de l'obscurité une grande partie de l'humanité.

COMME NOUS L'EXPLIQUONS dans « Notre politique commence avec le monde » : « Compte tenu des besoins énergétiques non satisfaits de milliards de personnes à travers le globe, en particulier dans les pays semi-coloniaux ; de la hausse des coûts d'extraction et de raffinage des ressources mondiales de pétrole, de l'accumulation et de l'accélération des dommages à l'atmosphère terrestre causés par la combustion du pétrole, du charbon et d'autres combustibles fossiles — les réacteurs nucléaires *seront* utilisés pour produire un pourcentage croissant de l'énergie électrique mondiale au vingt et unième siècle. Cela est certain et nécessaire. »

En même temps, souligne le rapport au congrès : « Depuis le milieu des années 70, le Parti socialiste des travailleurs s'est opposé à la production et à l'utilisation de l'énergie nucléaire aux États-Unis. Nous avons défendu cette position parce que les propriétaires de capital et leur gouvernement sont incapables, en raison des lois qui régissent leur système, de faire passer les êtres humains avant les profits pour résoudre les questions que soulève le fonctionnement des centrales nucléaires : la conception et le fonctionnement du coeur des réacteurs nucléaires pour en empêcher la fusion ; la fabrication et l'abondance d'enveloppes de confinement fiables ; et l'élimination des produits radioactifs et des autres déchets toxiques. »

Jack Barnes explique : « La concurrence des capitaux, le besoin de maximiser les profits, encourage l'innovation technologique sous le capitalisme et continuera à le faire aussi longtemps que ce système social existera. » Mais « ces mêmes lois d'accumulation du capital poussent la classe des employeurs à subordonner (et souvent supprimer) les développements scientifiques et techniques qui pourraient profiter à leurs concurrents — et aux producteurs — de façon à maximiser leurs profits individuels. Ce faisant, les capitalistes font preuve d'un mépris sans borne à l'égard de la santé et de la sécurité des travailleurs et à l'égard de l'ensemble de la population. Et ils se moquent complètement des conséquences à court et à long terme pour l'environnement naturel. »

Pour cette raison, poursuit le rapport, la question politique pressante à laquelle font face la classe ouvrière et nos alliés laborieux est : « pendant combien de temps encore la conception et la construction d'enveloppes de confinement, la surveillance du fonctionnement des réacteurs et l'élimination des déchets atomiques — avec toutes leurs conséquences pour la santé et la sécurité publiques — resteront-elles la responsabilité de gouvernements au service des familles impérialistes dominantes et d'autres exploiteurs capitalistes ? Combien de temps faudra-t-il encore avant que ces questions fondamentales — y compris la transition finale de l'énergie nucléaire vers d'autres sources d'énergie, moins dangereuses et qui ne sont pas encore développées — soient prises en charge par des gouvernements de travailleurs et d'agriculteurs agissant dans les intérêts de la vaste majorité de l'humanité ? Les enjeux dans la résolution de cette question — qui se décidera dans des batailles de classe historiques — ne pourraient être plus clairs[27]. »

DANS LE CADRE de notre programme et de notre stratégie plus larges, les travailleurs communistes mettent de l'avant pour défendre la population laborieuse des revendications immédiates à l'adresse du gouvernement capitaliste et du grand capital. Celles-ci comprennent des revendications qui visent en particulier la défense combinée de la terre et du travail :

- La classe ouvrière doit rompre avec les partis jumeaux du capital — les démocrates et les républicains — et construire un parti du travail basé sur un mouvement syndical combatif, un parti ouvrier qui parle et *agit* dans les intérêts du peuple travailleur ici et à l'étranger. Étant donné l'évolution de l'ordre capitaliste mondial en ce début du vingt et unième siècle, le mouvement ouvrier doit plus que jamais agir en partant du conseil prodigué par Marx il y a presque 150 ans selon lequel il faut nous engager dans « une *action politique générale* [parce] que, dans la lutte purement économique, le capital est le plus fort[28]. » C'est dans l'arène politique que les travailleurs du monde entier doivent engager et gagner la bataille sur chaque question économique et sociale fondamentale à laquelle ils font face.

27. Jack Barnes, « Notre politique commence avec le monde, » *Nouvelle Internationale*, n° 8, p. 38 et 40.

28. Karl Marx, « Salaire, prix et profit, » K. Marx et F. Engels, *Oeuvres choisies*, vol. 2, p. 73.

• Soutenez les luttes des travailleurs pour former des syndicats et utiliser et étendre la puissance syndicale pour nous défendre et défendre d'autres travailleurs contre les attaques des patrons. Nous avons besoin d'être solidaires et forts, pas isolés et vulnérables.

• Exercez le contrôle ouvrier dans les usines, les mines et les autres lieux de travail pour faire respecter les mesures de santé et de sécurité et pour arrêter la production de pollution et de marchandises de mauvaise qualité et dangereuses destinées à la vente au public.

• Nationalisez les monopoles pétroliers géants, les autres entreprises d'énergie et les entreprises de service public. Rendez toutes leurs transactions transparentes et placez-les sous le contrôle des travailleurs. C'est la seule façon de faire appliquer les mesures de sécurité au travail et de contrôler tous les processus techniques, de façon à fournir à bon marché électricité, chauffage et climatisation aux travailleurs et à cesser d'empoisonner l'air, l'eau et le sol.

• Faites respecter les mesures de contrôle des émissions de $CO_2$ et des autres gaz à effets de serre par l'industrie et par l'agro-alimentaire. Washington doit mettre en oeuvre de telles mesures de contrôle, indépendamment de ce que peuvent faire les autres gouvernements ailleurs dans le monde. De la même façon que, depuis ses origines, le mouvement ouvrier révolutionnaire s'est opposé à chacune des tentatives du capital à la ville et à la campagne soit de clôturer et monopoliser les terres communales pour son profit privé, soit d'y déposer des déchets toxiques sans frais et sans égard aux conséquences, nous condamnons le rejet dans l'atmosphère — notre propriété commune — des gaz à effet de serre et des autres polluants.

• Le gouvernement fédéral doit garantir leurs coûts de production aux petits agriculteurs. Ceci comprend l'accès à un crédit abordable et financé par le gouvernement. Arrêtez les saisies de fermes. Il faut garantir aux agriculteurs l'utilisation de la terre qu'ils louent ou dont ils ont le titre de propriété, sans crainte d'expulsion.

• Pas de réductions dans les allocations de retraite actuelles ou futures de la Sécurité sociale, les programmes de Medicaid, les indemnités aux travailleurs accidentés ou le revenu des travailleurs handicapés. Annulez l'augmentation de l'âge de la retraite. N'imposez aucune restriction ou pénalité aux retraités qui désirent travailler.

• Fournissez à la classe ouvrière des soins de santé et des pensions de retraite universels et garantis par le gouvernement pendant la durée de vie de chacun de ses membres.

• Pour une indexation intégrale au coût de la vie des salaires des travailleurs et de l'ensemble des allocations médicales, sociales et de retraite, de façon à les protéger contre les ravages de l'inflation crée par le capital financier. Les syndicats doivent initier des comités permettant aux travailleurs dans les villes grandes et petites et aux agriculteurs sur les fermes de déterminer le véritable taux d'inflation dans leur région. C'est la seule façon de mettre fin à la manipulation par le gouvernement des statistiques « officielles » sur les prix, faite dans le but de sous-estimer de manière grossière, si ce n'est d'exclure complètement, le coût croissant de la nourriture, du combustible, des soins médicaux, de l'éducation supérieure, des taux d'intérêt sur les dettes et des autres produits de première nécessité qui constituent de loin la plus grande partie des dépenses familiales de chaque travailleur et petit agriculteur.

• Pour répondre à la hausse du chômage, réduisez la semaine de travail sans réduction de salaire de façon à partager le travail disponible. Pour un programme massif de travaux publics financés par le gouvernement fédéral, afin de mettre au travail des millions de personnes à un taux salarial syndical. Construisez des logements de haute qualité et des services de transport public sûrs et commodes que les travailleurs peuvent se payer, ainsi que des écoles, des crèches et garderies, des lieux de loisirs et d'autres infrastructures permettant d'améliorer les conditions de vie des travailleurs et de protéger les sources naturelles de toute richesse physique et de tout progrès social.

### La révolution cubaine : ce que permet le pouvoir ouvrier

À l'exception de Cuba révolutionnaire, il n'y a pas de pays où les travailleurs possèdent un gouvernement et une direction révolutionnaires qui nous organisent et nous mobilisent pour faire avancer nos intérêts de classe et ceux des opprimés et des exploités dans le monde. Il n'y a pas d'autre gouvernement des travailleurs et des agriculteurs ayant une direction révolutionnaire capable d'organiser les masses laborieuses pour empêcher les catastrophes *sociales* qui résultent de la course de la classe des employeurs, course alimentée par la concurrence, pour accumuler des capitaux — des catastrophes qui peuvent donc être évitées. Pas un seul qui ne soit si bureaucratisé qu'il ne peut répondre d'une manière révolutionnaire aux désastres *naturels* et à la dégradation environnementale qui s'ensuit — minimisant par des actions et une planification sociale caractérisées par une conscience de classe le nombre de morts, les destructions et les autres effets qui varient selon les classes sociales.

Quand sous la direction des bolcheviks les travailleurs et paysans de Russie ont conquis le pouvoir en octobre 1917, le nouveau gouvernement révolutionnaire dirigé par

Lénine *a tracé* un cours visant à défendre aussi bien le travail que la nature — dans la jeune république ouvrière et paysanne même et dans le cadre de ses efforts internationalistes pour faire avancer les luttes révolutionnaires pour le socialisme et la libération nationale à travers le monde. Parmi ses premiers décrets, on compte le règlement établissant le contrôle ouvrier dans « toutes les entreprises industrielles, commerciales, bancaires, agricoles et autres » dans le but de combattre le sabotage capitaliste, de maintenir la discipline dans les lieux de travail, d'accroître la productivité du travail social et d'améliorer les conditions de santé, de sécurité et de vie de la classe ouvrière et de la paysannerie [29]. La « Déclaration des droits du peuple travailleur et exploité » de janvier 1918 proclame que les lois du nouveau gouvernement sur le contrôle ouvrier ont pour but « d'assurer le pouvoir du peuple travailleur sur les exploiteurs et [de préparer] la remise complète des fabriques, usines, mines, chemins de fer et autres moyens de production et de transport en propriété à l'État ouvrier et paysans [30]. »

Au même moment, confronté à l'attaque militaire de l'impérialisme et à une guerre civile sanglante déclenchée par les propriétaires fonciers et les capitalistes défaits, le gouvernement dirigé par les bolcheviks a lancé le programme de conservation des forêts le plus ambitieux de la planète. Afin de faire progresser l'alliance ouvrière et paysanne et d'accroître la production agricole, il a établi des laboratoires génétiques et la plus grande banque de semences du monde, organisant des douzaines

---

29. Voir par exemple le « Projet de règlement sur le contrôle ouvrier » (1917), V. I. Lénine, *Oeuvres*, vol. 26, p. 272-273.

30. « Déclaration des droits du peuple travailleur et exploité, » V. I. Lénine, *Oeuvres*, vol. 26, 445.

d'expéditions scientifiques en Asie, Afrique, Amérique du Nord et du Sud et au Moyen-Orient pour y recueillir des espèces et variétés de plantes à des fins de croisement et, là où c'était possible, de culture. Il a mis sans restriction le savoir ainsi recueilli à la disposition des travailleurs, paysans et savants du monde entier.

Tous ces gains et d'autres, sur tous les fronts de la vie économique, sociale et culturelle, ont été brutalement renversés à la fin des années 1920 et au début des années 1930 quand une caste bureaucratique de plus en plus privilégiée et dont Joseph Staline était le représentant le plus important et brutal a effectué une contre-révolution politique contre le cours communiste de Lénine [31].

Une voie révolutionnaire dans la lutte pour la dictature du prolétariat a été rouverte quelque trois décennies plus tard quand, en janvier 1959, les travailleurs et les agriculteurs de Cuba sous la direction du Mouvement du 26

---

31. En 1939, le procureur en chef des tristement célèbres procès de Moscou de 1936-1938, Andreï Vychinski, a rejeté des propositions faites par les responsables de la santé publique de l'Union soviétique pour renforcer la législation contre la pollution, répondant : « Nous avons la constitution de Staline [de 1936]. Cela suffit pour assurer que notre hygiène publique et notre santé publique soient les meilleures au monde. »

Nikolaï Vavilov, qui avait organisé le projet international de banque de semences sous Lénine, a été arrêté en 1940 et condamné aux travaux forcés pour avoir dirigé l'opposition parmi les scientifiques soviétiques à la destruction de la pratique scientifique de la génétique par le régime de Staline sous l'influence du phytogénéticien Trofim Lyssenko ; Vavilov est mort en prison en 1943. En tout, quelque 80 biologistes, spécialistes agricoles et autres qui résistaient aux idées aberrantes de Lyssenko ont été arrêtés, emprisonnés, exécutés ou sont morts dans des camps de prisonniers. Des centaines d'autres ont été chassés de leurs postes de recherche ou d'enseignement en Union soviétique.

juillet et de l'Armée rebelle dirigés par Fidel Castro ont renversé la dictature de Fulgencio Batista que soutenaient les États-Unis. Ils ont porté au pouvoir un gouvernement dont la direction socialiste les a aidés à chaque étape à étendre leurs mobilisations, mettre fin à la domination impérialiste des États-Unis et faire avancer leurs propres intérêts de classe à la ville comme à la campagne. Dans les mois qui ont suivi leur victoire, ce cours révolutionnaire a compris l'organisation des masses laborieuses pour combattre la résistance des personnalités et courants bourgeois à l'intérieur même du nouveau gouvernement. Au cours des années suivantes, les révolutionnaires cubains ont exprimé leur solidarité et se sont battus à travers le monde aux côtés des travailleurs engagés dans des batailles contre l'oppression de l'impérialisme et l'exploitation des propriétaires terriens et des capitalistes.

Comme le Parti socialiste des travailleurs l'a réaffirmé en adoptant « Leur transformation et la nôtre » : de 1959 à aujourd'hui, chaque organisation qui prétend être révolutionnaire et prolétarienne « a dû réussir — et doit toujours réussir — « l'« épreuve de vérité » de la révolution cubaine […] le défi de reconnaître la place de la *direction* communiste qui existe à Cuba et d'agir à partir de cette compréhension [32]. »

LE COURS INTERNATIONALISTE prolétarien de la direction cubaine s'étend à son approche, en pratique, envers le travail et la nature. Un exemple frappant en est la façon dont le peuple cubain s'est organisé pour se préparer, résister et reconstruire face à de fréquents ouragans — subissant peu de morts et minimisant les destructions,

32. *Nouvelle Internationale*, n° 7, p. 95-96.

contrairement à des pays qui ont des richesses matérielles qualitativement plus importantes comme les États-Unis. Le gouvernement cubain a aussi mobilisé des volontaires internationalistes pour aller à l'étranger — au Pakistan, en Haïti, au Honduras, à la Grenade, en Afrique du Sud et ailleurs — pour y aider les gens à se remettre des conséquences sociales causées par le capitalisme à la suite de tremblements de terre, d'ouragans, d'inondations, d'épidémies et d'autres désastres naturels. (En 2005, Cuba a offert d'envoyer immédiatement aux États-Unis 1 500 volontaires, médecins et autres personnels médicaux formés et expérimentés en travail d'urgence pour y aider les victimes d'ouragans et d'inondations sur la côte du Golfe. Cette offre a été sommairement rejetée par Washington, la puissance responsable de la dévastation des travailleurs dans cette région.)

Ce cours révolutionnaire s'oppose radicalement non seulement à la conduite des classes dominantes impérialistes et des bourgeoisies des pays semi-coloniaux économiquement les plus développés. Il est aussi à l'opposé de celui des régimes staliniens en Union soviétique et en Europe de l'Est et centrale qui se sont effondrés à la fin des années 1980 et au début des années 1990. Ces appareils d'État et les faux partis « communistes » qui les ont gouvernés pendant des décennies étaient étrangers aux classes travailleuses à la fois dans leurs pays et à l'étranger. Ils ont mis de l'avant et défendu les intérêts de caste de couches sociales privilégiées et nationalistes. Et ils ont de plus en plus ouvert ces pays à la pénétration capitaliste.

La même chose est vraie du régime stalinien en Chine aujourd'hui, alors qu'il accélère sa course vers un capitalisme guidé par l'État dans le pays et une plus grande intégration dans le marché et l'ordre mondial impérialiste.

Quelques exemples parmi la myriade possible suffisent à démontrer le cours contre-révolutionnaire de Beijing en matière de défense du travail et de la nature :

- En 2006, selon les statistiques officielles du gouvernement chinois, 4 746 mineurs de charbon ont été tués au travail en Chine, une moyenne de 13 par jour. En 2007, 3 800 autres sont morts.
- Sept des dix villes dans le monde dont l'air est le plus pollué selon l'Organisation mondiale de la santé sont en Chine. Beijing accroît et accélère la dégradation du sol à travers la Chine ainsi que l'énorme pollution industrielle de vastes portions du fleuve Yangtze, du fleuve Jaune et d'autres voies navigables.
- Lors d'un voyage en Afrique en février 2007, où Beijing a déjà « investi » huit milliards de dollars et s'est engagé à beaucoup plus, le président chinois Hu Jintao a décidé d'annuler une visite dans la région du cuivre de la Zambie par crainte des protestations des travailleurs contre leurs bas salaires et leurs conditions de travail misérables dans les mines opérées par la Chine, dont une dans laquelle 51 mineurs ont été tués en 2005 au cours d'une seule explosion.

En contraste marqué, le gouvernement cubain et sa direction ont constamment travaillé à développer la production agricole et industrielle de manière à non seulement préserver mais aussi promouvoir la santé et la sécurité des travailleurs et des agriculteurs de Cuba et d'ailleurs dans le monde. Ils l'ont fait dans des conditions difficiles : celles de la guerre et de l'embargo économiques menés pendant près de cinquante ans par les États-Unis et celles de la période spéciale des années 1990 consécutive à l'interruption abrupte de leurs relations commerciales avec Cuba par les successeurs des régimes staliniens effondrés en Union soviétique et en Europe de l'Est. Agissant dans les intérêts des travailleurs et non pas sous les coups de fouet du profit maximum, ils accordent la priorité à éviter ou corriger des pratiques qui polluent l'air et l'eau, qui spolient les forêts, les prairies et les zones humides, qui contaminent ou dégradent les sols, ainsi que celles qui font tort à la vie et à la sécurité des humains.

Les révolutionnaires cubains se sont préparés avec succès à défendre leur propre révolution en luttant avec détermination et abnégation pour d'autres peuples partout dans le monde. « Quiconque est incapable de lutter pour les autres ne sera jamais capable de lutter pour lui-même, » a expliqué Fidel Castro à un rassemblement d'un demi-million de personnes à La Havane en décembre 1988, quelques mois après la victoire remportée dans la ville angolaise de Cuito Cuanavale par les combattants volontaires cubains et les troupes angolaises contre les forces d'invasion du régime suprématiste blanc de l'Afrique du Sud[33]. Insistant sur le droit de Cuba et sur le droit de tout pays opprimé de se procurer et de déployer les moyens nécessaires pour défendre sa souveraineté nationale, le gouvernement cubain a en même temps rejeté le développement d'armes nucléaires à Cuba. La conscience politique révolutionnaire et la préparation militaire du peuple travailleur et de la jeunesse de Cuba demeurent le rempart sur lequel ces derniers s'appuient pour retenir la main de l'impérialisme U.S.

En contraste marqué avec l'indifférence impitoyable pour le bien-être des travailleurs et pour l'environnement manifesté par Beijing alors qu'il rapatrie les richesses générées par les projets en expansion de la Chine

33. Fidel Castro, « Todo nos lo jugamos en Angola » [Nous avons tout misé en Angola] (1988), *Nuestra historia aún se está escribiendo*, p. 183.

**« Cuba révolutionnaire est l'exception. Aucun autre pays n'est capable d'organiser les masses laborieuses pour empêcher les catastrophes sociales. La direction révolutionnaire agit dans les intérêts des travailleurs et non pas sous les coups de fouet du profit maximum. »**

GETTY IMAGES

GRANMA

**HAUT.** Cuba, septembre 2004. Plus de 1,3 million de personnes sont évacuées en zones sûres avant l'arrivée de l'ouragan Ivan. Aucune perte de vie n'est déplorée à Cuba, alors que l'ouragan tue 57 personnes aux États-Unis et de nombreuses autres à travers les Caraïbes.

**BAS.** Des travailleurs entretiennent un jardin organoponique à La Havane en 2004. Ces fermes urbaines ont été lancées au début des années 1990 quand le peuple travailleur s'est mobilisé pour faire face à la crise alimentaire de la période spéciale. Elles demeurent essentielles à la production agricole de Cuba aujourd'hui.

BOHEMIA

« **Dans l'avenir, le droit de propriété de certains individus sur des parties du globe paraîtra tout aussi absurde que le droit de propriété d'un individu sur un autre individu.** » **Karl Marx**

La Havane, Cuba, août 1960. Des travailleurs entourent des cercueils représentant les entreprises U.S. que le gouvernement des travailleurs et des agriculteurs vient de nationaliser. Le peuple travailleur effectue les expropriations en réponse au sabotage par les propriétaires et par le gouvernement impérialiste U.S. de la réforme agraire qui a nationalisé des millions d'hectares de terre appartenant à des plantations et à des ranchs privés. Dans une célébration de masse, les travailleurs portent les cercueils dans une procession et les jettent à la mer.

en Afrique et ailleurs, les médecins, spécialistes de la santé, enseignants, ingénieurs, entraîneurs sportifs et autres techniciens volontaires cubains dans les pays semi-coloniaux à travers le monde n'imposent rien par diktat aux populations qui les accueillent et ne retirent aucun bénéfice matériel des gens à qui ils apportent leur aide. Ce qui distingue l'État ouvrier cubain de toute autre société sur la planète, ce sont par-dessus tout ses relations de propriété prolétariennes et sa direction politique révolutionnaire — pas ses techniques médicales, pédagogiques, agricoles ou d'ingénierie.

Le général cubain Armando Choy explique dans le livre *Notre histoire s'écrit toujours* ce qui rend possibles les efforts exemplaires de Cuba pour défendre la terre et le travail. Armando Choy est responsable de l'énorme projet gouvernemental visant à nettoyer la baie de La Havane et les 50 km² de son bassin affluent. De tels projets sont une priorité à Cuba, dit-il, « parce que notre système est socialiste de par son caractère et son engagement et parce que la haute direction de la révolution agit en fonction des intérêts de la majorité de l'humanité qui habite la planète terre — pas au nom d'intérêts individuels mesquins, ni même simplement des intérêts nationaux de Cuba[34]. »

❖

Il y a presque un siècle et demi, Marx a écrit dans *Le Capital*, un livre qu'il a préparé comme un manuel pour les travailleurs ayant une conscience révolutionnaire : dans l'avenir, « [d]u point de vue d'une organisation économique supérieure de la société, le droit de propriété de

34. *Nuestra historia aún se está escribiendo*, p. 149.

certains individus sur des parties du globe paraîtra tout aussi absurde que le droit de propriété d'un individu sur un autre individu. Même une société entière, une nation ou même toutes les sociétés contemporaines réunies ne sont pas propriétaires de la terre. Elles n'en sont que les possesseurs, les usufruitiers, et en bon pères de famille doivent la léguer dans un état meilleur aux générations suivantes[35]. »

Mais le travail ne peut « léguer » la terre « dans un état meilleur aux générations suivantes » aussi longtemps que les capitalistes détiennent le pouvoir d'État, possèdent et contrôlent les moyens de production, et répartissent les ressources humaines et naturelles de la société sur la base d'une rivalité acharnée pour maximiser les profits. Dans ces conditions, le *conflit* du travail avec la nature va de plus en plus, et à un certain point d'une manière catastrophique, l'emporter sur sa capacité de transformer la nature de manière symbiotique. De la même manière que le prolétariat est la seule force sociale capable d'arrêter la marche inexorable de l'impérialisme vers le fascisme et la guerre, l'intendance de la nature incombe *aussi* à la classe ouvrière.

Il a fallu une énorme guerre révolutionnaire aux États-Unis pour surmonter la résistance sanglante de la slavocratie et un mouvement social de reconstruction révolutionnaire après la guerre civile pour éradiquer le système du « droit de propriété d'un individu sur un autre individu. » Et il faudra une révolution socialiste pour renverser l'ordre social destructeur qui domine ce pays et la planète aujourd'hui — un ordre social que les familles capitalistes dirigeantes défendront en dernier ressort en utilisant les méthodes les plus brutales à leur disposition.

35. *Le Capital*, livre 3, éditions du Progrès, p. 812.

C'est ce programme et cette stratégie ouvrières révolutionnaires que le mouvement communiste met en pratique dans son travail de masse dans la lutte de classe ici et à l'étranger, et présente et développe dans des formes concrètes et changeantes dans le *Militant,* dans *Nouvelle Internationale,* dans les livres et brochures des dirigeants révolutionnaires du monde, et dans ses campagnes, son agitation et sa propagande socialistes.

Notre objectif est d'empêcher les conséquences autrement inévitables du fonctionnement international du capital — de rendre possibles, pour la première fois dans l'histoire, des relations sociales basées sur la solidarité humaine, qui servent notre interaction avec les sources naturelles de tout bien-être et de toute culture et les protègent. Quelle raison plus convaincante pour les travailleurs, les agriculteurs et les jeunes de consacrer leur vie et leur avenir à faire avancer la ligne de marche historique de la classe ouvrière internationale ? Quelle raison plus convaincante peut-on invoquer pour se joindre à la construction d'un parti prolétarien capable de diriger la classe ouvrière et ses alliés dans la réalisation d'une révolution socialiste ?

## Notre politique commence avec le monde

***Jack Barnes***

« Les marxistes, écrit Jack Barnes, partent de la capacité que les êtres humains ont démontrée au niveau historique de transformer la nature, d'élever la productivité du travail social et de rendre la civilisation et la culture plus accessibles à un nombre toujours croissant de travailleurs dans le monde. » Agissant à partir de cette perspective internationaliste prolétarienne, les travailleurs d'avant-garde s'organisent dans leurs propres pays pour construire des partis capables de diriger une lutte révolutionnaire victorieuse pour le pouvoir. *Nouvelle Internationale* n° 8 contient aussi : « L'agriculture, la science et les classes travailleuses » de Steve Clark et « Le capitalisme, le travail et la transformation de la nature : un échange » de Richard Levine, Steve Clark. 14 $ US. Aussi en anglais, espagnol et suédois.

## Le rôle du travail dans la transformation du singe en homme

***Friedrich Engels***

La domination des êtres humains sur la nature, écrit Engels dans cet article de 1876, « réside dans l'avantage que nous avons sur l'ensemble des autres créatures de connaître ses lois et de pouvoir nous en servir judicieusement. » Mais pour le faire, il « faut une révolution complète de tout notre mode de production passé, et avec lui, de tout notre régime social actuel. » 3 $ US

## Critique du programme de Gotha

***Karl Marx***

« Le travail n'est pas la source de toute richesse. La nature est tout autant la source des valeurs d'usage que le travail, qui n'est lui-même que l'expression d'une force naturelle, la force de travail de l'homme. » 5,95 $ US

# NATURE PAR LE TRAVAIL

## Le Manifeste communiste

**_Karl Marx et Friedrich Engels_**

Ce n'est que lorsque la classe ouvrière aura conquis le pouvoir des exploiteurs capitalistes que l'humanité découvrira les énormes « forces de productions [qui] sommeillaient au sein du travail social. » Le document fondateur du mouvement ouvrier moderne, publié en 1848. 5 $ US. Nouvelle édition en français, aussi en anglais et en espagnol.

## Le Capital

**_Karl Marx_**

« Le travail, écrit Karl Marx, est d'abord un processus entre l'homme et la nature. En agissant sur la nature extérieure et en la changeant par ce mouvement, l'homme change aussi sa propre nature. » Marx explique comment fonctionne le système capitaliste et comment il produit les contradictions insolubles qui alimentent la lutte de classe. Il démontre le caractère inévitable de la lutte pour la transformation révolutionnaire de la société, qui sera pour la première fois dirigée par la majorité productrice : la classe ouvrière. Livre 1, 21,95 $ US ; livre 2, 21,95 $ US ; livre 3, 21,95 $ US. Aussi en anglais et en espagnol.

## Le socialisme et l'homme à Cuba

**_Ernesto Che Guevara et Fidel Castro_**

S'appuyant sur son expérience de dirigeant central de la révolution cubaine, Che Guevara explique pourquoi la transformation révolutionnaire des relations sociales implique nécessairement la transformation des travailleurs qui organisent et dirigent ce processus. « Pour construire le communisme, il faut développer l'homme nouveau en même temps que la base matérielle. » Aussi en anglais, espagnol, farsi et suédois. 7 $ US

www.pathfinderpress.com

# La révolution cubaine et la

**Notre histoire s'écrit toujours**

L'histoire de trois généraux cubains d'origine chinoise dans la révolution cubaine

Armando Choy, Gustavo Chui et Moisés Sío Wong parlent de la place historique de l'immigration chinoise à Cuba ainsi que de plus de cinq décennies d'action révolutionnaire et d'internationalisme — à Cuba, en Angola et aujourd'hui au Venezuela. À travers leur histoire, on voit les forces sociales et politiques qui ont donné naissance à la nation cubaine et ouvert la porte à la révolution socialiste dans les Amériques. Et comment des millions d'hommes et de femmes ordinaires ont changé le cours de l'histoire et sont devenus des êtres humains différents en le faisant. 20 $ US. En anglais et en espagnol.

**Défendre Cuba, défendre la révolution socialiste à Cuba**

**Mary-Alice Waters**

Face aux plus grandes difficultés économiques dans l'histoire de la révolution, les travailleurs et les agriculteurs de Cuba ont défendu dans les années 1990 leur pouvoir politique, leur indépendance, leur souveraineté et le cours historique qu'ils ont initié au début des années 1960. Dans *Nouvelle Internationale* n° 5. 17 $ US. Aussi en anglais et en espagnol.

**De l'Escambray au Congo**

Dans le tourbillon de la révolution cubaine

**Victor Dreke**

L'auteur décrit combien il est devenu facile après la révolution cubaine d'enlever une corde séparant les noirs des blancs sur la place du village, mais aussi à quel point a été énorme la bataille pour transformer les relations sociales qui sous-tendaient toutes les « cordes » héritées du capitalisme et de la domination yankee. Commandant en second dans la colonne internationaliste dirigée par Che Guevara au Congo en 1965, Victor Dreke retrace la joie créatrice avec laquelle les travailleurs et les agriculteurs de Cuba ont défendu leur cours révolutionnaire — des montagnes de l'Escambray jusqu'en Afrique et ailleurs. 17 $ US. En anglais et en espagnol.

# politique mondiale

## Les Première et Deuxième déclarations de La Havane

**Manifestes de la lutte révolutionnaire dans les Amériques adoptés par le peuple de Cuba**

Nulle part, les questions de stratégie révolutionnaire auxquelles font face les hommes et les femmes aujourd'hui sur le front de la lutte dans les Amériques ne sont abordées avec plus de véracité et de clarté que dans ces mises en accusation sans compromis du pillage impérialiste et de l'« exploitation de l'homme par l'homme. » Deux documents adoptés par des assemblées réunissant des millions de Cubains en 1960 et 1962. 10 $ US. Aussi en anglais, arabe, espagnol et grec.

## Che Guevara : l'économie et la politique dans la transition au socialisme

**Carlos Tablada**

Puisant abondamment dans les écrits et les discours de Che Guevara sur la construction du socialisme, ce livre examine les relations entre le marché, la planification économique, les stimulants matériels et le travail volontaire. Il explique pourquoi le profit et les autres catégories capitalistes ne peuvent servir à mesurer les progrès accomplis dans la transition au socialisme. 24 $ US. Aussi en anglais et en espagnol.

## Dire la vérité

**Pourquoi la « guerre froide » de Washington contre Cuba ne cesse pas**

Dans ces discours historiques aux Nations unies et à des institutions de l'ONU, Ernesto Che Guevara et Fidel Castro expliquent aux peuples du monde pourquoi le gouvernement U.S. craint tellement l'exemple donné par la révolution socialiste à Cuba et pourquoi les efforts de Washington pour la détruire vont échouer. 17 $ US. En anglais.

# RÉTABLIR LA VÉRITÉ SUR LE FASCISME ET LA DEUXIÈME GUERRE MONDIALE

## CONSTRUIRE UNE FÉDÉRATION MONDIALE DE LA JEUNESSE DÉMOCRATIQUE QUI LUTTE CONTRE L'IMPÉRIALISME ET LA GUERRE

Daily Worker 1945

HAYMAKER
August 11, 1945

JAPAN

THE OLD ONE-TWO August 10, 1945

ATOMIC BOMB

SOVIET DECLARATION OF WAR

— Between the Lines —
The Super-Duper Week
by Joseph Starobin

Foe Warned of Bomb: Truman
Atomic Weapon Loosed After Rejection of Potsdam Terms
Daily Worker

Daily Worker, August 8, 1945
American Labor Contributed Its Share in Creating Atombomb

An Editorial August 8, 1945
ATOMIC ENERGY has been harnessed for the first time in human history, and it's not easy to express in words what we are all feeling and thinking today. This twentieth century has surely produced the most remarkable rate of change in all scientific, social, and political relations.
Today, humanity must stand back from itself for a moment and look at what this unique animal—the human being—can accomplish.

2 French Communists Pioneered in Atomic Energy

Daily Worker, August 9, 1945
Hiroshima Erased, Says Foe

Daily Worker, August 10, 1945
Atombomb Blots Out Nagasaki

LEON TROTSKY MEMORIAL ISSUE

THE MILITANT
PUBLISHED IN THE INTERESTS OF THE WORKING PEOPLE

THERE IS NO PEACE!
Only World Socialism Can Save Mankind From Atomic Destruction In Another Imperialist War
Workers Of America! You Must Take Power Into Your Own Hands!

MANIFESTO
THE ONLY VICTOR

**Il existait des points de vue nettement opposés au sein du mouvement ouvrier quant à l'anéantissement nucléaire par l'impérialisme U.S. de centaines de milliers de travailleurs japonais et coréens résidant à Hiroshima et Nagasaki en août 1945.**

**HAUT.** Journal du Parti communiste des États-Unis, le *Daily Worker* acclame la « super-semaine » des deux bombardements. **BAS.** Selon le *Militant,* ce crime de guerre a suscité des vagues de dégoût parmi les travailleurs du monde entier. Le journal appelle les travailleurs aux États-Unis à redoubler d'efforts pour construire un parti socialiste révolutionnaire.

# INTRODUCTION

LA LETTRE REPRODUITE ici a été envoyée en avril 2005 par la direction nationale des Jeunes socialistes aux États-Unis aux comités de direction organisant le seizième Festival mondial de la jeunesse et des étudiants. Cette rencontre internationale de la jeunesse anti-impérialiste a eu lieu du 7 au 15 août 2005 à Caracas au Venezuela. Elle a attiré quelque 17 000 délégués provenant de 144 pays.

Comme l'expliquent les premiers paragraphes, cette lettre a été écrite en réponse à un appel à discuter des propositions alternatives sur le programme du festival. Les Jeunes socialistes ont expliqué pourquoi ils s'opposaient à transformer le dernier jour du festival en activités commémorant le soixantième anniversaire de la fin de la deuxième guerre mondiale. Ils ont vivement conseillé qu'à la place on organise le programme de façon à maintenir l'axe du festival sur la solidarité avec la lutte anti-impérialiste du peuple vénézuélien.

Lorsque les délégués se sont rassemblés à Caracas quatre mois plus tard, c'est ce qui s'est produit. Le festival d'une semaine s'est terminé par un Tribunal anti-impérialiste de deux jours, dont la séance de clôture a attiré des milliers de participants et à laquelle le président vénézuélien Hugo Chávez a pris la parole. Au même moment, quelques centaines de festivaliers ont participé de l'autre côté de la ville à un forum intitulé « 1945-2005 : 60 ans après la victoire populaire contre le fascisme, nous poursuivons la lutte contre l'impérialisme et la guerre. »

La lettre des Jeunes socialistes présente un intérêt plus général en séparant avec clarté « le mythe de la réalité quant aux causes et à l'issue de la deuxième guerre mondiale. » Elle explique le caractère contradictoire des multiples guerres englobées dans ce qu'on appelle la « deuxième guerre mondiale » et souligne les principales leçons de la lutte de classe aux États-Unis pendant ces années. Ainsi que la lettre le décrit, il s'agissait là de questions sur lesquelles les deux plus importants courants dans le mouvement ouvrier aux États-Unis, le Parti socialiste des travailleurs et le Parti communiste, ont adopté des positions de classe diamétralement opposées. La lettre offre aux lecteurs de *Nouvelle Internationale* une introduction à l'opposition entre communisme et stalinisme dans les batailles de classe qui se déroulaient au coeur de la deuxième guerre mondiale.

La lettre des Jeunes socialistes a été préparée par Argiris Malapanis, Olympia Newton et Jacob Perasso, en collaboration avec Steve Clark, un membre du Comité national du Parti socialiste des travailleurs. Elle a été publiée pour la première fois dans l'édition du 23 mai 2005 du *Militant*, avec l'article complémentaire de Steve Clark « Un coup contre un est un coup contre tous, » aussi reproduit ici. À Caracas même, plusieurs centaines d'exemplaires d'un supplément spécial du *Militant* reproduisant la lettre des

JS en anglais, espagnol et français ont été arrachés par des festivaliers impatients de se plonger dans la véritable histoire de la lutte de classe pendant la deuxième guerre mondiale, dont on leur a trop souvent refusé l'accès.

*Mary-Alice Waters*
*Mai 2008*

# RÉTABLIR LA VÉRITÉ SUR LE FASCISME ET LA DEUXIÈME GUERRE MONDIALE

## Construire une Fédération mondiale de la jeunesse démocratique qui lutte contre l'impérialisme et la guerre

Le 9 avril 2005
New York

À LA FÉDÉRATION MONDIALE DE LA JEUNESSE DÉMOCRATIQUE ET AU COMITÉ PRÉPARATOIRE NATIONAL DU VENEZUELA POUR LE SEIZIÈME FESTIVAL INTERNATIONAL DE LA JEUNESSE ET DES ÉTUDIANTS

Camarades,

Cette lettre fait suite à la vôtre de la mi-mars adressée à tous les partenaires du mouvement des festivals et qui sollicitait nos commentaires sur les lignes directrices du programme du seizième Festival mondial de la jeunesse et des étudiants. Nous avons déjà exprimé notre ferme soutien à d'autres aspects du programme, mais voulons bien volontiers dire quelques mots sur la nouvelle proposition contenue dans votre lettre, soit celle de consacrer le 14 août — le point culminant et de ce fait le plus important des journées de conférences et de séminaires politiques — au thème : « Victoire populaire contre le fascisme : 60 ans après, nous poursuivons la lutte contre l'impérialisme et la guerre. »

À la deuxième réunion préparatoire internationale de Hanoi en février, le Comité préparatoire national (CPN) du Venezuela, qui est le comité hôte, a proposé un programme qui consacrait au Venezuela cette dernière journée de conférences du festival. Avec le soutien de plusieurs autres délégués européens, les délégués de la Jeunesse communiste du Portugal ont proposé de modifier ce programme en combinant le thème du Venezuela aux événements de clôture de la dernière journée du festival. Plusieurs des délégués qui ont pris la parole (de la Ligue des jeunes socialistes du Japon, des Jeunes socialistes de la Nouvelle-Zélande et de l'Union des jeunes communistes de Cuba) ont exprimé leurs préoccupations et indiqué qu'à leur avis la proposition du CPN du Venezuela était plus convaincante. La proposition des camarades portugais n'a pas été adoptée mais mise en délibéré pour être révisée ultérieurement.

Nous aussi sommes convaincus que les buts du festival de Caracas, qui est construit autour du slogan : « Pour la paix et la solidarité, luttons contre l'impérialisme et la guerre ! », sont mieux servis si le huitième jour demeure une occasion pour le pays hôte de donner aux délégations une idée concrète de la profonde lutte anti-impérialiste qui s'y déroule et dont la défense contre les menaces redoublées de Washington devient chaque jour plus urgente. Renommer le thème de la journée de clôture selon les lignes proposées dans la lettre du mois de mars affaiblit l'effort mondial pour unifier les plus larges couches de jeunes et d'étudiants autour des luttes très réelles auxquelles nous faisons face aujourd'hui. Le Venezuela est une cible particulière du cours d'affrontement de l'impérialisme U.S., ce qui implique des dangers supplémentaire pour les peuple de Cuba et des Amériques. Concentrer la dernière journée des conférences du festival sur le soutien à la souveraineté nationale du Venezuela face à ces menaces constituera une déclaration politique très forte faite au pays hôte et au monde de la part de toutes les délégations.

Nous espérons pour ces raisons que le programme modifié sera revu et que nous reviendrons au programme consacrant le huitième jour au Venezuela.

❖

Il est utile bien sûr de séparer le mythe de la réalité quant aux causes et à l'issue de la deuxième guerre mondiale à l'occasion du soixantième anniversaire de sa fin. Si nous ne le faisons pas, nous sommes désarmés aujourd'hui face à la campagne chauvine des puissances impérialistes pour faire avancer leurs buts politiques et militaires. De surcroît, à moins de tirer les bonnes leçons de cette histoire, nous serons condamnés à répéter les erreurs qui ont coûté si cher aux travailleurs du monde. Il y a plusieurs points politiques que nous développons dans des forums publics et d'autres réunions aux États-Unis que nous croyons centraux à cette discussion.

Les soixantièmes anniversaires de ce qu'on appelle le jour de la victoire en Europe (« Jour V-E ») et le jour de la victoire contre le Japon (« Jour V-J ») sont déjà exploités par les dirigeants des États-Unis et d'autres pays impérialistes comme l'occasion d'une orgie de propagande chauvine. D'une manière semblable à ce qu'ils ont organisé pendant et après les activités autour du cinquantième anniversaire il y a dix ans — à coups de spectacles « patriotiques », de documentaires télévisés, de films comme *Il faut sauver le soldat Ryan* et de livres comme celui modestement intitulé *The Greatest Generation* [La plus grande génération] — les dirigeants U.S. cherchent cette année à justifier leurs attaques contre l'Afghanistan et l'Iraq et à préparer de futures guerres en brandissant la chemise ensanglantée de la « victoire de la démocratie contre le fascisme » en 1945[1].

Annoncé en 2004 par le secrétaire adjoint à la Défense Paul Wolfowitz, le « Comité du soixantième anniversaire de la deuxième guerre mondiale » du gouvernement U.S. organise et parraine des activités à travers l'Amérique du Nord, l'Europe et le Pacifique dans le but de « faire découvrir ou redécouvrir à tous les Américains la signification de la deuxième guerre mondiale pour notre pays et pour le monde. » Décrivant la guerre comme « l'événement clé du vingtième siècle, » le dépliant du comité affirme que « l'héritage durable de la deuxième guerre mondiale se reflète dans les visages de ceux qui y ont fait leur service militaire, dans les alliances qui se sont formées, dans les nombreux progrès technologiques [...] — parlez-en aux populations d'Hiroshima et de Nagasaki ! — [...] et dans la montée constante des réformes démocratiques autour du monde. »

Le comité a récemment annoncé que lors du voyage que fera le président George W. Bush en Europe du 6 au 10 mai, celui-ci visitera le cimetière américain des Pays-Bas à Margraten pour « honorer le sacrifice partagé de millions d'Américains et d'Européens fait dans le but de vaincre la tyrannie et [pour] marquer la montée de la démocratie à travers le continent. » Le président Bush se rendra aussi à Moscou « afin de participer à une autre cérémonie commémorative de la deuxième guerre mondiale et y rencontrer le président Poutine. Le président

1. L'expression « brandir la chemise ensanglantée » aux États-Unis désigne un appel démagogique visant à raviver de vieilles inimitiés politiques.

conclura son voyage par une visite à Tbilissi en Géorgie pour souligner son soutien à la démocratie, à la réforme historique et à la résolution pacifique des conflits. »

Ces « commémorations » organisées par l'impérialisme falsifient l'histoire. Elles masquent les crimes commis contre les plus grandes victimes de la deuxième guerre mondiale : les travailleurs et paysans de l'Union soviétique, le peuple travailleur des pays impérialistes membres des alliances des Alliées et de l'Axe, et les paysans et les travailleurs de tout le monde colonial.

LES VAINQUEURS IMPÉRIALISTES, surtout Washington et Londres, minimisent et en même temps essaient de justifier leur décision — pour la première fois dans une guerre moderne — de pratiquer des tueries de masse systématiques de populations civiles, à la fois en Allemagne et au Japon, comme une méthode de guerre « nécessaire » et « légitime ». Les forces aériennes britanniques ont lancé des bombes incendiaires sur Hambourg et d'autres villes allemandes en 1943. Les avions U.S. et britanniques ont fait la même chose à Dresde en 1945. Au cours de ces raids, les forces alliées ont délibérément visé les habitations ouvrières, suffoquant ou incinérant plusieurs centaines de milliers de civils allemands. Les bombardements incendiaires de Tokyo, Osaka, Kobe et de dizaines d'autres villes effectués par Washington durant les premiers mois de 1945 ont tué plus de civils japonais que ceux massacrés dans les horreurs atomiques ultérieures d'Hiroshima et de Nagasaki[2].

---

2. Voir « U.S. firebombing of Tokyo in 1945 killed 100,000 » [Le bombardement incendiaire de Tokyo par les USA en 1945 a tué 100 000 personnes] dans l'édition du 28 mars 2005 du *Militant*.

(Washington n'a pas encore répété son usage barbare et inhumain des armes nucléaires, mais il a imité ce qui a été infligé aux populations de Dresde et de Tokyo sur de grandes étendues de la Corée et du Viêt-nam. Et dans leur tentative sanglante de maintenir leur domination, les dirigeants U.S. préparent aujourd'hui des forces armées « transformées » pour le répéter aussi souvent et « efficacement » que nécessaire.)

Il est impossible d'évaluer les causes de la deuxième guerre mondiale ni ses conséquences pour les exploités et les opprimés du monde sans prendre conscience qu'il s'agissait en fait de trois guerres en une[3].

### *1. Un holocauste interimpérialiste pour rediviser le monde*

Premièrement, c'était un carnage interimpérialiste — le deuxième en un quart de siècle mené dans le but de rediviser et piller le monde. La victoire de Washington, Londres et leurs alliés contre Berlin, Tokyo et Rome n'a rien fait pour affaiblir, encore moins éliminer, le système mondial d'oppression impérialiste et d'exploitation

---

3. Voir « World War II: Three Wars in One » [La deuxième guerre mondiale : trois guerres en une] de Dan Roberts, *International Socialist Review*, été 1959, dont de larges extraits ont été reproduits dans l'édition du 25 avril 2005 du *Militant*. Voir également *Le visage changeant de la politique aux États-Unis*, p. 124-125, et *Le désordre mondial du capitalisme*, p. 491-496, tous les deux de Jack Barnes ; *Socialism on Trial* [Le procès du socialisme], p. 59-85 du tirage de 2006, et *The Socialist Workers Party in World War II* [Le Parti socialiste des travailleurs dans la deuxième guerre mondiale], p. 245-265 de l'édition de 2002, de James P. Cannon ; *In Defense of Marxism* [En défense du marxisme], p. 41-64 du tirage de 2006, et *Writings of Leon Trotsky (1939–40)* [Écrits de Léon Trotsky, 1939-1940], p. 221-265 du tirage de 2006, de Léon Trotsky. Tous ces livres sont publiés par les éditions Pathfinder.

PHOTOS : BIBLIOTHÈQUE DU CONGRÈS

**La « guerre contre le fascisme » de Washington et Londres est une guerre impérialiste, livrée avec des méthodes visant à porter des coups dévastateurs aux travailleurs et aux opprimés chez eux et à l'étranger.**

**HAUT.** Dresde, Allemagne, février 1945. Des travailleurs se préparent à enterrer les corps de quelques-uns des dizaines de milliers de civils tués dans le bombardement incendiaire U.S. et britannique de la ville.
**BAS.** Sur l'ordre du président U.S. Franklin D. Roosevelt, on déplace de force plus de 100 000 Japonais-Américains dans des camps d'internement situés à des centaines de kilomètres de chez eux. On confisque souvent leurs maisons, leurs fermes et leurs commerces. La photo montre le camp de Manzanar, au pied des montagnes de la Sierra Nevada en Californie.

PHOTOS : ARGIRIS MALAPANIS / THE MILITANT

**Le Festival mondial de la jeunesse à Caracas au Venezuela en 2005 donne à des milliers de jeunes opposés à l'impérialisme une occasion de partager leurs expériences et d'échanger leurs vues sur les luttes sociales et politiques à travers le monde.**

**HAUT.** Des membres de la délégation U.S. dénoncent les attaques de Washington contre Cuba et le Venezuela. **BAS.** Quelque 1 800 jeunes participent à la délégation cubaine au festival de Caracas.

capitaliste qui est la source sociale de la marche vers la dépression, le fascisme et la guerre à laquelle l'humanité continue de faire face aujourd'hui. Le capital financier U.S. a utilisé la guerre pour consolider sa position, économiquement et militairement, en tant que la plus formidable (et, devrions-nous ajouter, la dernière) puissance impérialiste dominante au monde.

Il existait des points de vue nettement opposés au sein du mouvement ouvrier quant à la deuxième guerre interimpérialiste et son issue. Tout comme ses partis frères autour du monde, le Parti communiste et son groupe de jeunesse aux États-Unis par exemple ont soutenu la guerre de Washington et se sont félicités du bombardement atomique d'Hiroshima et de Nagasaki en août 1945. Deux jours de suite, le *Daily Worker* a publié des dessins à caractère éditorial se réjouissant des coups terribles portés aux résidents d'Hiroshima et Nagasaki et au peuple du Japon. Ils ont acclamé « le vieux gauche-droite, » en référence au bombardement nucléaire U.S. et à la déclaration de guerre de l'Union soviétique contre le Japon le même mois. Une manchette du *Daily Worker* a décrit ces journées ensanglantées d'août comme la « super-semaine ».

Le Parti socialiste des travailleurs et les jeunes socialistes se sont opposés aux objectifs et aux efforts de guerre impérialistes de Washington et ont réagi différemment à l'anéantissement nucléaire des populations de ces deux villes japonaises. Le *Militant* a dénoncé ce crime contre l'humanité et son numéro du 18 août 1945 a titré à la une : « Il n'y a pas de paix[4] ! » L'exactitude de ce fait historique

4. « There Is No Peace! » [Il n'y a pas de paix !] est une déclaration du Comité national du Parti socialiste des travailleurs en août 1945. De larges extraits en ont été reproduits dans l'édition du 11 avril 2005 du *Militant*.

a été amplement confirmée dans le sang depuis la fin de la deuxième guerre mondiale par les guerres, les interventions militaires ou les coups d'État de droite organisés par l'impérialisme en Grèce, en Chine, aux Philippines, en Corée, au Laos, au Viêt-nam, au Cambodge, en Iran, au Guatemala, en Égypte, à Cuba, au Congo, en Indonésie, en République dominicaine, au Liban, en Syrie, au Chili, au Nicaragua, à la Grenade, au Panama, en Yougoslavie, en Somalie, en Haïti, en Afghanistan et en Irak, pour ne mentionner que quelques-uns des cas les plus connus.

### *2. Défense de l'Union soviétique*

Deuxièmement, la seconde guerre mondiale a aussi englobé une guerre historique pour défendre l'Union soviétique — pour préserver la propriété d'État, la planification économique et les gains sociaux qui leur étaient liés et pour lesquels les travailleurs et les paysans se sont battus et ont donné leur vie en faisant la révolution d'octobre 1917 en Russie sous la direction des bolcheviks. Contrairement aux fausses prétentions du département de la Défense U.S. sur la victoire des États-Unis dans la deuxième guerre mondiale, cette révolution a véritablement été « l'évènement clé du vingtième siècle. » Elle a changé le rapport de force entre les classes à l'échelle internationale. La victoire de l'armée rouge à Stalingrad au début de 1943 contre les forces d'invasion de l'impérialisme allemand — au prix de la vie d'environ un million de soldats et civils soviétiques — a été un point tournant non seulement dans la lutte pour défendre l'URSS, mais dans la lutte contre l'oppression et la domination impérialistes à travers le monde.

Dans les années qui ont conduit à la deuxième guerre mondiale, le capitalisme U.S. faisait face à un dilemme : devait-il chercher à écraser l'État ouvrier soviétique avant ou après avoir établi sa prédominance sur ses rivaux impérialistes d'Europe et d'Asie ? Les impérialismes U.S. et britannique ont choisi d'en découdre d'abord avec Berlin et Tokyo, dans l'espoir que l'Union soviétique serait tellement dévastée par l'invasion de l'impérialisme allemand qu'il serait facile de la faire tomber à la suite de la guerre. Une fois l'Axe vaincu, Washington, Londres et d'autres puissances impérialistes n'ont pas perdu de temps pour lancer une croisade mondiale contre le « communisme » à l'intérieur et à l'extérieur de leurs frontières. Un de leurs objectifs centraux était de renverser la révolution d'octobre et de rétablir dans toute l'URSS la domination des rapports sociaux capitalistes. Ce fait s'est manifesté dans la vitesse avec laquelle les dirigeants U.S. sont passés entre 1945 et 1947 d'une alliance avec l'Union soviétique à la mise en place accélérée d'une machine militaire équipée à la fin des années 1950 d'une capacité nucléaire suffisante pour détruire l'humanité plusieurs fois [5].

Les travailleurs et paysans soviétiques ont réussi à défendre leurs conquêtes malgré le renversement de l'internationalisme prolétarien des bolcheviks dans les années qui ont suivi le grave accident cérébral de Lénine en 1923. La consolidation sanglante du régime bureaucratique de Joseph Staline et la politique nationaliste russe que celui-ci a pratiqué pour défendre ses intérêts ont rongé les assises de l'État ouvrier soviétique et démoralisé l'avant-garde de la classe ouvrière dans le monde (conduisant en fin de compte à la chute des appareils staliniens à travers l'Europe centrale et de l'Est et en URSS entre 1989 et 1991). Le cours gauchiste de la « troisième

5. Voir *Le désordre mondial du capitalisme*, p. 126-135 et « La troisième poussée militariste de Washington » de Mary-Alice Waters, *Nouvelle Internationale*, n° 4, p. 277-299.

période » imposé par Moscou au Parti communiste allemand au début des années 1930 — son refus de lutter pour l'unité ouvrière, pour un front uni avec le Parti social-démocrate pour vaincre la montée du nazisme — a piégé les travailleurs et conduit à la prise désastreuse du pouvoir par le mouvement national-socialiste de Hitler en 1933. Le coup le plus démoralisant a été l'avènement du régime nazi sans que le mouvement ouvrier ait tiré un seul coup de feu.

Le virage de Staline par la suite pour imposer une stratégie de front populaire aux partis communistes d'Europe et du reste du monde — en subordonnant les intérêts de classe et l'organisation des travailleurs et de leurs alliés à des alliances programmatiques et même gouvernementales avec des partis impérialistes considérés comme « antifascistes » ou ouverts aux besoins diplomatiques conjoncturels de Moscou — a condamné les perspectives révolutionnaires en France et en Espagne, ouvert la voie à des régimes fascistes dans ces pays et ainsi rendu inévitable le début d'une deuxième boucherie interimpérialiste encore plus dévastatrice à la fin des années 1930[6]. Cette politique des fronts populaires,

6. Pour en lire davantage sur les défaites historiques de la classe ouvrière occasionnées par le cours gauchiste et le virage ultérieur vers la politique des fronts populaires de l'Internationale communiste sous la direction de Staline, voir *Fascism: What It Is and How To Fight It* [Le fascisme : ce que c'est et comment le combattre] de Léon Trotsky, ainsi que « Once Again on the Causes of the Defeat in Spain » [Encore une fois sur les raisons de la défaite en Espagne] dans *The Spanish Revolution (1931–39)* [La révolution espagnole, 1931-1939]. Les deux sont publiés par les éditions Pathfinder.

comme on l'a appelée, est souvent associée au nom de Georgi Dimitrov. C'est lui qui a présenté le rapport à son sujet que le congrès de l'Internationale communiste a adopté en 1935.

Ces obstacles à la défense de l'Union soviétique ont été considérablement amplifiés par les procès et les exécutions du haut commandement de l'armée rouge pendant les procès de Moscou, des procès montés de toute pièce, à la fin des années 1930[7]. Avec la purge de dizaines de milliers d'officiers, la décapitation des forces armées de l'Union soviétique a été suivie par les conséquences politiques démoralisantes et démobilisatrices du pacte Staline-Hitler signé en août 1939. Ceci comprend le refus de Staline de reconnaître les préparatifs de Berlin pour envahir l'URSS jusque bien après que les divisions Panzer de la Wehrmacht aient franchi les frontières du pays en juin 1941.

Ce n'est qu'en 1959, avec la victoire des travailleurs et des paysans cubains contre la dictature de Fulgencio Batista soutenue par les États-Unis, qu'une direction révolutionnaire internationaliste a une nouvelle fois accédé

7. Au cours des années 1930, le régime stalinien à Moscou a organisé l'assassinat systématique de révolutionnaires non seulement en Union soviétique, mais aussi en Espagne et ailleurs à travers l'Europe. Le point culminant de ce cours a été l'assassinat du dirigeant bolchevique Léon Trotsky au Mexique en août 1940. En agissant ainsi, le régime stalinien a fait taire la voix de ceux qui présentaient un cours communiste sur les questions abordées dans la lettre reproduite ici, alors que le mouvement ouvrier disposait encore de temps pour faire quelque chose capable de renverser la politique désastreuse qui a conduit à une série de défaites, rendu inévitable le début de la deuxième guerre mondiale et empêché la mise en oeuvre d'une ligne de marche révolutionnaire pendant la guerre elle-même.

au pouvoir. Il s'agissait d'une direction qui comprenait que la défense des gains des travailleurs et des paysans dépend non seulement de leur conscience politique, de leur préparation militaire et de leur mobilisation armée, mais qu'elle est aussi liée de manière indissoluble au progrès des luttes révolutionnaires menées par les opprimés et les exploités à travers le monde. Ainsi que l'explique le programme du Parti communiste de Cuba, adopté lors de son premier congrès en 1975, la défense des conquêtes révolutionnaires du peuple cubain commence avec la subordination des « intérêts de Cuba aux intérêts généraux de la lutte pour le socialisme et le communisme, pour la libération nationale, pour la défaite de l'impérialisme et pour l'élimination du colonialisme, du néocolonialisme et de toutes les formes d'exploitation et de discrimination. » C'est la politique que les révolutionnaires cubains ont suivie au Viêt-nam, au Moyen-Orient, en Afrique australe, à la Grenade et au Nicaragua et qu'ils suivent aujourd'hui au Venezuela et ailleurs.

### *3. Les révolutions anticoloniales*

Troisièmement, à l'intérieur de ce qui est généralement appelé la deuxième guerre mondiale, il y a eu l'explosion des guerres de libération nationale livrées par les peuples coloniaux à travers l'Asie, le Moyen-Orient, l'Afrique, les Amériques et l'Europe elle-même. La plus importante de ces luttes de libération nationale a été la résistance du peuple de Chine pendant près d'une décennie à l'occupation de son pays par le Japon impérial. Cette lutte a été d'une telle magnitude et d'une telle brutalité qu'encore aujourd'hui les protestations continuent de faire rage pour exiger de Tokyo excuses publiques, justice et réparations.

D'autres peuple coloniaux ont aussi profité du conflit entre leurs maîtres impérialistes respectifs (aussi bien dans les blocs de l'Axe que des Alliés) pour faire avancer leurs combats pour la souveraineté nationale, l'indépendance, la redistribution des terres et les droits des travailleurs. Alors que la guerre tirait à sa fin, la victoire de l'Union soviétique a également renforcé et inspiré ces luttes.

En particulier lorsque les maîtres impérialistes des esclaves faisaient partie des puissances alliées (la réalité dans la grande majorité des cas), les combattants de la liberté ont poursuivi leur bataille contre la domination coloniale ou néocoloniale malgré les accusations — inspirées à la fois par les colonisateurs impérialistes et par le gouvernement soviétique et ses partisans politiques — qu'ils « divisaient » et « sabotaient » la lutte contre le fascisme. Les combattants pour l'indépendance en Inde ont poursuivi leurs mobilisations contre le règne colonial britannique pendant toute la guerre, tout comme les forces indonésiennes luttant contre leurs maîtres hollandais. Les nationalistes portoricains, les républicains irlandais et les Québécois partisans de l'indépendance ont tous refusé la conscription qui visait à en faire de la chair à canon dans les armées de leurs oppresseurs [8].

---

8. Voir « Washington's Fifty-Year Domestic Contra Operation » [Les 50 ans de l'opération de contra intérieure de Washington] de Larry Seigle dans *New International*, n° 6, p. 289-293 du tirage de 2007. Voir également « The Struggle in India » [La lutte en Inde] dans *Fighting Racism in World War II* [La lutte contre le racisme dans la deuxième guerre mondiale], p. 246-251 du tirage de 2007 ; *Le visage changeant de la politique aux États-Unis*, p. 495-496 ; *The Socialist Workers Party in World War II* [Le Parti socialiste des travailleurs dans la deuxième guerre mondiale], p. 261-265 ; et *Writings of Leon Trotsky (1939–40)*, p. 242-247 et 252-254.

Pendant la guerre, les gouvernements néocoloniaux dans les Amériques se sont divisés. La plupart ont appuyé les forces alliées — ce qui comprend les régimes de Fulgencio Batista à Cuba, d'Anastasio Somoza au Nicaragua et de Getúlio Vargas au Brésil. D'autres, dont les gouvernements de l'Argentine, de la Bolivie et du Paraguay, sont demeurés « neutres » au moins pendant les premières années de la guerre, en sympathie avec les puissances de l'Axe.

AU LENDEMAIN DE LA GUERRE, à la suite de la défaite des occupants japonais, les forces de libération nationale en Indochine et en Indonésie ont continué la lutte pour expulser les « Alliés victorieux » — les gouvernements français et hollandais qui cherchaient de réimposer leur règne colonial. Équivalant à un cinquième de l'humanité, le peuple chinois a fait une puissante révolution et, au cours de la guerre de Corée au début des années 1950, a renversé la domination des grands propriétaires terriens et des capitalistes dans tout le pays. Au même moment, des manifestations massives de soldats U.S. se sont déroulées à travers l'Asie et l'Europe à la fin de 1945 et au début de 1946 sous le slogan « Rapatriez-nous ! » Ces manifestations ont contrecarré les plans des dirigeants U.S. d'utiliser ces soldats pour intervenir contre les peuples coloniaux en Chine et ailleurs en Asie, contre les travailleurs européens, ainsi qu'aux États-Unis même contre une vague de grèves qui balayait le pays au même moment[9].

---

9. Voir « 1945: When U.S. Troops Said "No!" » [1945 : Quand les soldats U.S. ont dit « Non ! »] de Mary-Alice Waters, *New International*, nº 7, p. 357-385 du tirage de 2007.

Au début des années 1950, après avoir débarrassé son territoire de la botte détestée de Tokyo, le peuple coréen a imposé un match nul à Washington et libéré la moitié de son pays de la domination impérialiste. En 1954 le Front de libération nationale voyait le jour sous la direction d'Algériens qui avaient fait l'école de la guerre en tant que soldats « français » durant la deuxième guerre mondiale. Et la lutte de masse de plusieurs décennies menées aux États-Unis par les Afro-Américains contre le système bien enraciné de discrimination dit de Jim Crow était la soeur de sang de ces luttes *à l'intérieur même* du colosse U.S. De la fin des années 1950 au milieu des années 1970, tous les pays sur le continent africain — de la Tanzanie à l'Algérie, du Congo au Mozambique et dans des dizaines d'autres — ont gagné l'un après l'autre leur indépendance politique de Londres, Paris, Bruxelles et Lisbonne. Pendant cette même période, le Guyana, Trinidad, la Barbade, le Suriname et d'autres colonies britanniques et hollandaises ont aussi gagné leur indépendance dans les Caraïbes.

Dans les tout premiers jours de 1959, dans un grand pas en avant pour l'humanité populaire, Cuba est devenue « le premier territoire libre des Amériques. » La victoire de l'Armée rebelle, une grève politique générale et un soulèvement politique général à travers l'île ont ouvert la porte à la révolution socialiste dans l'hémisphère occidental et donné une impulsion aux luttes révolutionnaires des travailleurs et des paysans à travers les Caraïbes et l'Amérique centrale et du Sud. Et à la suite de la défaite en 1988 des forces d'invasion de l'apartheid à Cuito Cuanavale en Angola avec l'aide décisive de volontaires internationalistes cubains, la Namibie a gagné son indépendance en 1990 et le système de la suprématie blanche a été renversé en Afrique du Sud même en 1994.

Ces luttes de libération nationales contre les puissances impérialistes aussi bien alliées que de l'Axe, qui avaient commencé à s'accélérer au cours de la deuxième guerre mondiale et ont explosé dans son sillage, ont été la plus puissante des forces motrices du mouvement révolutionnaire mondial depuis la seconde moitié du vingtième siècle — une confirmation de la priorité anti-impérialiste autour de laquelle les forces construisant le festival mondial de la jeunesse à Caracas se sont unies.

**Un coup contre un est un coup contre tous !**

La lutte de classes aux États-Unis pendant la deuxième guerre mondiale constitue un des chapitres les plus riches en leçons pour les travailleurs et les opprimés. Lorsque les dirigeants U.S. ont intensifié leur effort de guerre, ils ont pris pour cible les droits constitutionnels et l'espace du mouvement ouvrier, des communistes, des Noirs et des autres nationalités opprimées, des combattants pour l'indépendance de Porto Rico, des Japonais-Américains et d'autres pour agir politiquement. Quand des sections des exploités et des opprimés ont continué à défendre leurs revendications pendant la guerre, leurs efforts pour le faire se sont heurtés à l'opposition publique et agressive du Parti communiste aux États-Unis et de ceux qu'influençait sa ligne de front populaire, qui subordonnait les luttes des travailleurs et des agriculteurs au soutien du gouvernement impérialiste U.S. dans la guerre. Ceux qui refusaient de simplement plier se sont fait dénoncer comme étant des « scissionnistes », des « conciliateurs », des « perturbateurs » et souvent de purs et simples « agents d'Hitler et du Mikado. »

• Le 8 décembre 1941, 18 dirigeants de la section syndicale locale 544-CIO à Minneapolis et du Parti socialiste des travailleurs ont été reconnus coupables par une cour fédérale d'avoir « conspiré pour préconiser le renversement du gouvernement des États-Unis. » Les victimes de ce coup monté ont été condamnées à des peines de 12 à 16 mois de prison. Il s'agissait des premières condamnations prononcées en application de la tristement célèbre loi Smith de délit d'opinion que le président Franklin Delano Roosevelt venait de promulguer. Ces inculpations et poursuites visaient à briser l'avant-garde de lutte de classe du mouvement syndical qui dirigeait l'opposition aux préparatifs de Washington pour entraîner les travailleurs et les agriculteurs dans la boucherie impérialiste de la deuxième guerre mondiale.

Malgré le fait que la loi Smith visait l'ensemble du mouvement ouvrier, en particulier les communistes et les socialistes, le Parti communiste a utilisé sa presse et ses tribunes pour convaincre tous ceux qu'il pouvait influencer de soutenir le coup monté du gouvernement. Il a accusé les dirigeants de la section locale 544 et du SWP de « semer la division dans les rangs du mouvement ouvrier » par « leur travail de cinquième colonne au service de l'hitlérisme [10]. » Le PC est allé jusqu'à préparer des preuves pour le coup monté du gouvernement en envoyant un dossier au département de la Justice intitulé « Le rôle de cinquième colonne des trotskystes aux États-Unis. » Huit ans plus tard, onze dirigeants du même Parti communiste ont été reconnus coupables en vertu

10. Voir « Anatomy of a Frame-up » [Anatomie d'un coup monté] dans *Teamster Bureaucracy* [La bureaucratie Teamster] de Farrell Dobbs, p. 264-281 et 355-382 du tirage de 2007, ainsi que « Washington's Fifty-Year Domestic Contra Operation » dans *New International*, nº 6, p. 215-224 et 237-245. Voir aussi l'article d'accompagnement de Steve Clark, p. 255 du présent numéro de *Nouvelle Internationale.*

de la même loi Smith et la plupart expédiés en prison fédérale pour cinq ans. Le Parti socialiste des travailleurs a fait activement campagne pour les défendre, assurant une couverture régulière de leur procès dans les pages du *Militant*.

• Dans une tentative pour affaiblir le mouvement ascendant des syndicats industriels, Washington a imposé un gel des salaires pendant la durée de la guerre et obtenu un pacte anti-grève de la part des responsables syndicaux pratiquant la collaboration de classe, qui se sont jetés corps et âme dans l'effort de guerre impérialiste de la classe des employeurs. En 1943, au mépris de ces mesures antisyndicales, les membres des Mineurs unis d'Amérique (UMWA), dont le président était John L. Lewis, ont fait grève contre les efforts des patrons de l'industrie du charbon pour augmenter les heures de travail et geler les salaires.

Quand l'administration Roosevelt a menacé d'envoyer des soldats pour briser la grève, les mineurs ont rétorqué : « Vous ne pouvez extraire de charbon avec des baïonnettes ! » Par l'entremise du *Daily Worker*, le Parti communiste s'est non seulement opposé à la grève des UMWA, mais il a appelé à la « défaite totale » de la « ligne de Lewis » qui défiait le pacte anti-grève [11]. Les mineurs l'ont néanmoins emporté, ouvrant la voie à la vague de grèves qui a éclaté en 1945 et 1946 [12].

---

11. Voir « Washington's Fifty-Year Domestic Contra Operation, » *New International*, nº 6, en particulier les pages 277-278 et 285.

12. Quand les mineurs de l'UMWA ont menacé de faire grève à nouveau au début de la grande vague de grèves de 1945, le *Daily Worker* a écrit dans son édition du 12 mars : « Les mineurs de charbon devront apprendre cette leçon amère : tant qu'ils permettront à John L. Lewis de saboter l'effort de guerre en leur

• Le gouvernement fédéral a résisté et cherché à affaiblir le Mouvement de la marche à Washington qui s'est organisé pendant les années de guerre contre la ségrégation de Jim Crow dans les forces armées, contre la discrimination raciste dans l'industrie d'armement et dans l'ensemble de la société, et contre le refus de l'administration Roosevelt de présenter au Congrès une loi fédérale contre le lynchage. Le Parti communiste s'est opposé au Mouvement de la marche à Washington. En 1942, le dirigeant du PC Benjamin Davis a insisté : « Gagner cette guerre est la *question principale* qui doit préoccuper le peuple nègre. » Il a accusé les dirigeants du mouvement d'oeuvrer « contre la guerre et contre les meilleurs intérêts des Nègres » en exploitant « les justes revendications du peuple nègre [13]. »

En novembre 1942, les autorités postales U.S. ont commencé à suspendre la livraison par la poste de numéros du journal *The Militant*. En mars 1943, le responsable du service postal U.S. a révoqué les droits aux tarifs postaux de deuxième classe du *Militant* sur la base, entre autres choses, que ses articles contenaient une « stimulation des questions raciales » en temps de guerre. Le Parti communiste a soutenu la révocation de ces droits postaux [14].

---

nom, de les entraîner dans des grèves au plus fort de la guerre, de mener une guerre civile contre le président et de conspirer pour obtenir la défaite de la politique étrangère de l'Amérique, ils continueront à subir des conditions inférieures de travail et de salaire. »

13. Voir *Fighting Racism in World War II*, p. 196-197, 213-221 et 252-261.

14. Voir « Washington's Fifty-Year Domestic Contra Operation », *New International*, nº 6, p. 272, *Fighting Racism in World War II*, p. 273-281 et *Teamster Bureaucracy*, p. 358-362.

• Plusieurs années avant la guerre, le gouvernement U.S. a incarcéré Pedro Albizu Campos et d'autres dirigeants nationalistes portoricains sous des accusations mensongères de conspiration pour renverser le gouvernement et d'« incitation à la rébellion » contre les États-Unis. Des dizaines de Portoricains ont aussi été emprisonnés pour leur résistance à la conscription de guerre. Albizu Campos et les autres dirigeants nationalistes ont rejeté l'« offre » dégradante du gouvernement de les libérer s'ils suspendaient pendant la guerre leurs activités en faveur de l'indépendance.

Tandis que cette résistance s'organisait à la fois dans l'île et aux États-Unis, le Parti communiste a publiquement appelé les combattants portoricains à suspendre la lutte pour l'indépendance pendant la guerre, à respecter la conscription pour faire avancer les efforts militaires de Washington et — dans les mots du dirigeant du PC Earl Browder — à mettre fin à leur « hostilité déraisonnable et intransigeante envers les États-Unis[15]. » (Le PC et ses partis frères au Royaume-Uni, au Canada et ailleurs ont

---

15. Earl Browder, *Teheran: Our Path in War and Peace* [Téhéran, notre voie dans la guerre et la paix], New York, International Publishers, 1944, p. 57-58. Voir également « Washington's Fifty-Year Domestic Contra Operation », *New International*, n° 6, p. 289-291 ; Oscar Collazo, *Memorias de un patriota encarcelado* [Mémoires d'un patriote emprisonné], San Juan, Fundación Francisco Manrique Cabrera, 2000, p. 233 et 246 ; A. G. Quintero Rivera, *La lucha obrera en Puerto Rico* [La lutte ouvrière à Porto Rico], San Juan, CEREP, 1972 ; Carlos Rodríguez-Fraticelli, « Pedro Albizu Campos: Strategies of Struggle and Strategic Struggles » [Pedro Albizu Campos, stratégies de lutte et luttes stratégiques], *Puerto Rican History and Politics* [Histoire et politique portoricaines], hiver 1991-1992, p. 29-30 ; et la biographie de Pedro Albizu Campos par Marisa Rosado, *Las llamas de la aurora* [Les flammes de l'aurore], San Juan, Porto Rico, 1998.

adopté la même attitude envers la résistance des combattants indépendantistes irlandais et québécois pendant la guerre.)

• En 1942, le gouvernement U.S. a arrêté 112 000 Japonais-Américains vivant sur la côte Ouest et les a détenus dans des camps de concentration entourés de barbelés pendant presque toute la durée de la guerre. Lorsqu'ils ont été relâchés, des milliers d'entre eux ont découvert que leurs terres agricoles, leurs outils et souvent même leurs maisons avaient été confisqués et vendus à de nouveaux propriétaires qui n'étaient pas japonais-américains.

Déjà, au lendemain du bombardement de Pearl Harbor par Tokyo, le Parti communiste avait exclu de ses rangs ses membres japonais-américains en disant que « le parti est le meilleur endroit où puisse se cacher une cinquième colonne japonaise et nous ne voulons prendre aucun risque [16]. » Quand a été décrété l'ordre exécutif 9066 de Roosevelt établissant les camps de concentration, le PC l'a salué comme un « programme raisonnable » et il a ordonné à ses anciens membres non seulement de se rendre pacifiquement dans les camps mais d'encourager d'autres à faire de même — comme contribution à l'effort de guerre.

Le Parti socialiste des travailleurs a dès le départ condamné les camps comme étant une violation des

16. Cité par Karl Yoneda, Résolution soumise au congrès de district du Nord de la Californie du Parti communiste USA, 29-30 janvier 1972. Mentionné dans « American Concentration Camps: Racism and Japanese-Americans during World War II » [Camps de concentration américains : le racisme et les Japonais-Américains pendant la deuxième guerre mondiale] de Patti Iiyama, dans l'édition d'avril 1973 de l'*International Socialist Review* ; reproduit dans l'édition du 18 avril 2005 du *Militant.*

BIBLIOTHÈQUE DU CONGRÈS

**Alors que la deuxième guerre mondiale s'éternise, les travailleurs aux États-Unis — et autour du monde — continuent de se battre contre leurs « propres » exploiteurs et oppresseurs impérialistes, en dépit des appels à faire preuve de « patriotisme » et à subordonner leurs luttes à l'« effort de guerre. »**

**HAUT.** Mineurs de charbon en grève en Pennsylvanie en janvier 1943. Ces travailleurs bravent les calomnies du Parti communiste ainsi que les menaces de l'administration Roosevelt d'utiliser l'armée pour briser leur grève. **MILIEU.** Des dizaines de milliers de personnes soutiennent avec enthousiasme une marche nationale pour les droits des Noirs prévue à Washington pour le milieu de 1943, avant d'être annulée sous d'intenses pressions gouvernementales. **BAS.** Des manifestations de masse en Inde exigent en 1942 l'indépendance des maîtres coloniaux britanniques.

droits des Japonais-Américains : « on les expulse de leurs maisons » et « on les terrorise. » L'ordre exécutif fédéral, a dit le SWP, constitue « une chasse aux sorcières aveugle et brutale [...] il a le caractère d'un pogrome racial[17]. »

Comme le montre ces exemples — et il y en a beaucoup trop d'autres pour pouvoir tous les énumérer — ni avant ni depuis la deuxième guerre mondiale y a-t-il eu de besoin plus pressant de prendre fait et cause et d'agir conformément au mot d'ordre historique du mouvement ouvrier : « un coup contre un est un coup contre tous ! »

❖

Parmi les nombreuses forces dans le monde qui sont unies autour des objectifs anti-impérialistes du seizième Festival mondial de la jeunesse et des étudiants à Caracas, il y a indéniablement une grande variété d'opinions au sujet de ce qu'il y a à commémorer, voire même célébrer (et *ne pas* célébrer) à l'occasion du soixantième anniversaire de la fin de la deuxième guerre mondiale. Nous ne nous attendons pas à ce que nos opinions soient partagées par tous ceux qui construisent le festival. Mais nous sommes convaincus que toute tentative d'imposer une évaluation particulière de ces questions historiques au mouvement dans son ensemble sème la division et la désunion dans la construction du festival et dans le cours anti-impérialiste inconditionnel et sans compromis que nous avons voté de placer en son centre.

---

17. Ibid., *The Militant*, 18 avril 2005. Voir également les commentaires de John Abt, qui a longtemps été l'avocat général du Parti communiste, dans l'article qui suit de Steve Clark.

En accord avec le slogan du festival de Caracas, nous continuons de croire fermement qu'il serait préférable de conclure les discussions qui s'y dérouleront le huitième jour en réunissant les participants autour d'activités en défense de la souveraineté nationale du Venezuela face aux menaces grandissantes de l'impérialisme U.S.

Nous recommandons vivement à notre réunion du Portugal de revenir au programme original proposé lors de la réunion d'Hanoi.

Fraternellement,
*Agiris Malapanis*
*Olympia Newton*
*Jacob Perasso*
Jeunes socialistes

C.C. Union des jeunes communistes de Cuba

**Recourant pour la première fois en 1941 à la loi bâillon Smith de 1940, l'administration du président Franklin Roosevelt organise un coup monté contre 18 dirigeants de la section locale 544-CIO des camionneurs à Minneapolis et du Parti socialiste des travailleurs. Leur « crime » ? S'être opposés politiquement à la campagne de Washington et de la bureaucratie syndicale pour mobiliser les syndicats derrière les objectifs de guerre de l'impérialisme U.S.**

Workers of the World, Unite!

THE MILITANT

PUBLISHED WEEKLY IN THE INTERESTS OF THE WORKING PEOPLE

NEW YORK, N. Y., MONDAY JANUARY 24, 1949 — PRICE: FIVE CENTS

Trial of C.P. Threatens All Labor's Rights

NMU Meeting Gives Setback to Purge Methods

Atmosphere of Police Terror Marks Thought-Control Case

Full Support for Kutcher At Conn. CIO Convention

**HAUT.** Les 18 de Minneapolis se rendent aux autorités fédérales afin de commencer à purger leurs peines en décembre 1943. Le Parti communiste U.S. soutient — et ses dirigeants aident — les procureurs fédéraux dans le procès de Minneapolis. **BAS.** En 1949, le Parti communiste est à son tour victime de la loi Smith. Le Parti socialiste des travailleurs se porte à sa défense. Dirigeant du SWP et ancien accusé de Minneapolis ayant lui-même été emprisonné pendant plus d'un an au pénitencier fédéral de Sandstone dans le nord du Minnesota, Farrell Dobbs couvre sur une base quotidienne pour le *Militant* le procès des dirigeants du PC.

# « UN COUP CONTRE UN EST UN COUP CONTRE TOUS » UN COURS À DÉFENDRE DANS LE MOUVEMENT OUVRIER

*Steve Clark*

« Ce n'est qu'en 1949, avec les premières mises en accusation du Parti communiste dans le cadre de la loi Smith, que j'ai lu les documents contre les trotskystes de Minneapolis et vu que les procès contre les deux organisations étaient pratiquement identiques, » écrit John Abt dans son autobiographie de 1993, *Advocate and Activist: Memoirs of an American Communist Lawyer*[18]. « Les communistes ont fait une terrible erreur quand ils n'ont pas défendu le SWP. »

Abt a longtemps été le principal avocat du Parti communiste USA (CPUSA) et un cadre du PC depuis les années 1930. Ses commentaires portent sur le cours suivi par le PC vis-à-vis du coup monté du gouvernement fédéral en 1941 contre des dirigeants de la section locale 544-CIO — qui avaient dirigé la grande campagne de syndicalisation des routiers et transformé les Teamsters

18. John Abt, *Advocate and Activist: Memoirs of an American Communist Lawyer* [Défenseur et militant : mémoires d'un avocat communiste américain], Urbana et Chicago, University of Illinois Press, 1993, p. 88-90.

en un puissant syndicat industriel — et du Parti socialiste des travailleurs (SWP) qu'il a accusés de conspiration « pour prôner le renversement du gouvernement des États-Unis. »

DIX-HUIT dirigeants du syndicat et du SWP ont été reconnus coupables et condamnés à des peines de prison de 12 à 16 mois — les premières condamnations dans le cadre de la tristement célèbre loi Smith de délit d'opinion. Aux yeux du gouvernement U.S., leur véritable crime était de faire campagne dans le mouvement syndical pour construire une opposition aux efforts de Washington visant à mobiliser les travailleurs derrière ses efforts de guerre impérialistes dans la deuxième guerre mondiale.

John Abt ne remet pas en question le « soutien sans réserve » du Parti communiste à la boucherie interimpérialiste. Cette politique « était incontestablement, à l'époque et rétrospectivement, la bonne politique. » Le PC « a joué un rôle honorable en mobilisant le soutien du public pour la cause antifasciste et en mettant en échec les détracteurs de la droite.

« Néanmoins, ajoute-t-il, force est de reconnaître aussi que nous n'étions pas sans oeillères dans notre enthousiasme. En 1941, le gouvernement fédéral a poursuivi en justice un groupe de trotskystes qui étaient actifs dans le syndicat des Teamsters à Minneapolis. Il les a accusés de contrevenir à la loi Smith, une loi peu connue et jusque là inutilisée, qui interdisait toute « conspiration visant à enseigner ou prôner le renversement » du gouvernement des États-Unis par la force et la violence. »

La campagne de défense pour empêcher les condamnations, et plus tard pour faire libérer les dirigeants emprisonnés, s'est gagnée un large soutien au sein du mouvement ouvrier aux États-Unis et au-delà. Mais aucun, si ce n'est de l'opposition — et des calomnies — de la part du Parti communiste.

Devant ce coup monté anti-ouvrier, dit Abt, le PC « a gardé le silence, tandis que certains dirigeants parlaient d'une « cinquième colonne » à l'oeuvre dans les villes jumelles [de Minneapolis et St-Paul]. À l'époque, j'ai accepté le point de vue du parti sur l'affaire mais n'y ai porté que peu d'attention et n'ai pas lu les documents, dossiers et appels légaux. Nous n'avons pas soupçonné que dans la période d'après-guerre la loi Smith deviendrait la principale arme légale utilisée pour attaquer notre parti et emprisonner ses dirigeants. »

Abt rappelle que « bien des années plus tard, dans les années 1980, j'ai assisté à une réunion du conseil national du CPUSA. Il y avait une discussion sur une demande faite par le SWP de soutenir son action en justice contre le gouvernement pour harcèlement politique [19]. J'ai fait référence à l'erreur commise par le parti dans l'affaire de 1941 et dit que ceux qui s'opposaient maintenant à soutenir le procès du SWP répétaient la même erreur.

---

19. On trouvera une description de la signification de la victoire remportée par le SWP en 1987 dans sa bataille judiciaire de 14 ans contre le FBI, la CIA et d'autres agences d'espionnage gouvernementales dans l'article « Washington's 50-Year Domestic Contra Operation » de Larry Seigle dans le sixième numéro de *New International*. De son côté, *FBI on Trial: The Victory in the Socialist Workers Party Suit against Government Spying* [Le procès du FBI : la victoire du Parti socialiste des travailleurs dans son procès contre l'espionnage gouvernemental], publié par les éditions Pathfinder en 1988, contient des extraits des témoignages présentés lors du procès par des dirigeants du SWP ainsi que le texte intégral du jugement de 1986 de la cour fédérale.

« Un dirigeant de longue date du parti au Michigan a répondu : « Ah, c'était entièrement différent. Ils gênaient l'effort de guerre. »

« Le dogme régnait, dit Abt, et le parti a une nouvelle fois refusé de défendre le SWP contre la persécution du gouvernement.

« Le parti n'a jamais effectué d'autocritique — censée être le correctif léniniste — de cet épisode ou d'autres positions politiques erronées que nous avons défendues, par exemple le soutien donné aux camps visant à déplacer les Japonais-Américains, dans notre ardeur pour l'effort de guerre antifasciste. »

À quel point la mémoire de John Abt est-elle fidèle lorsqu'il dit que le Parti communiste « a gardé le silence » devant le procès de 1941 intenté dans le cadre de la loi Smith, « tandis que certains dirigeants parlaient d'une « cinquième colonne » ? Le récit fait en 1975 par un autre partisan de longue date du PC confirme que Abt, c'est le moins qu'on puisse dire, est coupable d'avoir une mémoire sélective et autojustificatrice [20].

Philip J. Jaffe, l'ancien secrétaire national du Conseil national de l'amitié américano-soviétique, décrit en détail les documents que le Parti communiste a remis aux flics en 1941 afin de venir en aide à la poursuite contre les dirigeants syndicaux et du SWP. Selon Jaffe, à la fin des années 1950, Earl Browder, qui était le secrétaire général du Parti communiste à l'époque du coup monté de Minneapolis, lui a donné une copie de tout le dossier que de hauts dirigeants du PC ont préparé pour le département de la Justice U.S.

---

20. Philip J. Jaffe, *The Rise and Fall of American Communism* [La montée et la chute du communisme américain], New York, Horizon Press, 1975, p. 24-28.

Jaffe commence par décrire la campagne publique du Parti communiste saluant les mises en accusation fédérales. Le *Daily Worker* a tout de suite publié un article déclarant : « Les dirigeants de l'organisation trotskyste qui fonctionne sous le faux nom de « Parti socialiste des travailleurs » ne méritent pas plus l'appui du mouvement ouvrier [...] que les nazis qui camouflent leur parti sous le faux nom de « Parti national-socialiste des travailleurs[21]. »

JAFFE POURSUIT : « Les 14 documents identifiés comme pièces à conviction A, B, C, etc. comportaient deux brochures, « La guerre et la Quatrième Internationale » de 1934 et « Manifeste de la Quatrième Internationale sur la guerre impérialiste et la révolution prolétarienne mondiale » de 1940[22] ; quatre numéros complets du bulletin interne réservé aux membres, d'août et septembre 1942 ; et plusieurs pages du mensuel *Fourth International* [Quatrième Internationale] et de l'hebdomadaire *The Militant*

21. Jaffe, p. 50. Dans le cadre de la campagne du Parti communiste pour calomnier le Parti socialiste des travailleurs et aider le coup monté du gouvernement fédéral contre des dirigeants centraux du SWP, le *Daily Worker* a falsifié le nom complet du parti nazi — qui était le Parti national-socialiste des travailleurs *allemands* [C'est nous qui soulignons, SC.] et non pas le Parti national-socialiste des travailleurs.

22. On trouvera « La guerre et la Quatrième Internationale » dans Léon Trotsky, *Oeuvres*, tome 4, Paris, éditions ÉDI, 1979 et le « Manifeste de la Quatrième Internationale sur la guerre impérialiste et la révolution prolétarienne mondiale » dans *Les congrès de la Quatrième Internationale*, tome 1, « Naissance de la Quatrième Internationale, 1930-1940, » Paris, La Brèche, 1978, p. 337-378.

de l'année 1942. Dans certaines des pièces à conviction, on avait souligné en rouge les passages pertinents. En plus de ces documents, il y avait un manuscrit dactylographié original de 24 pages, plusieurs d'entre elles à simple interligne, intitulé « Le rôle de cinquième colonne joué par les trotskystes aux États-Unis. »

Jaffe cite quelques phrases de la dernière page du manuscrit de 24 pages, sous-titrées « En conclusion. » Ce passage, dit-il, illustre parfaitement « la nature de toute la panoplie de pièces à conviction et de résumés » concoctée par la direction du PC pour les procédures de Chambre étoilée de l'impérialisme U.S.

Le paragraphe se lit : « Parce qu'il s'agit d'une organisation de sabotage qui se concentre sur des activités visant à perturber l'effort de guerre, les trotskystes n'ont pas besoin d'une grande organisation. Au contraire, un plus petit groupe se contrôle plus facilement et s'avère plus efficace pour atteindre leurs buts. [...] Le fait que ce petit groupe ait réussi à obtenir de l'aide pour les traîtres reconnus coupables de Minneapolis de la part des syndicats AFL et CIO qui représentent un million de travailleurs montre sa dangereuse efficacité [pièce à conviction M]. [...] Ce noyau de saboteurs est petit mais son influence clandestine est grande. Supprimez le noyau et vous détruisez une puissante arme fasciste en Amérique[23]. »

EN 1949, LE GOUVERNEMENT U.S. a fait condamner 11 dirigeants du Parti communiste pour avoir enfreint la loi Smith. La plupart ont reçu des peines de cinq ans de prison en institutions fédérales. Les procureurs du gouvernement ont utilisé les mêmes articles de la loi Smith

23. Jaffe, p. 51.

sur lesquels ils s'étaient appuyés en 1941 pour monter leur coup contre les dirigeants des luttes des Teamsters dans le Midwest et du Parti socialiste des travailleurs et les faire condamner.

« Le procès du PC menace les droits de tout le mouvement ouvrier, » a titré sur trois colonnes à la une l'édition du 24 janvier 1949 du *Militant,* qui rendait compte du premier jour du procès. Le sous-titre ajoutait : « Une atmosphère de terreur policière caractérise ce procès de délit de pensée. »

Le journaliste était Farrell Dobbs, qui a couvert le procès pendant toute l'année pour le *Militant* en direct du palais de justice fédéral du square Foley à New York. Farrell Dobbs a été un dirigeant central des luttes menées par les Teamsters dans le Midwest dans les années 1930, le candidat à la présidence des États-Unis du Parti socialiste des travailleurs en 1948 et le secrétaire national du parti de 1953 à 1972. Il a aussi été l'un des 18 dirigeants syndicaux et du SWP emprisonnés dans le cadre de la loi Smith, dans son cas pendant 12 mois en 1944-1945.

« Le verdict du procès du PC porte un coup aux droits de tous, » titre la une du *Militant* lors de la condamnation des dirigeants du PC en octobre 1949.

« Le vendredi 14 octobre 1949 va passer à l'histoire comme un jour écrit en lettres noires pour les droits civils en Amérique, » commence l'éditorial sur la même page. « La condamnation de 11 dirigeants du Parti communiste ce jour-là dans le cadre du procès politique du square Foley porte un rude coup aux libertés démocratiques de toute la classe ouvrière. »

Les condamnations, dit l'éditorial, soulignent le besoin pressant d'un front uni « pour arrêter l'offensive des chasseurs de sorcières. »

# Aussi de Pathfinder

## LE DÉSORDRE MONDIAL DU CAPITALISME

LA POLITIQUE OUVRIÈRE AU MILLÉNAIRE

***Jack Barnes***

La dévastation sociale et les paniques financières, le durcissement de la politique, la brutalité policière, la militarisation de la vie quotidienne et les actes d'agression impérialiste — aucune de ces réalités n'est le produit de quelque chose qui s'est détraqué dans le capitalisme, mais bien des lois qui régissent son fonctionnement. La lutte unitaire des travailleurs et des agriculteurs de plus en plus conscients de leur capacité de transformer le monde peut changer l'avenir. 24 $ US. Aussi en anglais et en espagnol.

## QUEL CHEMIN, NOUS LES ESCLAVES, AVONS-NOUS FRANCHI !

***Nelson Mandela, Fidel Castro***

Prenant ensemble la parole à Cuba en 1991, Nelson Mandela et Fidel Castro discutent de la place dans l'histoire de l'Afrique de la victoire remportée par Cuba et l'Angola contre l'invasion, soutenue par les États-Unis, de l'Angola par l'armée sud-africaine ainsi que de l'accélération qui s'en est suivie de la lutte pour renverser le système raciste de l'apartheid. 10 $ US. En anglais et en espagnol.

## LE DROIT DES NATIONS À DISPOSER D'ELLES-MÊMES

***V. I. Lénine***

La classe ouvrière met de l'avant et défend le droit de toutes les nations à se séparer, explique Lénine, mais elle « valorise avant tout l'alliance du prolétariat de toutes les nations et évalue toute revendication nationale du point de vue de la lutte de classe des travailleurs. » 3,95 $ US. En français.

## LE DERNIER COMBAT DE LÉNINE

ÉCRITS ET DISCOURS, 1922-1923

***V. I. Lénine***

Au début des années 1920, V. I. Lénine a livré son dernier combat politique dans la direction du Parti communiste en URSS pour maintenir le cours qui avait permis aux travailleurs et aux paysans de renverser l'empire tsariste, d'effectuer la première révolution socialiste et de commencer à construire un mouvement communiste international. Les questions en jeu dans cette lute — la composition de classe de la direction, l'alliance ouvrière et paysanne, et la lutte contre l'oppression nationale — restent au centre de la politique mondiale aujourd'hui. 21 $ US. En anglais et en espagnol.

## L'HISTOIRE DE LA RÉVOLUTION RUSSE

***Léon Trotsky***

Le récit classique de la dynamique sociale, économique et politique de la première révolution socialiste, raconté par l'un de ses principaux dirigeants. Trotsky décrit comment, sous la direction de Lénine, le Parti bolchevique a conduit la classe ouvrière, la paysannerie et les nationalités opprimées à renverser le régime monarchiste des propriétaires fonciers et des capitalistes et à porter au pouvoir un gouvernement des travailleurs et des paysans, qui est devenu un exemple pour les travailleurs du monde entier. 29,95 $ US. Aussi en anglais et en russe.

## LA RÉVOLUTION TRAHIE

QU'EST QUE L'UNION SOVIÉTIQUE ET OÙ VA-T-ELLE ?

***Léon Trotsky***

En 1917, la classe ouvrière et les paysans de Russie ont été la force motrice d'une des plus profondes révolutions de l'histoire. Mais en dix ans, une contre-révolution menée par une couche sociale privilégiée et dont le principal porte-parole était Joseph Staline s'était consolidée. Cette étude classique de l'État ouvrier soviétique et de la dégénérescence de la révolution éclaire les racines de la désintégration de la bureaucratie soviétique et des conflits qui s'aiguisent à l'intérieur et entre les anciennes républiques de l'Union soviétique. 20 $ US. Aussi en anglais et en espagnol.

## THOMAS SANKARA PARLE

LA RÉVOLUTION AU BURKINA FASO, 1983-1987

***Thomas Sankara***

Sous la direction de Thomas Sankara, le gouvernement révolutionnaire du Burkina Faso en Afrique de l'Ouest a donné un exemple électrisant. Il a mobilisé les paysans, les travailleurs, les femmes et les jeunes pour mener des campagnes d'alphabétisation et de vaccination ; creuser des puits, planter des arbres, construire des barrages et des logements ; combattre l'oppression des femmes, transformer les relations d'exploitation à la campagne ; se libérer du joug impérialiste et se solidariser avec ceux qui étaient engagés dans le même combat ailleurs dans le monde. 24 $ US. Aussi en anglais.

## L'IMPÉRIALISME, STADE SUPRÊME DU CAPITALISME

***V. I. Lénine***

« J'ose espérer, » écrit Lénine au milieu de la première guerre mondiale, « que ma brochure aidera à l'intelligence d'un problème économique capital, sans l'étude duquel il est impossible de rien comprendre à ce que sont les guerres d'aujourd'hui et la politique d'aujourd'hui ; je veux parler de la nature économique de l'impérialisme. » 7,95 $ US. Aussi en anglais et en espagnol.

## LA CLASSE OUVRIÈRE ET LA TRANSFORMATION DE L'ÉDUCATION

L'IMPOSTURE DE LA RÉFORME DE L'ÉCOLE SOUS LE CAPITALISME

***Jack Barnes***

« Jusqu'à ce que la société soit réorganisée de façon à ce que l'éducation soit une activité humaine de notre prime jeunesse à notre mort, il n'y aura pas d'éducation digne de l'humanité travailleuse et créatrice. » Aussi en anglais, espagnol, farsi, grec, islandais et suédois. 3 $ US

# INDEX


**A**

Abt, John, 251, 255, 256-258

Accidentés du travail, indemnisations, 43, 60, 203

Action affirmative, 80, 92

*Advocate and Activist: Memoirs of an American Communist Lawyer* (Abt), 255-258

Afghanistan, guerre U.S. en, 11, 13-14, 229-230, 236 ; et revendication de retrait immédiat, 13

Afrique : agriculture, 187 ; Chine et, 209, 210-213 ; conditions de santé, 192, 198 ; conditions sociales, 156, 187, 192, 198 ; voyages de Malcolm X, 82-83, 84-85, 102, 106, 127

Afrique du Sud, 56, 192, 208 ; lutte contre l'apartheid, 92, 210, 243

Agence centrale de renseignement (CIA), 46-47

Agence pour la protection de l'environnement (EPA), 185

Agences policières, 46-47, 50

Agriculteurs, 197 ; et crise alimentaire, 185-187 ; revendications ouvrières pour les défendre, 202-203

Agriculture : agro-alimentaire U.S. et, 36-37, 50, 157, 186, 202 ; « biologique », 186-187 ; sous le capitalisme, 169, 185-186 ; dans les pays semi-coloniaux, 187 ; son potentiel, 156 ; Russie soviétique et, 205-206

Aide aux familles avec enfants à charge, 5, 38

Albanie, 34

Albizu Campos, Pedro, 248

ALÉNA (Accord de libre-échange nord-américain), 6

Algérie : gouvernement des travailleurs et des paysans, 85 ; guerre d'indépendance, 33, 243 ; Malcolm X et, 17, 82-83, 106, 107, 125, 129

Allemagne, 42, 238 ; bombardement incendiaire U.S., 231 ; pendant la deuxième guerre mondiale, 232, 236, 239

Alliance des jeunes socialistes (YSA), Malcolm X et, 17, 81-82, 84-85, 89, 100-101, 106, 107, 126-127

ANC. *Voir* Congrès national africain

« Anglosphère », 115

Angola, 210, 243

Argentine, 242

Armée rebelle (Cuba), 207

Armes nucléaires, 154, 189, 210, 237. *Voir aussi* Hiroshima et Nagasaki

Association internationale des

travailleurs, 119, 166
Australie, 42, 184
Avortement, 40-41

**B**

Baie des Cochons (1961), 30, 32-33, 36
Banque mondiale, 187
Banques, 8, 10, 51-56, 163-164 ; banques or, 54-56
Barbade, 243
Batista, Fulgencio, 207, 239, 242
Bear Stearns, 8
Belgique, 243
Ben Bella, Ahmed, 17, 85, 107
Bishop, Maurice, 85, 92, 114
*Black Reconstruction* (DuBois), 143
Bolivie, 242
Bombes à fragmentation, 32
Bonapartisme, 154, 190
Bosnie-Herzégovine, 33-34
Breitman, George, 101-107
Brésil, 17, 108, 114, 242
Browder, Earl, 248, 258
Brown, Gordon, 55
Brutalité policière, 92, 136, 158
Buchanan, Patrick, 14-15
Buckley, William F., 6
Bulgarie, 34
Bureau fédéral d'investigation (FBI), 46
Burkina Faso, 92
Bush, George (père), 31
Bush, George W., 31, 33, 34, 36, 37, 40, 41, 46, 230-231 ; radicaux petits-bourgeois sur, 29-30
*Busing* et luttes pour la déségrégation scolaire, 92
*By Any Means Necessary* (Malcolm X), 103-104, 109-110

**C**

Cambodge, 236
Canada, 42, 56, 184, 248-249 ; Noirs au, 135-137
Cannon, James P., 94, 232
*Capital, Le* (Marx), 118, 162-163, 169-171, 213-214
Capital fictif, 10, 50, 51-52 ; et folie des actions « high-tech », 5 ; « vert », 183-184
Capitalisme : attaques contre la classe ouvrière, 6-7, 12-13, 48-50, 58-59, 154-155, 181-182, 185 ; concurrence, 154, 163, 182-183 ; courbe de son développement, 13 ; et course aux profits « verts », 181, 182-185 ; cycle économique, 39, 48, 50, 163 ; désastres « naturels » sous, 155-161 ; discrimination raciste et, 72-73 ; son expansion dans le monde, 17, 108, 153, 154, 162-163, 165 ; fétichisme de la marchandise, 170-171 ; ses forces destructrices, 164, 165, 174-175, 182-183, 192 ; menace à la civilisation, 22-23, 152, 189-190 ; né « dégoulinant de sang », 118 ; et oppression des femmes, 40-41, 72-73 ; science et technologie sous, 163, 174-175, 192, 199-200 ; source de la « course à la productivité », 7, 154, 185 ; sa spoliation de la nature, 22-23, 152, 154, 161, 166-169, 172-173, 179, 186, 189, 200, 214 ; travail sous, 22-23, 151-152, 153-154, 162, 166-169 ; sa vulnérabilité et son désordre, 50, 154. *Voir aussi* Impérialisme U.S.
Caravanes de la liberté, 91
Caroline du Sud, 141
Castro, Fidel, 207, 210 ; sur l'éthanol, 185 ; et lutte contre le racisme, 70
Catastrophisme, 23, 178, 188-189, 190-191

Changement climatique, 193-194. *Voir aussi* Émissions de gaz carbonique ; Réchauffement global
Chávez, Hugo, 224
Chili, 55-56, 236
Chine, 42 ; achat des bons du Trésor U.S., 11, 12, 52 ; cible des États-Unis, 36, 236, 242 ; cours antiprolétarien du gouvernement, 208-209, 210-213 ; croissance de la classe ouvrière, 17, 108 ; lutte de libération nationale en, 240, 242
Chinois : à Cuba, 71-72 ; aux USA, 79, 142
Chômage : hausse, 13, 49 ; manipulation des statistiques par Washington, 56-58 ; des Noirs, 134 ; revendications contre, 203-204
Choy, Armando, 70, 71, 179, 213
Chui, Gustavo, 70, 71-72
CIA. *Voir* Agence central de renseignement
Cinq Cubains, 37-38, 93
CIO. *Voir* Congrès des organisations industrielles
Citigroup, 52-54
Classe moyenne, 181, 184, 190 ; noire, 76, 79, 123. *Voir aussi* « Environnementalisme » et « consumérisme » petits-bourgeois
Classe ouvrière : son action politique indépendante, 23-24, 169, 189, 194, 201 ; attaques capitalistes contre, 6-7, 12, 48, 49, 58-59, 154-155, 181-182 ; aucun intérêt commun avec les capitalistes, 15-16, 181, 194 ; congés de maladie et vacances, 182 ; devient héréditaire, 95, 99, 117 ; femmes en son sein, 40 ; et intendance de l'environnement, 152, 177-179, 194-197, 202, 204, 214 ; de plus en plus internationale, 17-18, 108, 153, 175-177, 190-191, 197 ; et lutte pour les droits des immigrés, 19, 40 ; et lutte pour la santé et la sécurité au travail, 153-154, 166-170, 180, 185, 194-197, 200-201, 209-210 ; lutte pour son unité, 18, 76, 79-80, 121, 251 ; montée de ses luttes dans les années 1930, 38, 76, 79-80 ; nécessité d'une direction multinationale, 116 ; rôle d'avant-garde des Noirs en son sein, 16, 18, 69, 75-76, 79-81, 94, 97-99, 130, 132-134, 138 ; tenue responsable de la destruction de l'environnement, 181, 194
Cleage, Albert, 109
Clinton, Hillary, 7, 13-14, 29
Clinton, William, 29 ; actes de guerre contre l'Irak, 31-32 ; attaques contre les droits démocratiques et des immigrés, 5, 13, 43-48 ; et Cuba, 37-38 ; et Israël, 33 ; excédent budgétaire, 5-6, 49 ; manipulation des statistiques sur l'inflation et le chômage, 56-63 ; met fin à « l'aide sociale telle que nous la connaissons », 5, 6, 12, 38-40 ; « président de la peine de mort », 5, 6, 31, 41 ; « président de prison », 31, 41-43 ; racines de la crise financière, 7, 50-56 ; sert la classe capitaliste, 6, 31 ; système antibalistique, 34-36 ; et « tsar » du contre-espionnage, 46-47, 48 ; et virage du Parti démocrate sur la politique nationale, 3-4, 5-6, 29-30
Colombie, 47, 114
Communisme : convergence de Malcolm X avec, 17, 86-87, 107-

108, 128-129 ; et dépérissement des classes, de la famille et de la religion, 73-74 ; généralisation de la ligne de marche de la classe ouvrière, 87-89 ; s'oppose à l'ingénierie sociale, 118-119
Concurrence interimpérialiste, 7, 34-36, 48, 54-56, 182-183 ; et deuxième guerre mondiale, 232-235, 236-237, 238, 256
Congo, 236, 243
Congrès national africain (ANC), 92
Congrès des organisations industrielles (CIO), 38, 76, 79, 98
Conseil de direction démocrate (DLC), 4, 5
Conseil national de l'amitié américano-soviétique, 258
Consumérisme. *Voir* « Environnementalisme » et « consumérisme » petit-bourgeois
Contrat avec l'Amérique, 39
Contrôle ouvrier : et défense de l'environnement, 194, 197, 202 ; en Russie, 205 ; et sécurité au travail, 202, 205
Corée, 236 ; guerre U.S. contre, 33, 232, 242, 243
Corée du Nord, 36
Coup monté de la loi Smith contre le PC (1949), 245-246, 257
Coup monté de la loi Smith contre le SWP (1941), 244-245, 255-260 ; campagne de défense, 256-257, 260 ; soutien du PC au, 245, 256-260
Coupons alimentaires, 13
*Credit default swaps,* 10
« Crédits carbone », 183-184
Crise alimentaire, 156-157, 185-187, 203 ; course aux surprofits capitaliste et, 157, 185-186
Crise financière (2008), 8, 12, 29 ; abrogation de la loi Glass-Steagall, 51 ; ses origines, 50-56. *Voir aussi* Dette
Crise hypothécaire, 8-10
Croatie, 34
Cuba, 242 ; et affaire Elián González, 44-46 ; son approche à la terre et au travail, 185, 207-208, 209-213 ; attaques U.S. contre, 32-33, 36-38, 209, 228, 236 ; campagne d'alphabétisation, 160 ; Chinois à, 71-72 ; son exemple révolutionnaire, 160, 204, 206-207, 239-240, 243 ; son internationalisme, 207-208, 210, 239-240 ; et lutte contre la discrimination raciste, 70-71, 72 ; planteurs espagnols à, 173 ; soutien de Malcolm X à, 17, 107, 125
*Cuba et la révolution américaine à venir* (Barnes), 19, 30-48, 49, 50
Cuito Cuanavale, 210, 243
Culture et travail, 22, 151, 177, 215

## D

*Daily Worker,* 235, 245, 259
Davis, Benjamin, 247
DDT, 191-192
DeBerry, Clifton, 126, 127
Déforestation, 151-152, 156, 187
Démagogie du complot, 178, 191
Désastres naturels : sous le capitalisme, 155-161 ; Cuba et, 204, 207-208
*Désordre mondial du capitalisme, Le* (Barnes), 94, 177-179, 197, 232, 237
Dette : sa croissance massive, 7-10, 50-54 ; des familles ouvrières, 12, 182, 203 ; du tiers monde, 55, 199
Deuxième guerre mondiale : et

guerre pour défendre l'Union soviétique, 236-239, 241 ; une guerre interimpérialiste, 232 ; guerres anticoloniales en son sein, 240-244 ; son histoire cachée, 22, 224, 229-231 ; lutte des Noirs pendant, 90, 98, 247 ; opposition à la conscription capitaliste, 241, 248 ; trois guerres en une, 224, 232-235 ; tuerie massive de civils par les USA, 33, 231. *Voir aussi* Hiroshima et Nagasaki
Diacres pour la défense, 91
Diarrhée, 198
Dictature du prolétariat, 118, 121, 143, 160, 206-207 ; Noirs et, 18, 70, 72-74, 75, 80-81, 90, 99, 113, 115, 122, 130-131, 138, 140
Dimitrov, Georgi, 239
« Dividende de paix », 5, 49
18 de Minneapolis. *Voir* Coup monté contre le SWP dans le cadre de la loi Smith
DLC. *Voir* Conseil de direction démocrate
Dobbs, Farrell, 94, 100, 121, 261
Dreke, Víctor, 92
Dresde, bombardement incendiaire (1945), 231-232
Droite, forces de, 154, 190 ; leur idéologie, 93-94
Droits démocratiques : sous attaque pendant la deuxième guerre mondiale, 244-245 ; et « guerre contre le terrorisme » U.S., 3, 44-48
DuBois, W. E. B., 143

## E

Eau potable, 176, 198
Éducation, coupures, 50
Égypte, 156, 236
Électrification : son absence dans le monde semi-colonial, 176 ; revendications ouvrières à son sujet, 199, 202
Émissions de gaz carbonique, 23, 183, 184, 185, 186, 199 ; besoin de mesures de contrôle, 202
Énergie nucléaire, 178, 184, 199-201
Engels, Friedrich, 94-95, 119-120, 164-165 ; sur l'idéologie, 88 ; sur la nature, le travail et le capitalisme, 164, 172-174 ; sur la question du logement, 9
Engrais chimiques, 186-188
Enron, 185
Environnement : sa destruction par le capitalisme, 152, 161, 166-169, 172-173, 178-179, 189, 199-200, 214 ; une question ouvrière, 152, 177-179, 194-197, 202, 204, 214-215. *Voir aussi* Pollution
« Environnementalisme » et « consumérisme » petits-bourgeois, 177-178, 180-181, 184-185, 186-190, 191-192, 194-197 ; et campagne contre le DDT, 191-192 ; et engrais chimiques, 186-188 ; surconsommation et mythes sur la surpopulation, 180-181, 188-189. *Voir aussi* Catastrophisme ; Classe moyenne
Équateur, 47
*Escambray au Congo, De l'* (Dreke), 92
Esclavage, 70, 71, 114 ; aux États-Unis, 95, 99, 116-118, 131, 132
Espagne, 10, 238, 239
Espérance de vie, 182, 198
Estonie, 34
États-Unis : développement d'un prolétariat héréditaire, 95, 117-118 ; Marx sur, 94-95, 120, 121 ; première et deuxième révolutions, 71, 140 ; révolution

socialiste qui vient, 20, 140, 214. *Voir aussi* Guerre civile U.S. ; Reconstruction radicale
Éthanol, 185-186
Expulsions, 3, 43-44

## F

Faim, 15, 24, 153, 198
Famille : qui change, 40 ; et socialisme, 73-74
Farrakhan, Louis, 123
*Fascism: What It Is and How to Fight It* (Trotsky), 238
FBI. *Voir* Bureau fédéral d'investigation
Fédération mondiale de la jeunesse démocratique, 227-228 ; organisations de jeunesse staliniennes en son sein, 21
Femmes : dans la direction de la classe ouvrière, 115 ; et familles monoparentales, 12, 39-40 ; noires, 92 ; dans la population active, 40 ; et révolution socialiste, 40, 72, 74
Fernández, José Ramón, 32-33
Festival mondial de la jeunesse : Alger (1965), 84-85 ; Caracas (2005), 21, 223-224, 244, 251-252
Fétichisme de la marchandise, 170-171
*Fighting Racism in World War II*, 98, 241, 247
Forum ouvrier du Militant, Malcolm X et, 107, 109-111, 126-127, 129
France, 42, 238 ; puissance coloniale, 33, 243 ; vague de chaleur de 2003, 155-156
Francis, Reuben, 109, 129
Freedom Now Party, 91
Front populaire, politique, 238-239, 244

## G

Gaz à effet de serre. *Voir* Émissions de gaz carbonique
Géorgie, république, 34
Ghana, 55
Gingrich, Newt, 4, 39
González, Elián, 44
González, Fernando, 37-38, 93
González, René, 37-38, 93-96
Gore, Albert, 34
Gouvernement des travailleurs et des agriculteurs, 18, 118, 194 ; sa défense de la terre et du travail, 161, 192-193, 200-201, 204-205 ; *Manifeste communiste* sur son programme, 165-166
« Grande société », 4
« Grass Roots », conférence (1963), 109
*Greatest Generation, The*, 229
Grèce, 236
Greenspan, Alan, 8-10
Grenade, 92, 208, 236
Groenland, 193
Guatemala, 236
Guerre civile U.S., 71, 97, 140, 141, 214 ; Marx et Engels sur, 94-95
Guerre hispano-américaine, 140
Guerrero, Antonio, 37-38, 93
Guevara, Ernesto Che, 160
Guinée équatoriale, 92
Guyana, 243

## H

Habeas corpus, 41
Haïti, 156, 208, 236
Haïtiens aux États-Unis, 132-134
Hambourg, bombardement incendiaire (1943), 231
Hansen, Joseph, 94, 100
Harris, James, 131, 132
« Hédonique », 59
Helms-Burton, loi, 37

Hemmings, Sally, 117
Hernández, Gerardo, 37-38, 93
Hiroshima et Nagasaki, 189, 230, 231 ; Parti communiste USA sur, 235 ; SWP sur, 235
Hitler, Adolf, 238
Honduras, 208

**I**

Idéologie, 87-88, 127
*Il faut sauver le soldat Ryan*, 229
Immigrés : attaques sous Clinton, 5, 13, 44 ; et campagnes anti-immigrés, 137, 154, 190 ; et composition de la classe ouvrière, 40 ; impact de la destruction de l'environnement sur eux, 178-179, 194-197 ; dans les luttes ouvrières, 18, 19, 69 ; ce que visent les capitalistes, 43-44
Immunisations, 198
Impérialisme, 152. *Voir aussi* Capitalisme ; Concurrence interimpérialiste ; Impérialisme U.S.
Impérialisme U.S. : et Afrique, 187, 198 ; ampleur de ses interventions militaires, 47, 235-236 ; attaques contre Cuba, 32-33, 36-38, 207, 209, 228, 236 ; son budget militaire, 11-12, 49 ; concurrence avec ses rivaux impérialistes, 7, 34-36, 48, 54-56, 182-183 ; et deuxième guerre mondiale, 229-231, 232-235, 244-246 ; ses efforts contre l'URSS, 236-237 ; guerres en Corée et au Viêt-nam, 33, 232, 236, 242, 243 ; guerres en Irak et en Afghanistan, 11-12, 13-14, 31-32, 236 ; sa montée, 140 ; ses politiques bipartites, 3, 5-7, 29-30, 31, 33-34 ; programme de missiles antibalistiques, 34-36 ; son soutien à Israël, 33 ; et traité de Kyoto, 183-184 ; sa transformation militaire, 3, 49, 232 ; vise le Venezuela, 228-229, 252
Inde, 36, 163, 241
*In Defense of Marxism* (Trotsky), 232
Indexation au coût de la vie : attaques de Clinton contre, 58-59, 60-62 ; une revendication ouvrière, 203
Indice des prix à la consommation, 59-63
Indochine, 242. *Voir aussi* Cambodge ; Laos ; Viêt-nam
Indonésie, 55-56, 156, 236 ; lutte pour l'indépendance, 241, 242
Inflation, 48-49, 154, 203 ; « de base », 62-63 ; besoin de comités syndicaux sur les prix, 203 ; hausse, 60-63, 182 ; truquage des statistiques par Clinton, 49, 58-63, 203
Ingénierie sociale, 118-119
Inondations et zones inondables, 155, 156, 157-161, 208
INS. *Voir* Service de l'immigration et de la naturalisation
Internationale communiste, 75, 81, 94 ; sur lutte des Noirs, 99 ; sous Staline, 237-239
Internement des Japonais-Américains, 244, 249-251, 258
Irak, 36
Irak, guerre, 11, 13, 14, 31-32, 236 ; appui bipartite, 29, 31-32 ; et exigence de retrait immédiat, 13
Iran, 36, 47, 236
Irlande, 10 ; lutte républicaine en, 241, 249
Israël, 33
Italie, 232

**J**

Jaffe, Philip J., 258-260
Japon, 42, 184 ; achat de bons du Trésor U.S., 11, 12, 52 ; son bombardement incendiaire par les USA, 231-232 ; pendant la deuxième guerre mondiale, 232-235, 240. *Voir aussi* Hiroshima et Nagasaki
Jay, John, 117
Jefferson, Thomas, 117
Jeunesse communiste du Portugal, 228
Jeunes socialistes : et festival de la jeunesse de Caracas (2005), 21, 223, 224, 227, 228-229 ; projet de plateforme, 96-97
Jim Crow, système, 98, 133, 141-143, 243, 247
Johnson, Lyndon B., 4

**K**

Katrina, ouragan (2005), 157-160, 208
Kennedy, John F., 56-58
King, Joseph, 91
Kosova, 33-34
Ku Klux Klan, 93, 139
Kyoto, protocole sur les changements climatiques, 183-184, 185

**L**

Labañino, Ramón, 37-38, 93
Laos, 236
*Last Year of Malcolm X, The* (Breitman), 101-106
Lénine, V. I., 74, 81, 116, 176, 204-205, 237
*Leon Trotsky on Black Nationalism and Self-Determination*, 75-76
Lettonie, 34
Lewis, John L., 246-247
Liban, 236
*Libération des Noirs et la lutte pour le pouvoir ouvrier, La*, 16, 90-93, 95
Ligue des communistes (1847-1852), 165
Ligue des jeunes socialistes (Japon), 228
Ligue des Justes, 165
Ligue de la terre et du travail, 119-120
*Limits to Growth, The*, 188-189
Lituanie, 34
Logement, 9, 155-156, 158, 160-161 ; revendications ouvrières à son sujet, 204. *Voir aussi* Crise hypothécaire
Loi générale sur la protection contre le terrorisme (1995), 41
Loi Glass-Steagall, 51
Loi sur la modernisation des services financiers, 51-52
Loi sur la réforme de l'immigration illégale et sur la responsabilité de l'immigré (1996), 5, 13, 43
Loi contre le terrorisme et pour une peine de mort efficace (1996), 5, 44, 45
Lynchages, 15, 98
Lysenko, Trofim, 206

**M**

Macédoine, 34
Maceo, Antonio, 71
Malapanis, Argiris, 224, 252
Malaria, 192
Malawi, 187
Malcolm X : sur le capitalisme et le socialisme, 16, 17, 83-84, 105, 107, 112, 122-123, 129 ; cesse de se décrire comme un nationaliste noir, 82-83, 86, 100-101, 106, 112-113, 123-124, 126 ; collabore sur une base non religieuse, 112, 125, 129 ; collabore

avec les « vrais révolutionnaires », 20, 82-83, 105, 106, 107, 111, 129 ; converge avec le communisme, 17, 86-87, 107-108, 129 ; deux points de vue sur lui dans le SWP, 16-17, 99-108 ; entrevue du *Young Socialist*, 81-84, 125, 127, 128 ; son évolution politique, 81-90, 106-107, 111, 122-123, 124-129 ; et *Militant*, 17, 107, 108-111, 126-127 ; comme organisateur, 111-112 ; Pathfinder le publie, 85, 101, 103, 114, 128 ; rompt avec la Nation d'islam, 86, 104, 124-125, 127-128 ; et SWP, 17, 84-87, 89-90, 106-108, 109-111, 114, 122-123, 126-127, 129 ; ses voyages dans le monde, 82, 84, 102, 106, 127

*Malcolm X parle*, 109

Mali, 55-56

Manchester, Angleterre, 164

*Manifeste communiste* (Marx et Engels), 88-89, 118-119, 165-166

Marx, Karl, 9, 10, 88, 130 ; sur l'action politique ouvrière indépendante, 120, 121, 201 ; sur les États-Unis, 94-95, 120, 121 ; sur le fétichisme de la marchandise, 170-171 ; sur les forces destructrices du capitalisme, 118, 164, 174-175 ; dans le mouvement prolétarien, 119-120, 165 ; rejette les attaques contre la technologie, 175, 188 ; sur le travail et la nature, 161-163, 166-169, 170, 174-175

McCain, John, 7, 14

Medicare et Medicaid, 50, 80, 203

Mexique, 186

Miami, 132

*Militant, The*, 31, 85, 215, 259-260 ; sa diffusion, 93, 96, 131-132, 224-225 ; sur Hiroshima et Nagasaki, 235 ; Malcolm X et, 17, 107, 108-111, 126-127 ; sur le procès de 1949 en vertu de la loi Smith, 246, 260-261 ; tentatives pour l'interdire pendant la deuxième guerre mondiale, 247

Mineurs unis d'Amérique (UMWA), 97 ; grèves pendant la deuxième guerre mondiale, 246-247

Missiles antibalistiques, système, 34-36

Monopoles pétroliers, 202

Monroe, Caroline du Nord, 91

Monténégro, 34

Montgomery, boycott des transports publics (1955-1956), 91

Mouvement communiste : doit être mondial, 114, 115, 176-177 ; programme de revendications, 165-166, 201-204. *Voir aussi* Parti socialiste des travailleurs

Mouvement pour les droits civils, 15, 38-39, 76-80, 91, 98-99, 243

Mouvement de la manifestation à Washington (1942), 247

Mouvement du 26 juillet, 206-207

Mozambique, 243

Muhammad, Elijah, 86, 123, 124

*Muhammad Speaks*, 108

Muslim Mosque, Inc., 102

## N

Namibie, 243

Napalm, 32-33

National Black Independent Political Party, 91

Nationalisme noir : Breitman sur, 101-107 ; et communisme, 87-88, 112-113, 124 ; « conséquent », 122-124 ; Malcolm X

cesse d'utiliser le terme, 16-17, 82-83, 86-87, 101, 106, 112, 124, 126
Nationalité et nationalisme : des opprimés et des oppresseurs, 100 ; une question sociale et politique, 138. *Voir aussi* Noirs aux États-Unis
*National Review*, 6, 14
Nation de l'islam, 86, 111, 124-125
Nature : dévastée par le capitalisme, 22-23, 152, 153-154, 161, 166-169, 173, 179, 185-186, 189, 199-200, 214 ; sa transformation par le travail, 22, 151-152, 161-162, 172-174, 177, 192-193
New Deal, 4
*New International*, 241, 245, 246, 247, 257
Newton, Olympia, 96, 224, 252
Nicaragua, 236, 242
« 1945: When U.S. Troops Said 'No!' » (Waters), 242
Noirs aux États-Unis, 14-15, 90-92, 94-95, 138-139 ; et action politique ouvrière indépendante, 79-80, 91 ; classe moyenne en leur sein, 76, 79, 123 ; leur composition prolétarienne, 18, 80, 94, 134 ; leurs conditions sociales, 42, 134 ; continuité du SWP, 90-92 ; et dictature du prolétariat, 18, 70, 72-74, 75, 80-81, 90, 99, 113, 115, 122, 130, 138, 140 ; discours d'Obama à leur sujet, 14-15 ; et efforts d'autodéfense, 91, 134 ; impact sur eux de la destruction de l'environnement, 179, 197 ; leurs luttes pendant la deuxième guerre mondiale, 90, 98, 244, 247 ; dans le monde, 17-18, 70-71, 114-115, 135-138 ; en tant que nationalité, 75-76, 80-81, 96-97, 99, 121, 132-134, 138-139, 141-142 ; leur poids social, 18, 69, 79-80, 94, 131-134, 140-141 ; publication d'un nouveau livre sur eux, 16, 90-93, 95-96 ; racines capitalistes de leur oppression, 73, 140 ; leur rôle d'avant-garde dans la classe ouvrière, 16, 18, 69, 75-76, 80-81, 94, 97-99, 130, 135, 138. *Voir aussi* Mouvement pour les droits civils ; Racisme
*Notre histoire s'écrit toujours*, 69-72, 142, 179, 213
Nouvelle-Écosse, 137
*Nouvelle Internationale*, 215
Nouvelle Orléans, et ouragan Katrina, 157-159
Nouvelle-Zélande, 42

## O

Obama, Barack, 7, 14, 29 ; discours sur les Noirs, 14-15
Or, 54-56
Organization of Afro-American Unity (OUAA), 102, 127, 128
Organisation de la liberté du comté de Lowndes, 91
Organisation mondiale de la santé, 192
Organisation du traité de l'Atlantique Nord (OTAN), 6, 34-36
O'Sullivan, John, 6
« Ouvrez les livres de compte », revendication, 197
Ouzbékistan, 55-56

## P

Pacifisme, 23-24, 189
Pacte Staline-Hitler (1939), 239
Pakistan, 36, 156, 208
Palestiniens, 33
Panafricanisme, 114
Panama, 236

Papouasie-Nouvelle-Guinée, 55
Paraguay, 242
Parti bolchevique, 176, 204-205, 236, 237
Parti communiste de Cuba, 240
Parti communiste USA, 91 ; acclame le bombardement d'Hiroshima et de Nagasaki, 235 ; attaque la grève des mineurs (1943), 246-247 ; attaque la lutte des Noirs et des Portoricains pendant la deuxième guerre mondiale, 247, 248 ; calomnie ses opposants prolétariens, 191, 244, 257, 258-260 ; coup monté de la loi Smith contre lui (1949), 245-246, 257, 260-261 ; et élections de 2008, 14, 29 ; sur le nationalisme noir, 100 ; soutient le coup monté de la loi Smith de 1941, 245, 255-260 ; soutient l'interdiction du *Militant,* 247 ; soutient l'internement des Japonais-Américains, 249, 258. *Voir aussi* Stalinisme
Parti démocrate, 201 ; virage de sa politique nationale, 3-4, 30
Parti nazi, 238, 259
Parti ouvrier, 201 ; Marx sur, 120, 121
Parti républicain, 4, 29, 201
Parti révolutionnaire des travailleurs, 92 ; son caractère indispensable, 20, 176-177, 215. *Voir aussi* Parti socialiste des travailleurs
Parti socialiste des travailleurs (SWP) : condamne les bombardements d'Hiroshima et de Nagasaki, 235 ; condamne l'internement des Japonais-Américains, 249-251 ; coup monté de la loi Smith contre lui, 244-246, 255-261 ; défend le PC contre le coup monté de la loi Smith, 245-246, 260-261 ; défense des pays semi-coloniaux, 198-199 ; deux points de vue sur Malcolm X en son sein, 16-17, 99-108 ; et lutte des Noirs, 90-93, 100 ; Malcolm X et, 17, 84-87, 89-90, 106-108, 109-111, 114, 122-123, 126-127, 129
Pathfinder, éditions, 135, 215 ; publient Malcolm X, 85, 101, 103, 114, 128
Pauvreté, 12-13, 40
Pays-Bas, 243
Pays semi-coloniaux : agriculture, 187 ; conditions sanitaires, 176, 192, 198 ; conditions sociales, 154-155, 157, 176, 187, 192, 198 ; leur domination par l'impérialisme, 153, 176, 187 ; programme pour les défendre, 198-199 ; leur « surconsommation », 156, 180-181
Peine de mort, 5, 6, 31, 41
Pensions de retraite, 39, 182, 203
*People's Paper, The,* 174
Perasso, Jacob, 224, 252
Pérou, 55, 114
Personnes âgées, 153, 155
« Petite période glacière », 193
Philippines, 236
Pollution : sous le capitalisme, 151-152, 153-154, 177-179, 202 ; une question ouvrière, 177-179, 202 ; stalinisme et, 206, 209. *Voir aussi* Environnement
Porto Rico, 241, 244, 248
Portugal, 243
Poutine, Vladimir, 230
Premier mai, 19
Prisons, 41-43, 50 ; population carcérale U.S., 41-42
Privatisation, 42-43

Produits dérivés, 7, 8, 10, 50, 52, 183
Programme de travaux publics, 203-204
Propriété privée : éliminer le système de, 213-214 ; foncière, 160 ; sa montée, 22, 152
Protection des consommateurs, une question ouvrière, 194-197, 202
Publicité, 172

## Q

*Quatrième Internationale,* 259
Québec, 241, 248-249
*Question du logement, La* (Engels), 9

## R

Racisme, 15, 18, 24, 76, 81, 90, 91, 97-98, 130, 131, 135, 136, 137, 141, 247 ; Cuba et, 70-72 ; et dictature du prolétariat, 72, 73-74 ; son héritage, 70, 115-116, 132 ; obstacle à l'unité ouvrière, 79, 80, 92 ; ses racines capitalistes, 72-73, 89, 105. *Voir aussi* Noirs aux États-Unis
Rand, Ayn, 9
« Rapatriez-nous », mouvement des soldats U.S. (1945-1946), 242
Reagan, Ronald, 5, 6
Reconstruction radicale : sa défaite, 95, 120-121, 132, 138-140 ; ses réalisations, 79, 97, 132, 140-143
Réchauffement climatique, 184
Rector, Ricky Ray, 6
« Réforme » de l'aide sociale, 4, 5, 6, 7, 12-13, 38-39
Religion, 73 ; Malcolm X et, 112, 125, 129
République dominicaine, 236
Réserve fédérale, 8-9
Révolution américaine, deuxième. *Voir* Guerre civile U.S.
Révolution américaine, première, 71, 117, 137
Révolution russe (octobre 1917), 204-206, 236
Révolution socialiste aux USA, 119 ; sa nécessité, 160-161, 174, 175, 179, 189-190, 192-193, 214, 215 ; sa possibilité, 20
Révolutions anticoloniales, 240-244
Richardson, Gloria, 109
*Rise and Fall of American Communism, The* (Jaffe), 258-260
*Roe contre Wade,* 40
« Rôle du travail dans la transformation du singe en homme, Le » (Engels), 172-174
Roosevelt, Franklin D., 4, 245, 246, 247
Roumanie, 34
Royaume-Uni, 10, 42, 187, 237 ; dans la deuxième guerre mondiale, 231, 232-235 ; et guerre contre l'Irak, 31 ; montée du capitalisme au, 164, 169 ; puissance impérialiste, 243 ; et réserves d'or, 55, 56
Rubin, Robert, 51, 52-54
Russie, 34, 42

## S

Salaires : baisse, 6, 12, 48, 49, 58-59, 181, 182 ; revendications pour les protéger, 203
Sankara, Thomas, 85, 92, 114, 135
Santé et sécurité au travail : sous le capitalisme, 6, 153-154, 169, 180, 186, 199-200 ; en Chine, 209 ; et contrôle ouvrier, 202, 205 ; à Cuba, 209 ; liées aux questions de consommation et

d'environnement, 194-197
Science et technologie, 22 ; sous le capitalisme, 23, 162, 163, 175, 192, 200 ; Marx rejette les attaques contre, 175, 188 ; et pseudoscience, 178, 191-192 ; ce que rend possible l'utilisation du travail, 22, 152-153
Sécurité sociale : attaques contre, 5, 38-39, 48, 49, 50, 62, 182 ; lutte pour l'instaurer, 38, 80 ; revendications ouvrières à son sujet, 203
Semaine de travail : sa prolongation, 48, 49, 163, 169-170, 182 ; revendication pour l'abréger, 203
Serbie, 33
Service de l'immigration et de la naturalisation (INS), 43-44 ; et saisie d'Elián González, 44-46
Shabazz, James, 109-110, 129
Sida, 192, 198
Sío Wong, Moisés, 70, 72
Slovaquie, 34
Slovénie, 34
*Socialism on Trial* (Cannon), 232
*Socialist Workers Party in World War II, The* (Cannon), 232, 241
Sociaux-démocrates, 126, 140, 188, 191
Soins de santé, 50, 153, 182 ; revendications ouvrières à leur sujet, 203
Somalie, 236
Somoza, Anastasio, 242
Soudan, 138
Sources d'énergie, 179-180, 184-185, 186-187, 199-200 ; revendications ouvrières à leur sujet, 199-200, 202
*Spanish Revolution, The* (Trotsky), 238
Staline, Joseph, 75, 206, 237, 238-239
Stalingrad, bataille, 236
Stalinisme, 188, 191 ; et environnement, 208-209 ; sa machine à tuer, 239 ; et montée d'Hitler au pouvoir, 238 ; et politique de front populaire, 238-239, 244 ; ses trahisons pendant la deuxième guerre mondiale, 235, 241, 246-247, 248-249 ; troisième période, 143, 237-238. *Voir aussi* Parti communiste USA
*Strange Career of Jim Crow, The* (Woodward), 142-143
Suisse, 56
Summers, Lawrence, 51, 52, 55
Suriname, 243
« Surpopulation », 180, 188
Swabeck, Arne, 75
SWP. *Voir* Parti socialiste des travailleurs (SWP)
Syndicats : leur bureaucratie, 76, 113, 140, 194, 246 ; et contrôle ouvrier, 197, 203 ; pendant la deuxième guerre mondiale, 244-247, 256-257 ; et lutte contre le racisme, 92, 97-98 ; comme organisations de défense élémentaire, 202. *Voir aussi* Congrès des organisations industrielles (CIO)
Syrie, 236

## T

Tanzanie, 55, 243
Tarifs, 199
*Teamster Bureaucracy* (Dobbs), 245
Teamsters : dans le nord du Midwest, 255-256, 261 ; et section locale 544-CIO, 244-245, 255-256
*Temps des turbulences, Le* (Greenspan), 9
« Terrorisme, guerre contre » : et

attaques contre les droits démocratiques, 3, 44, 46-48 ; et transformation de l'armée U.S., 3
Till, Emmett, 91
Torricelli, loi, 37
Transport public, 50, 204
Travail : sous le capitalisme, 152, 153-154, 162, 170-172, 214 ; son caractère social, 170-172 ; créateur de la culture, 22, 151, 176-177, 215 ; et technologie qui le facilite, 22, 152, 163, 175, 192 ; sa transformation de la nature, 22-23, 151-152, 161-162, 172-174, 177. *Voir aussi* Classe ouvrière
Travailleurs unis de l'alimentation et du commerce (TUAC), 136
Trinidad, 243
Trotsky, Léon, 94, 239 ; sur la question noire, 74-81, 99, 130
Trowe, Maggie, 131-132
Truman, Harry, 33
« Tsar » du contre-espionnage, 46-47, 48
Tsunami (océan Indien, 2004), 155

## U

Ukraine, 34
UMWA. *Voir* Mineurs unis d'Amérique
*Une révolution socialiste est-elle possible aux États-Unis ?* (Waters), 19-20
Union européenne, 34, 184
Union des jeunes communistes (Cuba), 228
Union soviétique : agriculture, 205-206 ; contrôle ouvrier à ses débuts, 204-205 ; pendant la deuxième guerre mondiale, 231, 235, 236-237, 239, 241 ; son effondrement, 3, 34, 49, 209, 237 ; et environnement, 208 ; procès de Moscou, 239 ; les USA cherchent à l'écraser, 236-237

## V

Vargas, Getúlio, 242
Varsovie, pacte, 3, 34, 49
Vavilov, Nikolaï, 206
Venezuela, 114 ; lutte anti-impérialiste au, 223-224, 228-229, 252
« Verts » : comment les capitalistes font des profits en l'étant, 181, 182-185 ; politique « vert et rouge », 23, 189
Vétérans de guerre, prestations, 50
Vie privée, droit à, 118-119
Viêt-nam, guerre U.S. contre, 33, 232, 236
*Visage changeant de la politique aux États-Unis, Le* (Barnes), 94, 122-123, 232, 241
Vyshinski, Andreï, 206

## W

*Wall Street Journal,* 14, 183
*Washington Post,* 31, 47
« Washington's Fifty-Year Domestic Contra Operation » (Seigle), 241, 245, 246, 247, 248, 257
Waters, Mary-Alice, 19-20, 93, 94-95, 96
White, Gilbert, 159-160
Wolfowitz, Paul, 230
Woodward, C. Vann, 142-143
*Writings of Leon Trotsky (1939–40),* 232, 241

## Y

Yougoslavie, 33-34, 236
YSA. *Voir* Alliance des jeunes socialistes

## Z

Zambie, 209

# LIBÉRATION DES FEMMES ET SOCIALISME

## La révolution socialiste et la lutte de libération des femmes

*Résolution du Parti socialiste des travailleurs (SWP)*

Ce document explique la place centrale et le poids de la lutte de libération des femmes dans la ligne de marche de la classe ouvrière vers le socialisme. Le produit d'une discussion et d'un débat international, cette résolution incorpore les expériences de lutte de plusieurs pays. 7 $ US. En français.

## L'origine de la famille, de la propriété privée et de l'État

FRIEDRICH ENGELS

Ce livre explique comment l'émergence de la société divisée en classes a entraîné celle d'institutions d'État et de structures familiales répressives qui protègent les biens des couches dominantes et leur permettent de transmettre leur richesse et leurs privilèges. Il examine les conséquences de ces institutions de classe pour ceux qui travaillent, depuis leurs formes initiales jusqu'à leurs versions modernes. 20 $ US. En français et en anglais.

## Les cosmétiques, la mode et l'exploitation des femmes

JOSEPH HANSEN, EVELYN REED, MARY-ALICE WATERS

Comment le grand capital joue sur le statut de deuxième classe et l'insécurité sociale des femmes pour vendre des cosmétiques et empocher des profits. L'introduction de Mary-Alice Waters explique comment l'entrée de millions de femmes dans la main-d'oeuvre durant et après la deuxième guerre mondiale a transformé de manière irréversible la société U.S. et jeté les bases pour une nouvelle montée des luttes pour l'émancipation des femmes. 15 $ US. En anglais et en farsi.

www.pathfinderpress.com

# LA CULTURE ET LA POLITIQUE

## ART ET RÉVOLUTION
ÉCRITS SUR LA LITTÉRATURE, LA POLITIQUE ET LA CULTURE

***Léon Trotsky***

Un des grands dirigeants révolutionnaires du vingtième siècle examine la place et l'autonomie esthétique de l'art, de la littérature et de l'expression artistique dans la lutte pour une nouvelle société socialiste. En anglais. 21 $ US

## JOHN COLTRANE ET LA RÉVOLUTION DES ANNÉES 60 DANS LE JAZZ

***Frank Kofsky***

Un compte rendu du rôle d'avant-garde joué par John Coltrane dans l'introduction d'innovations exprimant la nouvelle fermentation culturelle et politique qui a caractérisé la montée de la lutte de masse pour les droits des Noirs. En anglais. 24 $ US

## LEUR MORALE ET LA NÔTRE
LES ASSISES DE CLASSE DE LA PRATIQUE MORALE

***Léon Trotsky***

Participer au mouvement ouvrier révolutionnaire, écrit Trotsky, « avec les yeux grand ouverts et une intense volonté — cela seul peut donner la plus grande satisfaction morale à un être pensant. » Il explique comment la moralité est enracinée dans les intérêts de classes sociales en lutte. Avec une réponse du philosophe pragmatiste John Dewey et une réplique marxiste à Dewey par George Novack. En anglais. 15 $ US

WWW.PATHFINDERPRESS.COM

# L'INTERNATIONALE COMMUNISTE DU TEMPS DE LÉNINE

## POUR VOIR L'AURORE

*Baku, 1920*

*Premier congrès des peuples d'Orient*

Comment les paysans et les travailleurs du monde colonial peuvent-ils se libérer de l'exploitation impérialiste ? De quelle façon les travailleurs peuvent-ils surmonter les divisions incitées par leur classes dirigeantes nationales et agir ensemble dans leurs intérêts de classe communs ? Voilà les questions débattues par les 2 000 délégués au Congrès des peuples d'Orient de 1920.
En anglais. 22 $ US

## TRAVAILLEURS DU MONDE ET PEUPLES OPPRIMÉS, UNISSEZ-VOUS !

*Débats et documents du deuxième congrès, 1920*

Les discussions entre les délégués de 37 pays abordent des questions clés de la stratégie et du programme ouvriers et offrent un portrait frappant des luttes sociales à l'époque de la révolution russe. Deux volumes, en anglais. 65 $ US

## LE COMBAT DE LÉNINE POUR UNE INTERNATIONALE RÉVOLUTIONNAIRE

*Documents, 1907-1916*

*Les années préparatoires*

Les dirigeants ouvriers révolutionnaires, dont V. I. Lénine et Léon Trotsky, débattent de la réponse socialiste à la première guerre mondiale.
En anglais. 35,95 $ US

*Aussi dans la série*

**THE GERMAN REVOLUTION AND THE DEBATE ON SOVIET POWER (1918-1919)**
[La révolution allemande et le débat sur le pouvoir soviétique (1918-1919)]

# LA SÉRIE TEAMSTER

*FARRELL DOBBS, un jeune travailleur qui a fait partie de la direction de lutte de classe du syndicat des Teamsters à Minneapolis dans les années 1930, raconte comment les grèves et les campagnes de syndicalisation des hommes et des femmes des villes jumelles de Minneapolis / St-Paul et du reste du Midwest ont ouvert la voie à la montée du mouvement des syndicats industriels. Ces luttes ont montré en pratique ce que les travailleurs et leurs alliés, les producteurs de la terre, peuvent accomplir lorsqu'ils ont la direction qu'ils méritent.*

## La rébellion Teamster

Comment au cours de deux grèves en 1934 les membres de la section locale 574 du syndicat des Teamsters au Minnesota ont non seulement vaincu les patrons du camionnage à Minneapolis, mais fait échouer les efforts pour briser leurs grèves déployés par l'Alliance des citoyens représentant les grandes entreprises et par les gouvernements municipal, fédéral et de l'État. En anglais et en espagnol. 19 $ US

## La force Teamster

Comment la direction Teamster de lutte de classe a utilisé la force acquise par les travailleurs durant les grèves de 1934 pour faire de Minneapolis une place forte syndicale et pour lancer dans 11 États une campagne qui a syndiqué des dizaines de milliers de routiers. En anglais et en espagnol. 19 $ US

## La politique Teamster

Comment les Teamsters de Minneapolis ont combattu les coups montés du FBI, aidé les chômeurs à s'organiser, déployé une garde de défense syndicale pour faire reculer les brutes fascistes, lutté pour faire avancer l'action politique ouvrière indépendante et mobilisé l'opposition à l'entrée de l'impérialisme U.S. dans la deuxième guerre mondiale. En anglais. 19 $ US

## La bureaucratie Teamster

Comment le patronat soutenu par les bureaucrates syndicaux a intensifié les efforts du gouvernement pour museler les militants ayant une conscience de classe. Et comment les travailleurs ont monté une campagne internationale pour faire libérer 18 dirigeants syndicaux et socialistes victimes d'un coup monté et emprisonnés lors de l'infâme procès fédéral pour sédition de 1941. En anglais. 19 $ US

*www.pathfinderpress.com*

# *Nouvelle Internationale*

UNE REVUE DE POLITIQUE ET DE THÉORIE MARXISTES

NOUVELLE INTERNATIONALE Nº 7

## LE LONG HIVER CHAUD DU CAPITALISME A COMMENCÉ

*Jack Barnes*

***Et « Leur transformation et la nôtre, » résolution du Parti socialiste des travailleurs***

Les conflits interimpérialistes qui s'aiguisent aujourd'hui sont alimentés à la fois par le début de ce qui sera des décennies de convulsions économiques, financières et sociales et de batailles de classe, et par le plus important changement dans la politique et l'organisation militaires de Washington depuis l'escalade U.S. qui a conduit à la deuxième guerre mondiale. Les travailleurs ayant un esprit de lutte de classe doivent faire face à ce point tournant pour l'impérialisme et prendre plaisir à projeter un cours révolutionnaire pour y faire face. 16 $ US

NOUVELLE INTERNATIONALE Nº 6

## L'IMPÉRIALISME U.S. A PERDU LA GUERRE FROIDE

*Jack Barnes*

Contrairement aux attentes de l'impérialisme au début des années 90 après l'effondrement des régimes qui prétendaient être communistes en Europe de l'Est et en URSS, les travailleurs et les agriculteurs de ces pays n'ont pas été écrasés. Des relations sociales capitalistes n'y ont pas non plus été stabilisées. Les travailleurs demeurent un obstacle intraitable à tout progrès de l'impérialisme, un obstacle que les exploiteurs devront affronter dans des batailles de classe et la guerre. 16 $ US

TOUS CES NUMÉROS SONT AUSSI DISPONIBLES EN ANGLAIS ET EN ESPAGNOL À WWW.PATHFINDERPRESS.COM

NOUVELLE INTERNATIONALE Nº 5

## LA MARCHE DE L'IMPÉRIALISME VERS LE FASCISME ET LA GUERRE

*Jack Barnes*

« Il y aura de nouveaux Hitlers et de nouveaux Mussolinis. C'est inévitable. Ce qui n'est pas inévitable, c'est leur victoire. L'avant-garde ouvrière organisera notre classe pour riposter aux conséquences dévastatrices qu'il nous faut payer pour la crise du capitalisme. L'avenir de l'humanité va se décider dans la lutte entre ces forces de classe ennemies. » 17 $ US

NOUVELLE INTERNATIONALE Nº 4

## LES PREMIÈRES SALVES DE LA TROISIÈME GUERRE MONDIALE

### LA GUERRE CONTRE L'IRAK

*Jack Barnes*

L'attaque meurtrière contre l'Irak en 1990-1991 a annoncé des conflits de plus en plus aigus entre les puissances impérialistes, une instabilité croissante du capitalisme international et plus de guerres.

Contient aussi : « Leçons de la guerre Iran-Irak » de Samad Sharif. 13 $ US

NOUVELLE INTERNATIONALE Nº 3

## LE DEUXIÈME ASSASSINAT DE MAURICE BISHOP

Cet article décrit les réalisations de la révolution qui a eu lieu de 1979 à 1983 dans l'île antillaise de la Grenade. Il explique les racines du coup d'État de 1983 qui a conduit à l'assassinat du dirigeant révolutionnaire Maurice Bishop et à la destruction du gouvernement des travailleurs et des agriculteurs par une faction politique stalinienne à l'intérieur du New Jewel Movement, le parti au pouvoir. 15 $ US

## NOUVELLE INTERNATIONALE AUTOUR DU MONDE

*Nouvelle Internationale* est aussi publiée en anglais sous le titre *New International* et en espagnol sous celui de *Nueva Internacional.* Certains numéros sont disponibles en suédois sous le titre *Ny International* et en islandais sous celui de *Nýtt Alþjóðlegt.* Toutes ces revues sont diffusées à travers le monde par les éditions Pathfinder.

*En vente en ligne à*
**www.pathfinderpress.com**
*et aux endroits suivants*

### AUSTRALIE

(et Asie du Sud-Est et Pacifique)
Pathfinder, niveau 1, 3/281-287 Beamish St., Campsie, NSW 2194
Adresse postale : P.O. Box 164, Campsie, NSW 2194

### CANADA

Livres Pathfinder, 7105, rue St-Hubert, suite 106 F,
Montréal (QC), H2S 2N1

### ÉTATS-UNIS

(et Amérique latine, Antilles et Asie de l'Est)
Pathfinder Books, 306 W. 37th St., 10e étage,
New York, NY 10018

### NOUVELLE-ZÉLANDE

Pathfinder, Suite 3, 7 Mason Ave., Otahuhu, Auckland
Adresse postale : P.O. Box 3025, Auckland

### ROYAUME-UNI

(et Europe, Afrique, Moyen-Orient et Asie du Sud)
Pathfinder, 1er étage, 120 Bethnal Green Road
(entrée par Brick Lane), Londres, E2 6DG

### SUÈDE

Pathfinder, Bildhuggarvägen 17, 12144 Johanneshov

# Nouvelle Internationale

UNE REVUE DE POLITIQUE ET DE THÉORIE MARXISTES

NUMÉRO 9 2008



*Table des matières*

**Dans ce numéro** *3*

**L'héritage anti-ouvrier des Clinton : les racines de la crise financière mondiale de 2008**
*Jack Barnes* *29*

**Révolution, internationalisme et socialisme : la dernière année de Malcolm X**
*Jack Barnes* *69*

**L'intendance de la nature incombe aussi à la classe ouvrière : en défense de la terre et du travail**
*Déclaration du Parti socialiste des travailleurs* *151*

**Rétablir la vérité sur le fascisme et la deuxième guerre mondiale**
Construire une Fédération mondiale de la jeunesse démocratique qui lutte contre l'impérialisme et la guerre
*Jeunes socialistes, Steve Clark* *223*

*Index* *265*

Premier tirage : 2008

ISSN 0827-0929
ISBN 978-1-60488-013-7
Imprimé aux États-Unis. Manufactured in the United States.

*Nouvelle Internationale* est diffusée dans le monde
par les éditions Pathfinder : www.pathfinderpress.com

*Conception graphique de la couverture* : Toni Gorton

*Photo de la couverture* : Le 9 février 1965, Malcolm X descend d'avion à Londres en Angleterre après avoir été interdit d'entrer en France. En novembre 1964, au retour de son deuxième voyage en Afrique et au Moyen-Orient la même année, Malcolm X avait pris la parole dans la grande salle bondée de la Mutualité à Paris. Il avait été invité à y reprendre la parole en février, lors d'une réunion parrainée conjointement par des organisations d'étudiants africains et d'Afro-Américains vivant à Paris. (Photo : Topham/The Image Works)